Steden *in België*

Villes *en Belgique*

Cities *of Belgium*

Städte *in Belgien*

Foto's – Photos – Photos – Aufnahmen
Uitgeverij Merckx Editions

Teksten – Textes – Texts – Texte
Georges-Henri Dumont
de l'Académie Royale de Langue et Littérature Françaises

Steden *in België*
Villes *en Belgique*
Cities *of Belgium*
Städte *in Belgien*

Uitgeverij Merckx Editions

(Blz. 4 en 5)
   Reeds in de voorhal van het hotel-museum de Groesbeeck-de Croix met de mooie glazen deur aan de tuinkant is het allemaal sierlijk rococo wat de scepter zwaait.

(Pages 4 et 5)
   Dès le vestibule, qui donne accès au jardin par une porte vitrée, l'hôtel de Groesbeeck-de Croix impose l'élégance de son style rocaille.

(Pages 4 and 5)
   On entering the vestibule of the Groesbeeck-de Croix mansion, now a museum, the visitor is struck immediately by its elegant rococo style. Glass doors lead to the garden.

(Seiten 4 u. 5)
   Im Hotel-Museum de Groesbeeck-de Croix tritt dem Besucher schon in der Vorhalle mit der Glastür, die in den Garten führt, liebenswürdigstes Rokoko entgegen.

(Blz. 10 en 11)
Sinds 1892 is de Koninklijke Academie voor de Nederlandse Taal- en Letterkunde in dit pand, een van de meest geslaagde herenhuizen in rococostijl in Gent (Koninkstraat), gehuisvest.

(Pages 10 et 11)
Depuis 1892, la *Koninklijke Academie voor Nederlandse Taal- en Letterkunde* a son siège dans un hôtel de maître de la Koninkstraat à Gand, exemple parfaitement réussi de l'architecture rococo gantoise.

(Pages 10 and 11)
Since 1892 this mansion, one of the finest examples of rococo architecture in Ghent (Koninkstraat), has been the headquarters of the Royal Academy for Dutch Language and Literature.

(Seiten 10 u. 11)
Seit 1892 ist dieses Herrenhaus in der Koninkstraat, ein Musterbeispiel gelungener Rokokoarchitektur im Genter Raum, der Sitz der Königlichen Flämischen Akademie für Sprache und Literatur.

Ten tijde van de invallen van de plunderende Noormannen in de tweede helft van de negende eeuw, hadden de bekkens van Schelde en Maas heel wat te verduren gehad, maar zodra de overvallen minder talrijk werden dan de voorboden van vrede, begon de wederopbouw. Maar het tij was gekeerd. Het christendom had weliswaar diep wortel geschoten en de monniken kenden rust noch duur voordat hun leeggeroofde, afgebrande kloosters heropgebouwd waren en de gouden reliekschrijnen met hun kostbare inhoud plechtig naar hun vroegere, gewijde standplaats konden worden teruggebracht. Maar ondertussen hadden de leenheren van de anarchistische toestanden geprofiteerd en zich de militaire, economische en zelfs de rechterlijke macht toegeëigend. Die machtsuitbreiding was des te doorslaggevender, omdat geen vorst bij machte bleek ze ongedaan te maken.

In bewapende karavanen trokken de rondreizende kooplieden door het land. Deze „landlopers" in de letterlijke betekenis van het woord maakten halt in wat er van de Karolingische „portus" was overgebleven. Daar waarborgde meestal een burcht of een omwalling hun een zekere veiligheid.

In deze nederzettingen vertoefden ze slechts korte tijd, verkochten hun goederen of ruilden ze tegen andere, die ze elders aan de man trachtten te brengen. In hun avontuurlijk bestaan gebeurde het natuurlijk ook dat ze zich met hun kroost in een of andere nederzetting vestigden en als groothandelaars of tussenpersonen zaken probeerden te doen. Ambachtslieden evenals het demografische overschot uit de omstreek voegden zich bij hen en stichtten op de omliggende gemeenschappelijke weiden nieuwe woonwijken, zodat de burcht weldra niet meer volstond om de bewoners van de nederzetting tegen in- en overvallen te beschermen. Dan werden rond de wijken sloten gegraven en omheiningen opgebouwd.

Het groeiproces van de steden tussen Rijn en Noordzee was meestal een kristallisatieproces met als kern een handelsnederzetting, maar het groeipatroon was verre van eender. Bepaalde steden zoals Tongeren, Doornik en Aarlen waren ten tijde van het Romeinse rijk gesticht. Zij maar vooral ook de nieuwkomers hadden hun ontwikkeling te danken aan de bevolkingsgroei, die op zijn beurt handel en nijverheid weer op gang had gebracht.

In deze steden organiseerden de kooplieden zich in gilden die alsmaar machtiger werden. Alhoewel afhankelijk van de leenheer waren de poorters geen horigen en eisten ze van hem dat hij het koopliedenrecht zou toepassen, d.w.z. hun rechten als niet-horigen zou erkennen en hun bepaalde, voor de uitoefening van hun beroepsactiviteit vereiste fiscale privileges zou verlenen. Dit leidde o.a. tot de instelling van speciale rechtbanken, de zgn. schepenbanken — de naam van die schepenen gaat terug op de Merovingische „scabinus" — die rechtspraak zouden doen volgens het gewoonterecht van de stad. De schepenen behoorden bijna uitsluitend tot het stadspatriciaat, dat van zijn rijkdom gebruik maakte om de touwtjes van het politieke spel naar zich toe te trekken, voordat het de ambachtslieden, de zgn. grote of kleine ambachten, kruimels, later soms zelfs hele brokken van die macht liet meepikken. In Vlaanderen stimuleerden bijna alle graven de steden in hun uitbouw, want die bleken voor de leenheren nogal winstgevend te zijn: aan de ene kant hieven de heren tollen op de transithandel, aan de andere kant kochten de lakenhandelaars de wol van de domaniale schapenkudden op. Elders slaagden de steden erin vrijheden voor de gezworen gemeente af te dwingen. In Doornik kwam daarbij geweld te pas, eveneens in Luik, waar de prins-bisschop, het kapittel

Ravagés par les invasions normandes du IXᵉ siècle, les bassins de l'Escaut et de la Meuse n'ont attendu que les premiers signes de paix pour se redresser. Mais leur destin se trouve profondément modifié. Certes, l'impact du christianisme demeure puissamment ancré. Les moines se sont d'ailleurs empressés de reconstruire leurs monastères incendiés et y ont ramené en triomphal cortège les reliques des saints dans leurs châsses d'or. Mais — fait nouveau et décisif — les seigneurs féodaux exercent des pouvoirs militaires, fiscaux et judiciaires qu'ils se sont arrogés à la faveur de l'anarchie. Nul souverain n'a la force de les leur contester.

Les marchands itinérants se déplacent en caravanes armées. On les appelle les « pieds poudreux », tant ils ont parcouru de chemin. Ils s'arrêtent dans des *portus*, petites agglomérations que protège généralement l'enceinte fortifiée d'un château fort. La plupart y séjournent quelques semaines seulement. Ils repartent après avoir vendu ce qu'ils ont apporté et avoir acheté ce qu'ils désirent acheminer vers d'autres endroits. Pour eux, l'aventure continue.

Toutefois, plusieurs familles commencent à se fixer dans les *portus* comme grossistes ou intermédiaires. Elles sont bientôt rejointes par des artisans et par le surplus de la population rurale des environs. Des quartiers s'établissent à l'emplacement des prairies communes où paissait jadis le bétail, et il apparaît promptement que le château fort n'est pas assez vaste pour contenir la population en cas d'attaque extérieure. Les gens ne se sentent plus en sécurité. Pour se protéger, ils creusent des fossés et dressent des palissades.

Le processus de formation des villes sur le territoire d'entre Rhin et mer du Nord, s'il est le plus fréquemment centré sur un *portus*, n'en est pas moins variable. L'origine de certaines villes comme Tongres, Tournai ou Arlon est romaine. Mais toutes devront leur croissance au développement du commerce et de l'industrie, favorisé par un évident essor démographique.

Dans ces villes, les marchands se sont groupés en guildes de plus en plus puissantes. Sujets du seigneur mais ne lui appartenant pas, les bourgeois ont très rapidement obtenu la reconnaissance de leur statut d'hommes libres et de certains privilèges fiscaux adaptés à leur activité. Celle-ci a suscité également le droit d'avoir des juges élus — ils portent le titre mérovingien d'échevins — qui prononcent leurs sentences suivant des lois acceptées par la communauté urbaine. Les échevins sont choisis parmi les patriciens que la richesse va pousser à la conquête du pouvoir politique, en attendant de devoir le partager avec les métiers, voire le leur céder parfois.

En Flandre, les comtes favorisent presque tous l'expansion urbaine; ils s'assurent des bénéfices considérables en prélevant des taxes sur la circulation des marchandises et en vendant la laine de leurs moutons domaniaux aux drapiers. Mais, en d'autres régions, le droit de commune est arraché par la force au prince local. C'est le cas à Tournai et surtout à Liège, où le prince-évêque, le chapitre des chanoines de Saint-Lambert et les bourgeois vivent en état de conflit quasi permanent.

Certes, le phénomène du développement urbain est propre à l'Occident tout entier mais c'est singulièrement en Belgique et dans le nord de la France, de même qu'en Italie septentrionale, que le mouvement communal, associé à l'urbanisation, a obligé les princes féodaux à partager leurs pouvoirs. Spontanément ou à la suite d'affrontements.

Le visage de nos villes porte dès lors la marque des trois

forces qui sont dominantes jusqu'à la fin de l'Ancien Régime. Les princes ou leurs représentants édifient des châteaux, des palais et des bailliages. A l'augmentation de la population, l'Eglise répond par la construction quasi continue de cathédrales et d'églises paroissiales, sans compter les bâtiments monastiques ou conventuels et les hôpitaux. De la puissance des communes témoignent de nombreux monuments civils, glorification de la richesse et de l'esprit d'indépendance d'une bourgeoisie marchande sensible à la grandeur et à la beauté : halles aux dimensions imposantes, maisons des échevins, hôtels de ville et beffrois dont les cloches annoncent le lever du soleil et le couvre-feu, préviennent les habitants de dangers éventuels, sonnent les grandes fêtes et appellent les milices aux armes. Les beffrois rivalisent d'élancement et de hauteur avec les tours des proches églises.

Dans la principauté ecclésiastique de Liège, c'est le Perron qui symbolise le soif de liberté des bourgeois et la « franchise » de la ville. L'enlèvement du Perron de la Cité ardente par Charles le Téméraire en 1467, le décrochage de la cloche du beffroi de Gand — l'énorme *Klokke Roeland* — sont autant de signes de rebellions mâtées.

Bien sûr, une ville n'est pas seulement constituée de bâtiments officiels, religieux ou civils. Les patriciens, les corporations de métiers et, dans les villes portuaires de Bruges puis d'Anvers, les marchands étrangers se bâtissent d'opulentes demeures, qui résisteront davantage aux intempéries et aux incendies que la plupart des modestes maisons des artisans et petits commerçants.

Parallèlement, un phénomène de société très original s'est développé dans les villes belges pendant six siècles : les béguinages. Ceux-ci devaient beaucoup à un prêtre liégeois, Lambert le Bègue, né vers 1131, que ses méthodes d'apostolat avaient opposé au prince-évêque mais qui jouissait de la confiance de ses paroissiennes, à un moment où les femmes excédentaires dans la société féodale en mutation recherchaient une solution à leurs problèmes de célibataires ou des veuves. Elles voulaient, tout à la fois, échapper aux contraintes de la vie monastique et des vœux religieux définitifs, mener une existence utile aux autres, et vivre individuellement dans une communauté pieuse mais avec l'entière liberté de la quitter quand cela leur plairait, pour se (re)marier par exemple. Les béguines s'engageaient à la chasteté et à l'obéissance à la Grande Dame. Pour le reste, elles s'y entendaient à tenir tête aux autorités civiles comme aux autorités religieuses.

Phénomène urbain, modèle d'émancipation féminine, le mouvement béguinal, parti de Liège, s'étendit très rapidement à de nombreuses villes. Il connut son apogée au XVIIᵉ siècle.

« Tout ce que nous avons en Belgique, nous le devons à la liberté communale ». Ces propos tenus en 1836 à la Chambre des Représentants, lors de la discussion de la loi communale — une discussion qui prit trois années —, aucun parlementaire français, allemand ou anglais n'aurait pu les tenir. Ils sont révélateurs d'une mentalité typiquement belge et de la permanence d'une volonté de décentralisation qui a résisté à la politique de nivellement du régime napoléonien.

La loi communale n'accorde au Roi que le pouvoir de nommer le bourgmestre, les conseillers communaux ayant celui d'élire les échevins. Le partage du pouvoir, cher aux villes médiévales, demeure intact. Selon les mots du roi Albert Iᵉʳ, il « fait en quelque sorte partie de notre patrimoine public ». Plus récemment, parlant aux autorités du pays, le 1ᵉʳ février 1994, le roi Albert II rappelait : « La commune constitue la base de notre démocratie. C'est là qu'au moyen âge les libertés ont été conquises dans nos régions. »

van de kanunniken van de St-Lambertus kathedraal en de poorters haast voortdurend overhoop lagen.

Hoe typisch de ontplooiing van het stadswezen ook moge zijn voor heel West-Europa, in België, Noord-Frankrijk en Noord-Italië was ze veruit het grootst. In al die verstedelijkte gebieden moesten de feodale machtshebbers goedschiks of kwaadschiks een deel van hun macht aan de steden afstaan. Tot aan het einde van het ancien régime zal het stadsbeeld in onze gewesten de stempel dragen van de krachtendriehoek die ten grondslag ligt aan hun bestaan. Vorsten of hun plaatsvervangers bouwden er stenen, paleizen en kastelen of ambtswoningen voor de baljuw, amman, meier of schout. De Kerk ving het groeiend aantal gelovigen op in nieuwe kathedralen, parochiekerken en gasthuizen, terwijl abdijen en kloosters als paddestoelen uit de grond schoten. De macht der steden, hun welvaart en het zelfbewustzijn van de poorters blijken uit de grootse, meestal prachtige burgerlijke gebouwen, uit de ruime (laken)hallen, de schepen- of stadhuizen en vooral uit de belforten, waarin de banklok hing, die het stedelijk leven van zonsopgang tot avondklok regelde, in geval van gevaar binnen de kortste keren alarm sloeg, de stadsmilities onder de wapens riep of bij plechtige gebeurtenissen de feestvreugde verhoogde. Deze belforten deden qua hoogte nauwelijks onder voor de slanke torens van de kerken in hun buurt.

In het prinsbisdom Luik was het perron het symbool van het vrijheidsstreven van de poorters en van de rechten die de stad had verworven. Het mislukken van een opstand en het daaruit voortvloeiende prestigeverlies ging in die tijd dan ook vergezeld van symbolische straffen zoals het weghalen van het perron uit de vurige Maasstad (Karel de Stoute in 1467) of het neerhalen van de banklok (bv. van de beroemde Klokke Roeland in Gent).

Natuurlijk waren de steden veel meer dan een reeks imposante officiële, religieuze en burgerlijke bouwwerken. De patriciërs, de gilden en — in havensteden zoals Brugge en Antwerpen — de volgens hun „natie" gegroepeerde buitenlandse kooplieden bouwden prachtige huizen, die de tand des tijds beter hebben getrotseerd dan de bescheidener woonsten van ambachtslieden of kleine middenstanders.

Bovendien heeft zich in onze Belgische steden zes eeuwen lang een unieke maatschappelijke structuur ontwikkeld : het begijnwezen. De beweging zou teruggaan op een zekere Lambertus le Bègue, een omstreeks 1131 in Luik geboren priester, die tegen de pastorale voorschriften van de prinsbisschop in en dankzij het vertrouwen van zijn vrouwelijke parochianen een nieuwe oplossing bedacht voor de problemen van de vele ongehuwde vrouwen en weduwen die in de smeltkroes van de toenmalige feodale maatschappij aan de zelfkant van het sociale leven dreigden terecht te komen. Ze durfden het kloosterleven met zijn eeuwige geloften niet aan, maar waren bereid daadwerkelijk naastenliefde te betrachten. Bovendien wilden ze in een vrome gemeenschap leven, maar zonder hun individuele rechten te verliezen, bijvoorbeeld het recht om het begijnhof op eigen initiatief te verlaten en in de huwelijksboot te stappen. Zo ontstonden de begijnhoven, waarvan de leden de tijdelijke geloften van kuisheid en van gehoorzaamheid aan de Grootjuffrouw moesten afleggen. Wat al het overige betrof, slaagden ze er dikwijls in de burgerlijke en kerkelijke gezagsdragers het hoofd te bieden.

Het typisch stedelijke begijnwezen, een vorm van vrouwenemancipatie voor de letter, breidde zich vanuit Luik over talrijke steden uit. Het bereikte zijn hoogtepunt in de 17de eeuw en is zelfs nu nog niet weg te denken uit het huidige stadsbeeld van vele vooral Vlaamse steden.

„De armslag die wij Belgen hebben, hebben wij helemaal aan het gemeentewezen te danken", verklaarde een volksvertegenwoordiger, toen in 1836 de gemeentewet ter discussie stond, een discussie die overigens drie jaar lang duurde. Geen Franse, Duitse of Engelse volksvertegenwoordiger zou het in zijn hoofd gehaald hebben met zo'n verklaring op de proppen te komen. Ze is typerend voor onze Belgische mentaliteit, onze diepgewortelde gehechtheid aan gedecentraliseerde structuren, die zelfs de nivelleringstendens en de door Napoleon beoogde gelijkschakeling gedeeltelijk ongedaan maakte.

Volgens de gemeentewet heeft de koning slechts het recht om de burgemeester te benoemen, terwijl de schepenen door de gemeenteraadsleden worden gekozen. De voor de middeleeuwse poorters reeds zo belangrijke machtenscheiding blijft dus ook nu nog gehandhaafd. Volgens koning Albert I maakt deze scheiding „enigszins deel uit van ons openbaar patrimonium" en koning Albert II verklaarde nog op 1 februari 1994 voor de hoogste gezagsdragers van het land : „De gemeente is de basis van onze democratie. Het is daar dat, tijdens de Middeleeuwen, onze vrijheden veroverd werden."

In de loop van de 19de eeuw hebben de Belgische steden — hoe kon het anders — met versnelde pas, zij het ook niet zonder lokale of regionale verschillen, op de industriële revolutie ingespeeld. De trek naar de stad en de hoop op een betere levensstandaard dreven de plattelandsbewoners naar de industriële centra met hun mijnbouwnijverheid en hun fabrieken. Zelfs indien ze een baantje op de kop wisten te tikken, waren hun lonen zo laag dat taaie levenskracht van node was om niet alle hoop te laten varen.

„Het laagland, door de stad verslonden,
gaat triest teloor aan dodelijke wonden",
dichtte E. Verhaeren.
„Van zuid tot noord, waarheen je ook kijkt,
fabrieken, zwart en strak, zover 't oog reikt."

Terwijl deze steden zich als inktvlekken uitbreidden, bleven andere van deze wildgroei verschoond zoals Zoutleeuw, dat langs een allang verlaten handelsroute lag en bijgevolg op een dood spoor leek terechtgekomen te zijn, of Brugge, dat toen betreurde dat het door de investeerders stiefmoederlijk werd behandeld en nog niet kon vermoeden dat dit een geluk was bij een ongeluk.

De eeuwenoude structuur van enkele steden of wijken werd niet zonder reden van onder tot boven vernieuwd. Dit was het geval in Brussel, waar de overwelving van de Zenne een einde maakte aan de cholera-epidemieën die door het erg vervuilde water in de benedenstad werden veroorzaakt. Leopold II ijverde zijn leven lang voor een planologisch verantwoorde ontwikkeling van de steden door paal en perk te stellen aan alle vormen van te individualistische wildgroei. Hij liet talrijke neoclassicistische bouwwerken optrekken en niet alleen in Brussel en in de omliggende gemeenten, maar ook in Oostende en Namen drong hij aan op het aanleggen van groenzones.

In die tijd beschikten de meeste kasteelheren over een woonstede in de stad, waarheen ze na de zomermaanden met hun familie plachten terug te keren om er de stilte van het platteland door het geroezemoes van bezoeken, feestjes, concerten, toneelvoorstellingen en danspartijen te vervangen. Deze levensstijl was niet alleen typisch voor de adel; ook de gegoede burgerij, die vaak nog over meer middelen beschikte, draaide in hetzelfde of in een soortgelijk circuit mee. Toen de architecten er niet meer voor terugdeinsden met de traditionele bouwwijze te breken en ertoe overgingen gretig gebruik te maken van de nieuwe mogelijkheden die ijzer en gewa-

C'était inévitable : nos villes ont considérablement évolué à partir du XIX\ siècle. Elles l'ont fait de manières différentes selon leur situation géographique. Certaines ont vu affluer des milliers de travailleurs des campagnes, aspirés par l'espoir d'une vie moins rude dans les usines et manufactures que sur les champs. Leurs illusions étaient tenaces malgré les salaires dérisoires et souvent incertains.
La plaine est morne et morte — et la ville la mange,
témoigne Emile Verhaeren.
On aperçoit, à l'infini, du sud au nord,
La noire immensité des usines rectangulaires.

D'autres cités échappèrent au bouleversement tentaculaire, comme Zoutleeuw, depuis longtemps endormie au bord d'une route délaissée par le grand commerce, ou comme Bruges, que la révolution industrielle négligeait et qui, à l'époque, s'en plaignait. Elle ignorait encore sa chance prodigieuse.

Parfois le tissu urbain, hérité des siècles, fut bousculé. Souvent pour des raisons très valables. Ainsi en fut-il à Bruxelles, lors de l'indispensable voûtement de la Senne, qui inondait les bas quartiers de ses eaux polluées et nauséabondes, provoquant maintes épidémies de choléra. Mais inlassablement, durant tout son règne, Léopold II s'efforça d'imposer un certain ordre au développement urbain, le plus souvent dominé par l'individualisme anarchique. Non content de faire bâtir de nouveaux monuments de style néoclassique, il favorisa la création ou l'aménagement d'espaces verts dans la capitale et les communes environnantes de même qu'à Namur et à Ostende.

A la même époque, beaucoup de châtelains, en hiver, se fixaient en leur hôtel en ville avec leur famille quelque peu lassée de la vie à la campagne et avide de visites, de soirées, de spectacles et de bals. C'était l'usage de la noblesse riche, mais aussi de la bourgeoisie, dont le train de vie dépassait souvent celui de l'aristocratie.

Certains firent confiance à des architectes qui, rompant avec l'imitation du passé, entendaient utiliser les possibilités qu'offraient le fer, le béton armé, les verres spéciaux. Ils se firent construire des hôtels particuliers dans le style Art Nouveau lancé par Henry van de Velde et illustré notamment par le grand Victor Horta. L'aventure de l'Art Nouveau fut brève mais ses témoins architecturaux apparaissent singulièrement précieux dans nos villes. Se répandit, ensuite, un fonctionnalisme généralement peu sensible à la beauté, en dépit de quelques réussites incontestables.

La seconde moitié du XX\ siècle, à partir des années soixante, a vu la vie urbaine transformée en profondeur. Sociologiquement, d'abord. Dans les grandes villes, une population d'immigrés s'est implantée au point de devenir largement majoritaire dans certains quartiers. En même temps, maints citoyens aisés ont émigré dans les communes périphériques où — du moins dans les environs de Bruxelles — les ont rejoints les fonctionnaires européens. A cela s'ajoute un secteur tertiaire en expansion constante, qui se caractérise notamment par les grandes surfaces commerciales et les galeries marchandes. L'activité des administrations publiques et privées, plus que jamais concentrée dans les immeubles de bureaux, attire en ville, pendant la journée, une population nombreuse de *navetteurs*. Dès lors, comme dans la plupart des grandes villes d'Europe occidentale, la circulation automobile, aux heures de pointe, multiplie les engorgements et les embouteillages, malgré le creusement de lignes de métro à Bruxelles, Anvers et Charleroi.

La vocation de la ville n'en demeure pas moins ce qu'elle a toujours été. Elle est un lieu de rencontre et de convivialité.

Ce qui suppose le maintien, voire la restauration d'un habitat plutôt que la construction de nouvelles tours. Cette option semble enfin prise par la plupart des autorités communales, tandis que les petites et moyennes entreprises commerciales s'adaptent par la spécialisation.

De plus en plus lucidement les citoyens se rendent compte des nécessités nouvelles qu'impose l'évolution contemporaine des villes. Une évolution qui, on l'oublie souvent, a commencé au début du siècle avec la quasi-disparition des chevaux dans les rues. Ils envisagent l'avenir sans nostalgie inutile mais avec la conscience très vive du passé dont ils ont la charge. Ils n'acceptent plus que l'on porte atteinte au patrimoine architectural de leur ville et se passionnent même, comme à Liège, pour l'exploration de son sous-sol archéologique.

Plus que jamais, il y a une ville pour chaque citoyen. On devrait même dire qu'il y a une ville pour chacun des moments de la vie de ce citoyen. Et cette ville n'est pas seulement celle des monuments prestigieux; elle résulte aussi de coups de cœur. Presque au hasard du passage devant une demeure, suivis du caprice d'y vouloir pénétrer à tout prix. Car une ville n'est pas seulement ce que l'on en voit de l'extérieur.

Ce livre doit beaucoup à ces coups de cœur. Il aurait pu être tout autre. Aussi légitimement. Parce que chaque ville de Belgique a une multitude d'aspects pour chacun d'entre nous. Une multitude de séductions aussi.

pend beton of glas boden, rezen herenhuizen op in de art nouveaustijl, die door Henry van de Velde werd ingeluid en dankzij Victor Horta en anderen meer en meer succes oogstte. Al duurde het avontuur van de art nouveau amper twee decennia, het bouwkundig patrimonium van onze steden werd er aanzienlijk door verrijkt. Dit geldt in mindere mate voor het daarna opkomende functionalisme, dat het esthetische gevoel minder aan bod liet komen maar eveneens enkele merkwaardige prestaties leverde.

Op haar beurt heeft de tweede helft van onze eeuw, vooral vanaf de jaren zestig, voor diepgaande veranderingen in het stedelijk levenspatroon gezorgd. In de grote steden is de aanwezigheid van een aanzienlijk percentage migranten — in bepaalde wijken meer dan 50 % — op sociologisch vlak een niet te verwaarlozen factor, die des te zwaarder weegt omdat meer en meer welgestelde burgers — in Brussel komen daar nog de ambtenaren van de E.G. bij — zich in de randgemeenten gaan vestigen, zodat het centrum leegloopt. Op economisch vlak beslaat de tertiaire of dienstensector alsmaar meer ruimte, die met grootwarenhuizen en winkelgalerijen wordt volgebouwd. Meer dan ooit zijn de overheidsdiensten en de bedrijfsadministraties in reusachtige kantoorgebouwen gehuisvest, zodat de steden op de piekuren het aantal pendelaars nauwelijks kunnen verwerken. Zoals elders in Europa zorgt het autoverkeer dan telkens weer voor verkeersopstoppingen en -stremmingen. De nieuwe metrolijnen in Brussel, Antwerpen en Charleroi zijn onvoldoende gebleken om deze toestand te verhelpen.

Desondanks blijft de stad wat ze altijd is geweest: een ontmoetingsplaats, een samenlevingsvorm die aan bepaalde eisen moet voldoen om leefbaar te blijven. Eén van die eisen is de instandhouding of restauratie van het woonbestand, dat belangrijker is dan alsmaar meer flatcomplexen. De gemeentebesturen lijken dat thans te hebben begrepen. De kleine en middelgrote bedrijven, van hun kant, schijnen te hebben ingezien dat specialisatie en eersterangskwaliteit van koopwaar en service hun overlevingskansen verhogen.

De moderne stadbewoner wordt zich steeds meer bewust van de eisen die het huidige ontwikkelingspatroon aan zijn aanpassingsvermogen stelt. Nostalgiek dromen van het verleden toen — nog geen eeuw geleden — het paard nog niet uit het straatbeeld van onze steden was verdwenen, brengt geen aarde aan de dijk. Zich voor het van vroegere generaties geërfde patrimonium verantwoordelijk voelen, opkomen voor het behoud van de waardevolle bouwwerken van zijn stad, zich bv. naar het Luikse voorbeeld inzetten voor de redding van de archeologische schatten die in de ondergrond van onze steden schuilen, dit alles getuigt van een nieuwe, milieubewuste stadscultuur.

Meer dan ooit beleeft elke stadbewoner zijn stad op zijn eigen manier. Men zou daar nog aan moeten toevoegen dat deze manier niet onwankelbaar is; ze schommelt naargelang de levensomstandigheden. De indrukwekkende gebouwen zijn niet alles. Het beeld dat we van een stad overhouden, wordt ook bepaald door onze bevliegingen. We zitten in hetzelfde schuitje als de toerist die zich ineens voelt aangetrokken door een gebouw en die dan gebiologeerd alles in het werk stelt om zich toegang tot het interieur te verschaffen. Want een stad is ook meer dan haar buitenkant.

Zonder de stuwende impuls van bevliegingen zou dit boek nooit zijn ontstaan. Zonder ook maar iets van zijn representativiteit in te boeten, had het helemaal anders kunnen worden. Inderdaad, onze Belgische steden zijn rijk aan betoverende verrassingen zoals een goed voorziene dis.

The basins of the Meuse and the Scheldt, laid waste by the Vikings in their ninth century raids, recovered quickly at the first sign of peace. However, circumstances had changed profoundly. Christianity remained as firmly rooted and the monks made great efforts to rebuild their ruined monasteries, triumphantly bearing back the relics of the saints in their gilded reliquaries. But the new and decisive factor was the state of anarchy resulting from the rise of feudal lords who arrogated military, fiscal and judicial powers to themselves, there being no ruler powerful enough to control them.

Itinerant merchants travelled in armed convoys. They were called "dusty feet" because of the great distances they covered. They would halt in a *portus*, a small settlement huddled around the walls of a castle which afforded them a refuge in times of trouble.

These merchants usually stayed only a few weeks, departing when they had sold their merchandise and obtained the goods they would trade elsewhere. Their life was one long adventure. Occasionally, a few families would settle in a *portus* as dealers or middlemen. They were soon joined by craftsmen and the surplus rural population of the region. New districts arose on the commons, where herds once browsed, and it would soon become evident that the castle could not accommodate the increasing population in times of peril. People no longer felt secure and feared that their goods, stored in warehouses, would be seized. And so, to protect themselves, they dug moats and raised palisades.

The towns in the region between the Rhine and the North Sea had various origins, though most often they were centered on a *portus*. Some towns like Tongeren, Tournai or Arlon, for example, were founded by the Romans. But all the towns and cities owed their growth and development to trade and industry, aided by a rapidly increasing population.

In the towns, the merchants formed guilds which quickly became very powerful. The townspeople were subject to the lord but were not his personal possessions and were able to gain recognition of their status as freemen, along with certain financial rights relating to their business activities. This soon led to the right to have elected magistrates who bore the Merovingian title of *échevin* and administered justice according to the customary laws of the urban community. These magistrates were chosen from among the patricians who, having become wealthy, sought political power as well. They in turn would soon be obliged to share it with the craftsmen and even, sometimes, to relinquish power to them.

In Flanders most of the Counts favoured urban growth which provided them with a substantial income both from the taxes they levied on the circulation of goods and from a ready-made market for the wool they raised on their estates. In other regions local lords were often obliged by the force of arms to grant the city communal rights. Such was the case in Tournai and most particularly in Liège, where the Prince-Bishop, the Canons of Saint Lambert's cathedral and the commercial class lived in a more of less permanent state of conflict.

The phenomenon of urban development was common to all of Western Europe, of course, but was most vigorous in Belgium, northern France and northern Italy. In these regions, the rise of the towns resulted in municipal movements which obliged the feudal potentates, either willingly or by force, to grant urban charters and share their powers.

From their origins our towns and cities have been marked by the three forces which dominated until the end of the

Als am Ende des 9. Jh. die Raubzüge und Brandschatzungen der Normannen in den Becken von Schelde und Maas seltener wurden, schlug die lähmende Panik um in Friedenshoffnung und Tätigkeitsdrang. Doch das Blatt hatte sich gewendet. Das Christentum war schon tief verwurzelt und wenn die geschäftigen Mönche ihre niedergebrannten Klöster neu erbaut hatten und die kostbaren Reliquienschreine ihrer Heiligen in die Neubauten überführten, sah dies oft wie ein Triumphzug aus. Doch — und dies war das Entscheidende — ortsansässige Lehnherren hatten die anarchischen Zustände zu nutzen gewußt und die militärische sowie die wirtschaftliche Macht, ja sogar die rechtsprechende Gewalt an sich gerissen. Kein Fürst war imstande, sie ihnen streitig zu machen.

Die herumziehenden Kaufleute schlossen sich zu bewaffneten Karawanen zusammen. Ihre umständlichen, unbequemen Fahrten unterbrachen sie in den karolingischen «portus», kleinen Niederlassungen, in denen meist eine Burg oder Ringmauer vor Unbill schützen konnte. Dort blieben sie nur, bis sie ihre Waren verkauft und eventuell neue hinzugekauft hatten. Dann führte sie ihr Weg wieder ins Ungewisse. Es kam natürlich auch vor, daß sich Familien in solchen Siedlungen als Grossisten oder Zwischenhändler etablierten. Ihnen schlossen sich Handwerker an sowie der demographische Überhang der Landbevölkerung der Umgegend. Wiesen und Weiden, bislang Gemeinbesitz, wurden zu Stadtvierteln. Konnte die nahe Burg die Stadtbevölkerung im Falle eines Angriffs von außen nicht mehr fassen, dann hob man Gräben aus und errichtete eine Umfriedung.

Im Gebiet zwischen Rhein und Nordsee war der Stadtkern meist eine Handelsniederlassung, doch diese Stadtkerne entwickelten sich auf unterschiedliche Weise. Tongern, Tournai und Arlon waren römische Gründungen, doch ihren Aufschwung verdankten auch sie dem zunehmenden Warenaustausch, der regeren gewerblichen Betriebsamkeit, die ihrerseits durch den rapiden Bevölkerungszuwachs gefördert wurden.

In diesen Städten bildeten die Kaufleute stets einflußreichere Gilden. Da sie weder Leibeigene noch Hörige waren, wurden sie meist ohne Einspruch als freie Bürger anerkannt. Die Lehnsherren gewährten ihnen ihrem Beruf entsprechende Steuerrechte, erlaubten ihnen sogar oft, Gerichtsbarkeit auszuüben. Wenn die Stadtschöffen — die für sie benutzte Bezeichnung geht auf den schon bei den Merowingern bestehenden «scabinus» zurück — Recht sprachen, galt meist das Gewohnheitsrecht der Stadt als Rechtsgrundlage. Sie entstammten übrigens den Kreisen des vermögenden Stadtpatriziats, das alle Mittel einsetzte, um die politische Macht an sich zu reißen. Später mußte es den Handwerkszünften Zugeständnisse machen, ihnen bisweilen das Ruder in die Hand geben.

Die Grafen von Flandern standen den in der Grafschaft sich ausbreitenden Städten aufgeschlossen gegenüber, da die Erhebung von Verkehrszöllen auf Handelsgüter ihre Einkünfte erheblich steigerte und sie zudem zu günstigen Bedingungen Absatz für die Wolle der auf ihren Ländereien grasenden Schafherden fanden. In anderen Gegenden, in Städten wie Tournai und Lüttich mußten Stadtrecht und stadtherrliche Privilegien erkämpft und dem Feudalherrn abgerungen werden. So währte z.B. der Streit zwischen dem Fürstbischof von Lüttich, den Domherren der St.-Lambertus-Kathedrale und den Bürgern jahrhundertelang.

Die Entfaltung des Städtewesens vollzog sich überall im Abendland, doch in Belgien, Nordfrankreich und Norditalien war der Durchbruch am spektakulärsten. Dort zwang das Städtewesen Fürsten und Freudalherren zur Gewalten-teilung, falls sie sie nicht aus freien Stücken zu gewähren gesonnen waren.

Aus diesen Gründen tragen unsere Städte den dreifachen Stempel der Mächte, die sie bis zum Ende des Ancien Ré-gime beherrschten: den der Fürsten oder ihrer Stellvertre-ter, die dort Burgen, Schlösser oder Amtssitze für ihre Vögte errichteten; den der Kirche, die der steigenden Ein-wohnerzahl mit dem Bau von Kathedralen und Pfarrkir-chen, von Abteien, Klöstern, Konventen und Spitälern ent-gegenzukommen versuchte; den der Stadtgemeinden, deren Profanbauten vom Wohlstand und vom Freiheitsstreben der Handelsbourgeoisie zeugen, deren Kunstgeschmack in großangelegten Gebäuden, in riesigen Tuchhallen, Schöffen-oder Rathäusern zum Ausdruck gelangte, vor allem jedoch in den Belfrieden, deren Glocken das tägliche Leben von Sonnenaufgang bis zur Schließung der Stadttore beherrsch-ten, der Bewohnerschaft drohende Gefahren signalisierten, die großen Feste einläuteten und die Stadtmiliz zu den Waf-fen riefen. Die Höhe und schwungvolle Spannkraft der Bel-friede war zumindest denen der Kirchtürme in der Umge-bung ebenbürtig.

Im Fürstbistum Lüttich war der Perron das Sinnbild städ-tischer Freiheit und stadtherrlicher Privilegien. Um die heiß-blütigen Lütticher nach ihrer Niederlage zu demütigen, ließ Karl der Kühne den Perron aus der Stadt entfernen. Ähn-lich erging es den Gentern, als die Glocke ihres Belfrieds — die große Rolandsglocke, die «Klokke Roeland» — vom Turm herabgeholt wurde.

Natürlich gibt es in einer Stadt nicht nur offizielle Sakral-und Profanbauten. Die Patrizier, die Zünfte und — in Ha-fenstädten wie Brügge und Antwerpen — die sich nach ihrem jeweiligen Herkunftsland zusammenschließenden Kaufleute errichteten ebenfalls stattliche Bauten, die feuer-beständiger und wetterfester waren als die bescheidenen Wohnungen der Handwerker und Kleinhändler.

Im Laufe der Jahrhunderte hat sich daneben in den belgi-schen Städten eine Form gemeinschaftlichen Lebens entwik-kelt, die nicht ihresgleichen hat: die Beginenhöfe. Ihr Name ist wohl auf Lambert le Bègue, einen um 1131 in Lüttich gebor-en Geistlichen, zurückzuführen, dessen seelsorgerische Tätig-keit zwar das Mißfallen des Fürstbischofs erregt hatte, der jedoch das Vertrauen der ledig gebliebenen oder verwitweten Damen seiner Pfarre genoß, die in der im Wechsel begriffenen feudalen Gesellschaft mit einem ausgesprochenen Überhang an Frauen eine ihnen zusagende Lebensform suchten. Ewige Gelübde und andere Zwänge des klösterlichen Lebens schreckten sie ab, doch sie wollten sich der tätigen Nächsten-liebe widmen und in einer frommen Gemeinschaft leben, die sie jedoch nicht daran hindern sollte, völlig frei über eventuelle spätere Heiratsanträge zu entscheiden. Für die Dauer ihres Verbleibs gelobten die Beginen Keuschheit und versprachen ihrer Vorsteherin Gehorsam. Es gelang ihnen, sich den Zivilbe-hörden und der kirchlichen Obrigkeit gegenüber zu behaup-ten. Diese Bewegung, in gewisser Hinsicht eine Frauenema-zipationsbewegung, ist eine typisch städtische Erscheinung. In kurzer Zeit wurde das Lütticher Vorbild in zahlreichen Städten nachgeahmt. Die Bewegung, die ihren Höhepunkt im 17. Jh. erreichte, hat vielerorts deutliche Spuren im heutigen Stadtbild hinterlassen.

«Unseren freiheitlichen Spielraum verdanken wir Belgier ganz und gar der kommunalen Freiheit», erklärte 1836 ein belgischer Abgeordneter während der sich über drei Jahre hinziehenden Diskussion des Gemeindegesetzes in der Kam-mer. Kein französischer, deutscher oder englischer Parle-

Ancien Régime in 1789. The rulers or their deputies built castles, palaces and tribunals. The church responded to pop-ulation growth with an almost unbroken program of cathe-dral and parish church building, to say nothing of the con-struction of monasteries, convents and hospitals. The power of the commons is displayed in the many civil monuments, evidence of the wealth and independence of a commercial middle class open to both beauty and grandeur: imposing market halls, splendid magistrates houses and belfries. The belfry, whose bells chimed daybreak and curfew, warned the people of danger, sounded the great feast days and called the militia to arms, rivalled in height and splendor the towers of the nearby churches.

In the ecclesiastical Principality of Liège, the *Perron* — a monument or column — was the symbol of the middle class thirst for liberty and of the freedom of the city. The removal of the Perron from Liège in 1467 by Charles the Bold, like the removal of the great bell — the *Klokke Roeland* — from the Ghent belfry, signified a rebellion quelled.

However, a city is not composed merely of state, religious and secular buildings. The patricians, the guilds and, in the port cities, first of Bruges and then of Antwerp, the foreign merchants, built opulent residences which have better with-stood fires and the elements than most of the modest dwel-lings of artisans and small businessmen.

During this six-hundred-year period a unique social move-ment developed in Belgium — the béguinage. The béguine movement owes its origins to a Liège priest, Lambert le Bègue, born around 1131. His ideas and methods opposed him to the Prince-Bishop but he enjoyed the confidence of his lady parishioners at a time when surplus women in a rapidly changing feudal society sought a solution to their fate as spinsters or widows. They wanted an alternative to con-vent life with its binding religious vows and they wanted to do socially useful work such as helping the poor and sick.

They also wanted to live in their own homes in an indep-endent, pious community while remaining free to leave if they so desired, for example to marry or remarry. The bé-guines pledged chastity and obedience to the Great Lady. As far as the world was concerned, these women were deter-mined to resist both religious and civil authority.

The béguine movement, a model of women's emancip-ation, was an urban phenomenon which quickly spread from Liège to other towns and cities. It reached its height in the 17th century.

"Everything that we have in Belgium we owe to the free-dom of our cities." This statement, made in 1836 in the House of Representatives during a three year debate on the constitution of municipal law, could not have been made by any English, French or German parliamentarian. It reveals a typically Belgian point of view and the desire for decentrali-zation, a desire which resisted even the centralizing policies of the Napoleonic regime.

The sole power accorded the King under municipal law is that of appointing the mayor, the municipal councillors ha-ving that of electing his deputies. Thus the sharing of power, dear to the mediaeval towns, remains intact. In the words of King Albert I it "is part of our national heritage." More recently, on February 1, 1994, King Albert II reminded the country's leaders that "The municipality is the basis of our democracy. It is there that the liberty we enjoy today was won during the Middle Ages."

Inevitably, our cities and towns have changed greatly from the 19th century on, each one in a different way, according to its geographic location.

Some have seen workers pour in by the thousands from the country, hoping for an easier life in the factories and workshops than in the fields, clinging to this hope despite paltry salaries and economic uncertainty.

The plain is dead and dreary, swallowed by the city,
wrote Emile Verhaeren,
From south to north, to infinity, is seen
The dark immensity of box-like factories.

Some towns escaped the tentacles of change, like Zoutleeuw, long slumbering on an abandoned trade route, or like Bruges, which complained of being by-passed by the Industrial Revolution and did not realize how lucky it was.

Sometimes the urban fabric, patiently woven over the centuries, has been ripped apart — often for quite valid reasons. Such was the case in Brussels during the necessary vaulting of the Senne, which regularly flooded low-lying districts with stinking, polluted water, causing frequent cholera epidemics. Leopold II strove energetically during his reign to impose some order on a chaotic urbanization which was often dominated by individualism to the point of anarchy. Not only did he build or commission new structures in the neoclassical style, he encouraged the creation or improvement of green spaces in the capital and neighbouring municipalities, in Namur and in Ostend.

At this time many well-to-do landowners and their families, bored with country life, chose to spend winter in their mansions in the capital, where they could socialize at parties, concerts, balls and the theater. Not only the nobility enjoyed this worldly life, but also the wealthy city dwellers, whose life style was often more opulent than that of the aristocracy.

Some of these people gave their architects free rein to break with the imitation of past styles and develop the possibilities offered by new materials such as iron, reinforced concrete and special glass. Their private residences were built in the Art Nouveau Style, launched by Henry van de Velde and perfected by Victor Horta. The heyday of Art Nouveau was brief, and the examples in our cities are extremely precious. The reaction to this style was a stark functionalism, generally lacking beauty, though there are a few exceptional works.

From about 1960 on, urban life has been transformed profoundly, first of all in a sociological sense. An influx of immigrant workers has taken over whole districts in the large cities. At the same time, many comfortably-off citizens have moved to the suburbs and outlying villages where, at least in the case of Brussels, they have been joined by the Eurocrats. To this must be added a constantly expanding tertiary sector characterized by large commercial buildings and malls. Public and private sector administrations, heavily concentrated in office buildings, draw a large number of commuters into the city daily. As in most European cities, commuter traffic leads to immense traffic jams and gridlock during rush hours, despite the construction of subways as in Brussels, Antwerp and Charleroi.

Despite all this, the role of the city remains much as it has always been — a place to meet and to enjoy oneself. This presumes, of course, that the habitat is maintained or restored, rather than being replaced by more huge skyscrapers. This option is finally being exercised by many municipal authorities, while small and medium-sized businesses are adapting by specializing and upgrading.

The citizens themselves are becoming more aware of the needs created by the evolution of the modern city, an evolution which only began at the turn of the century when horses began to disappear from the streets. Now they face

mentarier hätte eine ähnlich lautende Behauptung aufgestellt. Sie ist Ausdruck der typischen belgischen Mentalität, die fortwährend auf Dezentralismus hinsteuert und sich sogar erfolgreich der Gleichschaltungspolitik Napoleons widersetzte. Das Gemeindegesetz steht dem König einzig die Befugnis zu, die Ortsbürgermeister zu ernennen; der Gemeinderat selber wählt die Schöffen. Die Machtenteilung, die bereits im Mittelalter von den Städten wie ein Augapfel gehütet wurde, blieb erhalten. König Albert I. nannte sie «eine Art öffentliches Kulturerbe». Noch vor kurzem, am 1. Februar 1994, wandte sich König Albert II. an die höchsten Vertreter der Nation und versicherte: «Die Gemeinde stellt die Grundlage unserer Demokratie dar. Dort wurden im Mittelalter die Freiheiten unserer Regionen erkämpft.»

Im 19. Jh. vollzog sich in unseren Städten ein unvermeidlicher, grundlegender Wandlungsprozeß, der jedoch je nach den geographischen Gegebenheiten anders verlief. Die Landflucht trieb Tausende Arbeiter in die Industriestädte, in deren Fabriken und Werkstätten sie bessere Lebensbedingungen zu finden hofften. Die kargen, oft schwankenden Löhne entsprachen kaum je den gehegten Erwartungen.

« Die Ebene liegt da, öde und tot;
die Großstadt frißt sie auf wie Brot »,
dichtete E. Verhaeren,
« Von Süd bis Nord, soweit man sieht
stehn schwarze Fabriken in Reihe und Glied. »

Anderen Städten, z.B. dem schon seit Jahrzehnten an einer einst wichtigen Handelsstraße dahindämmernden Zoutleeuw oder Brügge, das sich von der industriellen Revolution übergangen fühlte, blieb dieser gewaltsam um sich greifende Wandel erspart. Brügge konnte nicht ahnen, welche großartigen Zukunftsperspektiven sich daraus für die Stadt ergeben würden.

Aus kaum anfechtbaren Gründen wurde im Zuge der Stadtkernsanierung die Jahrhunderte alte städtebauliche Anlage ganzer Stadtteile neu gestaltet. In Brüssel wurde die Senne überwölbt, in deren verschmutztem Wasser die Keime epidemischer Krankheiten wie Ruhr und Cholera zu grassieren pflegten. Unermüdlich war Leopold II. darauf bedacht, den chaotischen, allzu individualistischen Wildwuchs der Städte durch Planung in geordnetere Bahnen zu lenken. Er unterstützte nicht nur großangelegte Bauprojekte im klassizistischen Stil; in Brüssel und Umgebung, in Namur und Ostende setzte er sich für die Anlage von Grünzonen ein.

In dieser Zeit pflegten die Burg- und Schloßherren den Winter, die tote Jahreszeit, mit ihrer Familie in ihrem Stadthaus zu verbringen und dort an gesellschaftlichen Vergnügungen — Besuchen, Empfängen, musikalischen Darbietungen, Theaterabenden und Bällen — teilzunehmen. Dieser Lebensstil wurde auch vom wohlhabenden Bürgertum übernommen, dessen Lebensstandard oft den der Aristokraten übertraf.

Einige Architekten wandten sich damals von der traditionellen Bauweise ab und erprobten die durch Eisen, armierten Beton, Drahtglas u. dgl. gebotenen Möglichkeiten. Sie erregten Aufsehen, oft Bewunderung. Henry van de Velde gilt als Begründer des Art Nouveau, der belgischen Variante des Jugendstils, der in den von Victor Horta errichteten Herrenhäusern seinen Höhepunkt erreichte.

Die Ausstrahlung des Art Nouveau war zeitlich und räumlich begrenzt. Dennoch hat dieser Stil unsere Städte nachhaltiger geprägt als der dann folgende Funktionalismus, der in Belgien im städtebaulichen Bereich zwar einige Glanzleistungen hervorbrachte, doch den ästhetischen Aspekt allzusehr zurückdrängte.

In der zweiten Hälfte des 20. Jh. hat sich, vor allem seit den sechziger Jahren, das Leben in unseren Städten noch einmal grundlegend verändert. Soziologisch gesehen besteht die Einwohnerschaft mancher Viertel unserer Großstädte bis über fünfzig Prozent aus Zuwanderern. Diese Entwicklung wurde dadurch beschleunigt, daß die wohlhabenden Bürger — in Brüssel auch die Beamten der EG — sich in den Randgemeinden ansiedelten. Die zunehmende Bedeutung der Dienstleistungsgewerbe führte zum Bau großer Kaufhöfe und Ladenpassagen. Sowohl der öffentliche Verwaltungsapparat als auch die Betriebsbüros sind mehr denn je in großen Bürogebäuden konzentriert, so daß der Pendelverkehr zwischen Stadt und Land immer größere Ausmaße annimmt. Deshalb verursacht der Autoverkehr während der Hauptverkehrszeiten wie in den meisten Städten Westeuropas immer wieder Verkehrsstauungen und -engpässe, die auch der Bau der U-Bahnen von Brüssel, Antwerpen und Charleroi nicht aus der Welt geschafft hat.

Trotzdem bleibt die Stadt, was sie immer war: ein Ort, an dem Menschen einander begegnen und Formen gesellijen Zusammenlebens erproben. Dafür ist die Instandhaltung bzw. Restaurierung der vorhandenen Wohnbauten wichtiger als die Errichtung neuer Wohnsilos. Die meisten Kommunalverwaltungen haben dies inzwischen eingesehen. Den kleinen und mittelgroßen Betrieben ist inzwischen auch klar geworden, daß sie ihre Überlebenschancen erhöhen, wenn sie sich spezialisieren und hochwertige Erzeugnisse anbieten. Die Stadtbewohner erkennen von Tag zu Tag besser, welchen Gesetzmäßigkeiten das Leben in modernen Städten unterworfen ist. Wer weiß noch, daß das Pferd erst vor weniger als einem Jahrhundert aus dem Straßenbild unserer Städte verschwand? Doch nichts wäre verfehlter, als sich von der Nostalgiewelle tragen zu lassen. Wohl ist dem modernen Städter aufgetragen, vergangenheitsbewußt in die Zukunft zu schauen, sich verantwortungsbewußt der Zerstörung der Bausubstanz seiner Stadt zu widersetzen und sich, wie es jüngst in Lüttich geschah, für die archeologischen Schätze im Untergrund seiner Stadt einzusetzen.

Mehr denn je erlebt jeder Stadtbewohner die Stadt auf die ihm eigene Weise. Mehr noch, diese Weise hängt von seiner jeweiligen Lebenssituation ab. Eine Stadt ist mehr als eine Sammlung wertvoller Baudenkmäler. Was sich uns einsprägt, ist das, wofür wir uns plötzlich begeistert haben wie der Tourist, dem plötzlich ein Haus ins Auge sticht und der von dem Augenblick an alles ins Werk setzt, um auch das Interieur dieses Hauses zu sehen. Eine Stadt ist nämlich auch mehr als das, was die Fassaden zeigen.

Dieses Buch ist zum Teil das Resultat plötzlicher Begeisterung. Es hätte ganz anders aussehen können, ohne daß seine Repräsentanz darunter gelitten hätte. Jede belgische Stadt hat nun einmal so viele Aspekte, deren Wert teilweise von der jeweiligen Blickrichtung abhängt, und so viele Schönheiten, daß Auswahl zu oft schmerzlichem Verzicht zwingt.

the future armed, not with a fruitless nostalgia, but with a lively appreciation of the past of which they are the heirs and guardians. The destruction of the architectural heritage of their cities is no longer accepted passively and, as in Liège, a keen interest is taken in the archaeological exploration of their subsoil.

There is today a city for each individual citizen; indeed, one can say there is a different city for each of the moments in the life of each citizen. And this city is not only that of splendid buildings and monuments: it is a vision that results from personal enthusiasms and happy discoveries, perhaps the result of an intense desire to know what is inside a building one is passing, to look behind the façade. For a city is not only a façade.

This could have been a different book if written by a different person, but it is the result of such personal enthusiasms and happy discoveries. Each town and city of Belgium has myriad faces to present to each of us, and a multitude of charms for each of us to discover.

Bruxelles Brussel

(Links)

Leopold I had genoegen genomen met het koninklijk paleis zoals dat was omgebouwd door Willem I van Holland, die twee tijdens het Oostenrijks bewind opgetrokken herenhuizen door een gebouw van bescheiden allure had laten verbinden. Leopold II, zijn zoon, vond het pand de hoogste vertegenwoordiger van een natie onwaardig. Hij gelastte architect Maquet de façade naar het park toe om te bouwen. De dubbele zuilengang in Lodewijk-XVI-stijl van het hoofdgebouw werd met een fronton bekroond waarop een halfverheven beeldwerk van Thomas Vinçotte prijkt.

(Hieronder)

De Spiegelzaal, waarin de plechtige presentaties aan het hof zich afspelen, werd ontworpen toen men nog volop bezig was met het herbouwen van de voorgevel van het Koninklijk Paleis. De 26 m lange zaal heeft haar naam te danken aan de vier grote, door marmeren pilasters geflankeerde spiegels die tegenover de hoge vensters staan. Volgens Leopold II moest de plafondbeschildering eveneens aan de onafhankelijke Kongostaat herinneren, maar al werden er materialen uit Kongo gebruikt, het plan van Leopold II werd niet verwezenlijkt.

(A gauche)

Léopold Iᵉʳ s'était contenté du petit palais royal aménagé par Guillaume Iᵉʳ des Pays-Bas avec la médiocre jonction de deux hôtels particuliers qui dataient du régime autrichien. Son fils Léopold II estimait le bâtiment indigne de «celui qui représente la nation». Il chargea l'architecte français Maquet de transformer de fond en comble la façade donnant sur le parc. De style Louis XVI, la double colonnade du corps central porte un fronton orné d'un bas-relief sculpté par Thomas Vinçotte.

(Ci-dessous)

La Salle des Glaces, où se déroulent les cérémonies de présentation aux souverains, a été conçue lors de la rénovation de la façade du palais royal. Longue de vingt-six mètres, elle doit son nom aux quatre grandes glaces encadrées de pilastres en marbre qui font face aux hautes fenêtres.

Le plafond n'a pas été décoré de fresques évoquant l'Etat indépendant du Congo. Ce vœu de Léopold II n'a pas été réalisé mais des matériaux d'origines congolaises ont été utilisés pour la décoration de la salle.

(Left)

Leopold I contented himself with the small royal palace of William I of Holland, formed by a rather mediocre fusion of two private mansions from the Austrian period, but Leopold II felt it was not worthy of "he who represents the nation". He commissioned the French architect, Maquet, to redo completely the façade facing the park. The double colonnade, in the Louis XVI style, of the central portion supports a pediment with a low-relief sculpted by Thomas Vinçotte.

(Below)

The Hall of Mirrors, where formal presentations to the sovereigns take place, was created during the renovations to the façade of the royal palace. The twenty-six meter long room takes its name from the four large marble-framed mirrors facing the tall windows.

Leopold II wanted to have the ceiling frescoed with scenes depicting the independent state of the Congo but this was never done. Instead, Congolese material was used to decorate the hall.

(Links)

Leopold I. beließ den Königspalast so, wie ihn Wilhelm I. von Holland eingerichtet hatte, als er zwei Herrensitze aus der österreichischen Zeit durch einen bescheidenen Zentralbau miteinander verbunden hatte. Sein Sohn Leopold II. fand ihn des höchsten Vertreters einer Nation unwürdig. Der Franzose Maquet wurde beauftragt, die Fassade zum Park hin neu zu gestalten. Die doppelte Säulenreihe des Mittelrisalits ist mit einem Giebeldreieck des Bildhauers Thomas Vinçotte bekrönt.

(Unten)

Der Spiegelsaal, in dem die Vorstellungen am Hofe stattfinden, wurde entworfen, als die Fassade des Palasts neu gestaltet wurde. Der 26 m lange Saal verdankt seinen Namen den vier großen, von Pilastern aus Marmor eingerahmten Spiegeln, die sich den hohen Fenstern gegenüber befinden. Das Deckengemälde sollte den unabhängigen Kongostaat schildern. Obschon Leopold II. dafür eigens Materialien von dort hatte herbeischaffen lassen, wurde die von ihm gewünschte Dekoration nicht verwirklicht.

De Grote Markt van Brussel, sedert de Middeleeuwen de kristallisatiekern van het leven in de stad, verbaast door zijn uitzonderlijke bouwkundige homogeniteit. Inderdaad, twee jaar na de beschieting door Villeroy in 1695 onderwierp de stadsmagistraat elk reconstructieplan aan een voorafgaande goedkeuring.

In het gebouwencomplex bestaande uit zes huizen maar slechts drie bordessen dat *Hof der Hertogen van Brabant* wordt genoemd omwille van de borstbeelden van de hertogen waarmee de pilasters zijn verfraaid, springt deze bouwkundige eenheid bijzonder in het oog.

(Rechts)

In het stadhuis heeft elke schepen zijn eigen kabinet. In 1890 werden enkele van deze vertrekken in Lodewijk-XVI-stijl gerestaureerd, hetgeen uitstekend past bij de meubels van deze officiële werkruimten.

The Grand-Place of Brussels, focus of city life since the Middle Ages, impresses the visitor today by its exceptional architectural unity. This unity is the result of an order issued by the Magistrate who, two years after the 1695 bombardment by Villeroy, ordained that prior approval of any plans for rebuilding was compulsory.

On the east side a particulary harmonious group of six houses forms a huge edifice with three perrons. It is called the House of the Dukes of Brabant because the pilasters of the façade support stone busts of the Dukes.

(Right)

Each alderman has an office in City Hall. In some rooms the 1890 restoration chose the Louis XIV style which harmonizes beautifully with the furniture of these offices.

Point focal de la vie urbaine depuis le moyen âge, la Grand-Place de Bruxelles séduit aujourd'hui par son exceptionnelle unité architecturale. Celle-ci résulte d'une ordonnance du Magistrat qui, deux ans après le bombardement de 1695 par Villeroy, imposa l'approbation préalable des plans de toute reconstruction.

Particulièrement homogène apparaît, du côté est, l'ensemble de six maisons groupées dans le vaste édifice à trois perrons, appelé *Maisons des Ducs de Brabant* parce que les pilastres de la façade sont surmontés des bustes en pierre des ducs.

(A droite)

En l'hôtel de ville, chaque échevin dispose d'un cabinet. Dans certains cas, la restauration de 1890 a opté pour le style Louis XIV qui convient particulièrement au mobilier d'un lieu de travail officiel.

Schon im Mittelalter war der Marktplatz der Mittelpunkt der Stadt. Heute überrascht vor allem die Einheitlichkeit seiner Gestaltung. Diese ist vor allem darauf zurückzuführen, daß beim Wiederaufbau nach der Bombardierung durch Villeroy (1695) alle Baupläne vom Stadtrat genehmigt werden mußten.

Diese Einheitlichkeit ist am spürbarsten in dem Häuserblock, der sechs Häuser und drei Freitreppen umfaßt und den man wegen der Brustbilder auf den Pilastern das «Haus der Herzöge von Brabant» genannt hat.

(Rechts)

Im Rathaus verfügt jeder Schöffe über sein eigenes Kabinett. In manchen Fällen entschied man sich 1890 für den Stil Louis XVI, der ausgezeichnet zum Mobilar dieser Amtsräume paßt.

De ruïnes van een huis dat in 1695 door de Franse troepen van maarschalk Villeroy was verwoest, verving graaf van Limmingen door een prestigieus herenhuis waarvan de belastingaanslag de hoogste van de hele Eikstraat was. Het ging herhaaldelijk in andere handen over, vooraleer Willem I van Holland er in 1823 de residentie van de gouverneur van Brabant van maakte.

Zowat honderd zeventig jaar later werd de provincie Brabant in tweën gesplitst en kwam het Parlement van Brussel Hoofdstedelijk Gewest in het bezit van het paleis.

De inrichting van kantoren door de Belgische Staat had enkele wijzigingen met zich meegebracht, maar de ruimteverdeling evenals het lambrizeer- en stucwerk rijn onaangetast gebleven.

A l'emplacement d'une maison qui avait été incendiée lors du bombardement de 1695 par les troupes françaises du maréchal de Villeroy, le comte de Limmingen fit construire un hôtel particulier. Il devait être de prestige, puisqu'il était le plus taxé de la rue du Chêne. Maints propriétaires se succédèrent jusqu'en 1823, date à laquelle Guillaume Iᵉʳ de Hollande acheta l'hôtel pour en faire la résidence du gouverneur du Brabant.

Il remplit cette fonction pendant quelques cent septante ans, jusqu'à son transfert au profit du nouveau «Parlement bruxellois» lors de la scission de la province de Brabant.

Par après, l'aménagement de bureaux imposa à l'Etat belge quelques modifications, mais la demeure du gouverneur est restée intacte dans sa structure autant que dans la décoration des boiseries et des stucs.

The Count of Limmingen had a private residence built on the site of a house burnt down during the bombardement of the city in 1695 by the French army under Marshal de Villeroy. It must have been quite luxurious, as it was the most heavily taxed house on the Rue du Chêne. The mansion passed through many hands until William I of Holland bought it in 1823 to serve as the residence of the Governor of Brabant.

The house was used for this purpose for one hundred and seventy years. It was then transferred to the new Brussels Parliament when the Province of Brabant was divided. Despite some alterations by the Belgian state to provide office space, the residence has remained basically in its original state, as have the woodwork and stuccoes.

Although a later need for offices forced the Belgian state to make some alterations, the Governor's residence has remained basically intact, as have the woodwork and the stuccoes.

An der Stelle, an der ein 1695 durch die Truppen des französischen Marschalls Villeroy bombardiertes und infolgedessen abgebranntes Haus gestanden hatte, baute der Graf von Limmingen sein herrschaftliches Stadthaus, das, nach den gezahlten Steuerbeträgen zu schließen, das teuerste der Rue du Chêne gewesen sein muß. Nach häufigem Besitzerwechsel erwarb Wilhelm I. von Holland das Gebäude 1823 als Amtssitz des Gouverneurs der Provinz Brabant.

Ungefähr hundertsiebzig Jahre später wurde diese aufgeteilt und zog das Parlament von Brüssel Hauptstadt in das Gebäude ein.

Obschon die Einrichtung von Büroräumen durch den belgischen Staat zu Umgestaltungen geführt hatte, blieben die Gesamtanlage, die Holztäfelung und die Stuckarbeiten unberührt.

(Volgende dubbele bladzijde)

Het Museumplein ligt op de plaats van een vijver, de „Jodenpoel". In 1473 werd er het Hof van Nassau opgericht, waarvan alleen de St-Joriskapel is behouden. Toen Karel van Lotharingen zijn paleis liet bouwen, werden al de andere panden trouwens geslecht. Het U-vormige gevelfront evenals de rotonde binnen zijn, zoals vaak in de Oostenrijkse Lodewijk-XVI-stijl, met gracieuze motieven uit de Oudheid verfraaid.

(Hiertegenover)

Tegelijkertijd werd er een aanvang gemaakt met de bouw van een nieuwe kapel, waarvoor de landvoogd der Nederlanden zelf de eerste steen legde. Hofarchitect J. Faulte inspireerde zich op de kapel van Folte te Versailles. De tweeledige opstand met telkens twee zuilenrijen, waarvan de ene de omlopende bovengalerij, de tweede de overwelving schraagt, is typisch voor het volledig bepleisterde interieur. In 1803 werd de kapel toegewezen aan de in het Brusselse wonende protestanten. Jarenlang werd de eredienst er om beurten in het Frans en in het Duits gehouden.

(Next double page and above)

Until 1473 the Museum square was a swamp called *the Jews' Lake*. The Nassau mansion was then built there, of which only the chapel remains; the rest was demolished by Charles of Lorraine when he built his palace in 1766. The semicircular façade and the interior rotunda of the building are elegant examples of the antique themes favoured in the Austrian Louis XVI style.

(Opposite)

At this time the Governor-General of the Austrian Netherlands also built a new chapel, the first stone of which was laid in his presence. This structure, coordinated by the court architect Jean Faulte, was inspired by the Folte chapel at Versailles. Entirely stuccoed it has two ranks of columns, one supporting the gallery and the other the vault. In 1803 the old chapel of Charles of Lorraine was given to the Protestants of Brussels. For a long period the services held there were alternately in French and in German.

(Double page suivante et ci-dessus)

La place du Musée n'était, jusqu'en 1473, qu'un marécage appelé *Lac des Juifs*. L'hôtel de Nassau y fut construit; il n'en subsiste que la chapelle. Tout le reste fut rasé par Charles de Lorraine lorsque, en 1766, il bâtit son palais. La façade en hémicycle et la rotonde intérieure de cet édifice reprennent avec élégance les thèmes antiques du style Louis XVI autrichien.

(Ci-contre)

Par la même occasion, le gouverneur général des Pays-Bas fit ériger une nouvelle chapelle dont la première pierre fut posée en sa présence. Sa construction, coordonnée par Jean Faulte, architecte de la Cour, s'inspire de la chapelle de Folte à Versailles. Toute en stuc, elle présente deux doubles rangées de colonnes qui soutiennent, l'une la galerie l'autre la voûte. En 1803, l'ancienne chapelle de Lorraine fut attribuée aux protestants de Bruxelles. Pendant longtemps, le culte y fut célébré alternativement en français et en allemand.

(Nächste Doppelseite)

Die Place du Musée war ursprüngllich ein Weiher, der «Judenpfuhl» hieß. 1473 baute man dort das Hotel von Nassau, von dem nur die St-Georgskapelle erhalten blieb, da Karl von Lothringen alles übrige abreißen ließ, um es 1766 durch einen neuen Palast zu ersetzen. Die halbkreisförmige Fassade sowie die Rotunde innen wandeln sehr gekonnt antikische Motive des Louis-XVI österreichischer Prägung ab.

(Links)

Karl von Lothringen legte auch den Grundstein zu einer neuen Kapelle. Sein Hofarchitekt, Jean Faulte, ließ sich durch die Kapelle von Folte in Versailles inspirieren. Im ganz mit Stuck verzierten Innenraum ist vor allem die doppelte Säulenreihe bemerkenswert: Eine trägt das Gewölbe, die zweite die Empore, deren hinterer Teil dem Orchester vorbehalten war. 1803 wurde die Kapelle den Brüsseler Protestanten zur Verfügung gestellt. Lange Zeit wurde der Gottesdienst abwechselnd in deutscher und in französischer Sprache abgehalten.

◁

Tussen 1823 en 1826 liet koning Willem I van Holland een neoclassicistisch paleis bouwen voor zijn zoon, de prins van Oranje. Na de Belgische Omwenteling kreeg het gebouw een nieuwe bestemming; het werd het Paleis der Academiën.

Na de Tweede Wereldoorlog werd het voorbeeldig gerestaureerd. De grote recepties van geleerden en letterkundigen hebben in de „marmerzaal" plaats, waarvan de parketvloer zelfs bij vaklieden bewondering afdwingt.

King William I of Holland had a neo-classical palace built between 1823 and 1826 as a residence for his son, the Prince of Orange. The Revolution of 1830 rendered it vacant.

The interior of the palace, now the seat of the Royal Academies, was tastefully restored after the Second World War. The "hall of marble", where formal receptions for the scientific and literary worlds are held, has a parquet floor much admired by connoiseurs.

De 1823 à 1826, le roi Guillaume Ier des Pays-Bas fit construire un palais de style néo-classique destiné à servir de résidence à son fils, le prince d'Orange. Une destination que la Révolution de 1830 rendit illusoire.

Devenu le siège des Académies royales, l'intérieur du palais a été restauré avec beaucoup de discernement après la Seconde Guerre mondiale. Sa «salle de marbre», où ont lieu les grandes réceptions du monde des sciences et des lettres, est dotée d'un parquet qui fait l'admiration des spécialistes.

1823-1826 ließ Wilhelm I. von Holland diesen klassizistischen Palast für seinen ältesten Sohn bauen. Nach der Revolution von 1830 wurde daraus der Palast der Akademien.

Nach dem 2. Weltkrieg wurde das Interieur mit großer Sorgfalt restauriert. Sogar Fachleute bestaunen den Parkettboden des «Marmorsaals», in dem sich die Vertreter von Wissenschaft und Literatur bei festlichen Anlässen treffen.

△

Het *Oostenrijkse* vierkante plein in Louis XVI-stijl, het Koningsplein, is een realisatie van Karel van Lorreinen. Het wordt beheerst door de Sint-Jacobskerk-op-Coudenberg (1776-1787), die herinnert aan de Grieks-Romeinse tempels. Misschien is het wel om die reden dat zij tijdens de Franse bezetting eerst Tempel van de Rede en daarna Tempel van de Wet werd.

The church of Saint James-on-Coudenberg (1776-1787), which resembles a Greco-Roman temple, dominates the Place Royale, commissioned by the Austrian governor Charles of Lorraine in the style of Louis XVI. Perhaps that is why, under the French occupation, it first became the Temple of Reason and then the Temple of Law.

Dominant le quadrilatère *autrichien* de la Place Royale, créé par Charles de Lorraine en style Louis XVI, l'église Saint-Jacques-sur-Coudenberg (1776-1787) évoque les temples gréco-romains. Est-ce pour ce motif qu'elle devint Temple de la Raison puis Temple de la Loi sous l'occupation française?

Die Kirche Saint-Jacques sur Coudenberg (1776-1787), die das von Karl von Lothringen im Louis-XVI-Stil geschaffene *österreichische* Viereck der Place Royale überragt, erinnert an griechisch-römische Tempel. Wurde sie aus diesem Grunde unter französischer Herrschaft zum Tempel der Vernunft und später zum Tempel des Gesetzes umfunktioniert?

(Blz. 28 tot 31)

Het patriciërshuis uit de 18de eeuw dat de prinsen van Croy in de Hertogsstraat bezaten, werd in 1911 naar plannen van de Franse architect Sauvage vervangen door een nieuwbouw voor de zakenman A. Goldschmidt. Sedert de ambassadeur van Groot-Brittannië bij de Europese Gemeenschap er zijn intrek heeft genomen, zijn de vertrekken met lambrizeerwerk in Lodewijk-XIV-, Lodewijk-XV- en Lodewijk-XVI-stijl met meubels van Engelse makelij gemeubileerd, hetgeen de indruk van verfijnd wooncomfort nog versterkt.

(Pages 28 à 31)

En remplacement d'un hôtel de maître du XVIIIᵉ siècle appartenant aux princes de Croy, l'homme d'affaires A. Goldschmidt fit construire rue Ducale une demeure (1911) d'après les plans de l'architecte français Sauvage. Les salons lambrissés de style Louis XIV, Louis XV et Louis XVI de l'immeuble, qui est devenu la résidence de l'Ambassadeur de Grande-Bretagne auprès de la Communauté Européenne, sont désormais dotés d'un mobilier anglais qui contribue à leur raffinement et à leur confort.

(Pages 28 to 31)

A. Goldschmidt, a businessman, had a fine residence built in 1911, following plans by the French architect Sauvage, to replace an 18th century mansion belonging to the Prince de Croy. The Louis XIV, Louis XV and Louis XVI panelled salons of this mansion, now the residence of the British Ambassador to the European Community, contain English furniture which enhances their elegance and comfort.

(S. 28 bis 31)

Das herrschaftliche Haus aus dem 18. Jh., das die Prinzen de Croy in der Rue Ducale besaßen, ersetzte der Geschäftsmann A. Goldschmidt durch einen 1911 vom französischen Architekten Sauvage entworfenen Wohnsitz, dessen getäfelte Räume in den Stilen Louis XIV, Louis XV und Louis XVI eingerichtet wurden. Nun hat der britische Botschafter bei der EG die Räume inne. Mit ihm zogen englische Möbel und der ihnen eigene verfeinerte Komfort ein.

△▷

Te midden van de gebouwen in classicistische stijl aan de oostelijke zijde van de Warande — het park van Brussel — liet P.J. Pruvost, kamerheer van de landvoogd Karel van Lorreinen, aan de Laterale straat een herenhuis met twee hoofdgebouwen optrekken. Dit gebeurde in 1778, toen architect B. Guimard er met de bouw van een rij harmonisch bij elkaar aansluitende huizen begon. In 1860 werd het pand eigendom van de Staat. Na de Tweede Wereldoorlog werd het de ambtswoning van de Belgische premier. Ondertussen was de straat waarin het staat omgedoopt tot Lambermontstraat ter herinnering aan een baron die één der hoge ambtsdragers onder Leopold II was geweest.

In de „Lambermont" hebben heel wat belangrijke werklunches plaats en worden heel wat besprekingen over netelige kwesties gevoerd. Het interieur werd in 1895-97 helemaal vernieuwd door architect E. Acker, die o.a. in het roze salon allegorische fresco's boven de deuren in directoirestijl liet schilderen.

In the block of classical style houses on the east side of the park of Brussels P.J. Pruvost, chamberlain of Governor General Charles of Lorraine, had a double mansion built on the corner of the rue Latérale. This was in 1778, the year that construction of this harmonious row, designed by the architect Guimard, began. Bought by the state in 1860 the mansion only became the official residence of the Prime Minister directly after the Second World War. In the meantime rue Latérale was renamed in honour of Baron Lambermont, one of the high civil servants of Leopold II.

Many important working breakfasts and delicate negociations have taken place in the "Lambermont residence" which was completely remodelled from 1895 to 1897. Of particular interest is the "Rose Salon" with its Directoire doors headed by allegoric frescoes, dating from this period.

Dans l'ensemble d'immeubles de style classique qui bordent le côté oriental du Parc de Bruxelles, P.J. Pruvost, chambellan du gouverneur général Charles de Lorraine, se fit bâtir une maison de maître en double corps, à l'angle de la rue Latérale. C'était en 1778, l'année du début des travaux de construction de l'harmonieuse enfilade conçue par l'archictecture Guimard. Acquis par l'Etat en 1860, l'hôtel devint l'habitation de fonction du Premier ministre aussitôt après la Seconde Guerre mondiale. Entre-temps, la rue Latérale avait changé de nom et souvenir du baron Lambermont, un des grand commis de Léopold II.

Maints petits déjeuners décisifs et négociations délicates ont pour cadre la «résidence Lambermont», dont l'intérieur fut totalement réorganisé en 1895-1897. C'est à cette occasion que fut notamment aménagé le «salon rose», dont les portes de style Directoire sont sommées de fresques allégoriques.

An der Ostseite des Königlichen Parks ließ sich P.J. Pruvost, Kammerherr des Statthalters der Niederlande Karl von Lothringen, ein Herrenhaus bauen. Es steht auf der Ecke der Rue Latérale, neben Gebäuden in klassizistischem Stil. Der Bau der Zeile geschmackvoll aufeinander abgestimmter Gebäude, die B. Guimard entworfen hatte, begann 1778. 1860 erwarb der Staat das Gebäude, das seit kurz nach dem 2. Weltkrieg der Amtssitz des belgischen Premierministers ist. Inzwischen war die Rue Latérale nach Baron Lambermont, einem hohen Staatskommissar unter Leopold II., umbenannt worden.

Die Innenräume der Residenz, die jetzt den Rahmen für wichtige Dejeuners und schwierige Gesprächsrunden abgibt, wurden 1895-1897 unter Leitung von E. Acker völlig restauriert. Ihm verdankt sie u.a. das rosafarbene Empfangszimmer, über dessen Türen im Directoirestil allegorische Fresken gemalt wurden.

(Volgende drievoudige foto)

Niettegenstaande de torengebouwen rond het Rogierplein blijven de serres en de oranjerie van de Kruidtuin de mooiste bijdrage van Willem I van Holland tot het bouwkunstig schoon van Brussel. De "Botanique" is onlangs door de Franse Gemeenschap overgenomen, die er een cultureel centrum van heeft gemaakt voor toneeluitvoeringen, concerten en tentoonstellingen.

(Next triple page)

The greenhouses and orangery of the Botanical Gardens, close to the skyscrapers of Place Rogier, form one of the finest architectural achievements in Brussels during the reign of William I of Holland. Now under the tutelage of the French-speaking community of Belgium, the "Botanique" has been turned into a popular cultural center presenting theater, music and exhibitions.

(Triple page suivante)

A proximité des immeubles-tours du quartier de la place Rogier, les serres et l'orangerie du Jardin Botanique sont une des réussites les plus convaincantes de l'architecture à Bruxelles sous le règne de Guillaume Iᵉʳ de Hollande. Repris par l'administration de la Communauté française de Belgique le «Botanique» a été transformé en centre culturel où se succèdent avec bonheur représentations théâtrales, manifestations musicales et expositions.

(Nächste drei Seiten)

Trotz der sich um die Place Rogier häufenden Hochhäuser bleiben die Treibhäuser und die Orangerie des Jardin Botanique das schönste Baudenkmal, das Wilhelm I. von Holland Brüssel geschenkt hat. Seitdem es die Französische Gemeinschaft übernommen hat, ist es ein Kulturzentrum, in dem Theaterstücke aufgeführt sowie Konzerte und Austellungen veranstaltet werden.

△ Het thans leegstaande herenhuis vlak tegenover het Vrij-heidsplein, waarin onlangs nog het Ministerie voor de Midden-stand was gevestigd, draagt de stempel van het eclectisme, dat tijdens het laatste kwart van de 19de eeuw in zwang was. Architect J. Naert heeft er naar hartelust uiting gegeven aan zijn voorkeur voor renaissancedecoratie. De luxueuze staatsietrap van marmer en onyx heeft een leuning met dokken en paarsge-wijs gegroepeerde zuiltjes, die een soort gewelfde arcade vor-men. In de grote muuropeningen onder het met allegorische fresco's beschilderde plafond vertonen grote glas-in-loodramen niet alleen het familiewapen maar ook de h. Theresia van Avila, sint Jacobus en paus Gregorius, zodat er een verrassende, kerkachtige sfeer ontstaat.

Face à la place de la Liberté, l'hôtel de maître qui abrita un temps le Ministère des Classes Moyennes et aujourd'hui sans affectation, porte la marque de l'éclectisme à la mode au dernier quart du XIXe siècle. L'architecte s'y est donné à cœur joie avec une évidente prédilection pour les souvenirs de la Renaissance. Tout en marbre et en onyx, le somptueux escalier d'honneur développe des rampes à balustrades et les colonnes jumelées de ses arcades cintrées. Sous le plafond orné de fresques allégori-ques, les vitraux des baies représentent, outre des armoiries familiales, sainte Thérèse d'Avila, saint Jacques et le pape Gré-goire... Ce qui donne à l'ensemble une tonalité ecclésiastique inattendue.

Facing the Place de la Liberté the now disused mansion which once housed the Ministry of the Middle Classes is an example of the eclectic mode of the last quarter of the 19th century. The architect followed this style to his heart's content, with an obvious partiality for the Renaissance. The sumptuous principal staircase in marble and onyx supports balustrades and the double columns of the curved arches. The ceiling is frescoed with allegories and the stained glass depicts not only family coats of arms but also Saint Theresa of Avila, Saint James and Pope Gregory, giving the ensemble unexpected ecclesiastical overtones.

Dieses jetzt leerstehende, früher jedoch als Ministerium für mittelständische Angelegenheiten benutzte Herrenhaus, das der Place de la Liberté gegenüber liegt, trägt den Stempel des Eklek-tizismus, der gegen Ende des 19. Jh. Furore machte. Der Archi-tekt J. Naert hat seiner Vorliebe für Stilelemente aus der Renais-sancezeit hier freien Lauf gelassen. Die Prunktreppe ist ganz aus Marmor und Onyx; das Treppengeländer besteht aus Docken und zu Rundbogen verbundenen, gekuppelten Säulchen. Unter der mit Fresken bemalten Decke sind in den breiten, ebenfalls bemalten Fenstern außer dem Familienwappen die hl. Theresia von Avilla, der hl. Jakobus und Papst Gregorius zu sehen. Der überraschte Besucher wähnt sich fast in einer Kirche.

Na de Bank van Brussel heeft het Rekenhof zich in het voormalige paleis van de Graaf van Vlaanderen (Regentschapsstr.) gevestigd, waar koning Albert I in 1875 geboren werd.

Vooraleer Filips, de broer van Leopold II, er met zijn gemalin Maria van Hohenzollern een vreedzaam leven sleet, had de markies van Arconati, tevens heer van Gaasbeek, er zijn buitensporigheden ten tonele gevoerd. Die heer kleedde zich immers graag op z'n Turks en sliep in een met rood fluweeel overtrokken doodskist.

De voormalige amaranten eetkamer (*hierboven*) is nu een vergaderzaal; de groene, in Lodewijk-XVI-stijl ingerichte ontvangkamer (*hiertegenover*) wordt alleen voor hoog bezoek geopend.

The Audit Office now occupies the palace of the Count of Flanders where King Albert I was born in 1875, formerly the seat of the Bank of Brussels.

The house on the Rue de la Régence was adapted for the retiring, princely couple formed by Philippe, brother of Leopold II, and his wife Marie de Hohenzollern. Before that it was the stage for the extravagant antics of the Marquis d'Arconati, lord of Gaasbeek, who dressed in Turkish robes and liked to sleep in a coffin lined with red velvet.

The former dining room (*above*) with its crimson ceiling is now a meeting room, while the green Louis XVI salon (*opposite*) is used only rarely to entertain important visitors.

Succédant à la Banque de Bruxelles, la Cour des Comptes s'est installée dans le palais du Comte de Flandre, où naquit le roi Albert Ier en 1875.

Avant d'être aménagé pour le paisible couple princier fondé par Philippe, frère de Léopold II, et son épouse Marie de Hohenzollern, l'hôtel de la rue de la Régence fut le théâtre des extravagances du marquis d'Arconati, seigneur de Gaasbeek, qui s'habillait à la turque et dormait volontiers dans un cercueil drapé de velours rouge...

L'ancienne salle à manger (*ci-dessus*) au plafond amarante est devenue salle de réunion, tandis que le salon vert (*ci-contre*) au décor Louis XVI ne s'ouvre qu'exceptionnellement aux hôtes de marque.

Nach der Bank von Brüssel zog der Rechnungshof in den Palast des Grafen von Flandern (Rue de la Régence) ein, in dem Albert I. 1875 geboren wurde.

Bevor Philipp, der Bruder Leopolds II., mit seiner Gemahlin M. von Hohenzollern hier wohnte, hatte der extravagante Marquis von Arconati, Herr von Gaasbeek, hier seine Umgebung in Erstaunen versetzt. Er liebte es, sich wie ein Pascha zu kleiden und in einem mit rotem Samt ausgelegten Sarg zu schlafen...

Das frühere Eßzimmer (*oben*) mit amarantroter Decke ist nun ein Versammlungsraum; das grüne Empfangszimmer im Louis XVI-Stil (*links*) öffnet nur erlesenen Gästen seine Türen.

▽

De Zavelwijk was vroeger de mooie woonwijk bij uitstek van de bovenstad. Het omstreeks 1785 gebouwde herenhuis nr. 5 op het Zavelplein werd weliswaar herhaaldelijk verbouwd, maar het hoofdgebouw in L-vorm evenals de paardenstal en de oranjerie bleven overeind.

De meubels op de bel-etage zijn voornamelijk in Lodewijk-XVI- en directoirestijl en aldus de antiquair Costermans, de huidige eigenaar, waardig, die overigens ook de muren van de eetkamer door de Belg Pierre Laruelle liet beschilderen.

The square of the Grand Sablon was the chic residential quarter of the upper city for many years. The mansion built at number 5 in 1785 has often been remodelled but the classical L-shaped main building, the stables and the orangery have been preserved.

On the main floor, the Louis XVI and Regency furniture is worthy of the profession of the present owner, the antique dealer Costermans, who also commissioned the dining room murals from the Belgian, Pierre Laruelle.

La place du Grand Sablon fut longtemps le quartier résidentiel par excellence de la ville haute. Au numéro 5, l'hôtel de maître construit vers 1785 a été fréquemment transformé. Il a cependant conservé son corps de logis classique en forme de L, ses écuries et son orangerie.

Au bel étage où dominent les styles Louis XVI et Directoire, le mobilier est digne de l'actuel propriétaire des lieux, l'antiquaire Costermans, qui fit réaliser les peintures murales de la salle à manger par le Belge Pierre Laruelle.

Der Platz des Grand Sablon war jahrelang das residentielle Viertel der Oberstadt. Das 1785 gebaute Herrenhaus mit der Hausnummer 5 wurde zwar oft umgebaut, doch das klassizistische, L-förmige Hauptgebäude, die Pferdeställe und die Orangerie blieben erhalten.

Die Möbel im Louis XVI-und im Directoirestil in der Beletage sind des heutigen Besitzers, des Antiquitätenhändlers Costermans, würdig, der auch die Wandmalereien im Eßzimmer bei dem Belgier P. Laruelle in Auftrag gab.

▷

Tussen O.-L.-Vrouw ten Zavel en het Egmontpaleis ligt de met bloemen beplante Kleine Zavel, die aan de tuin van de infante doet denken. Het op meesterlijke wijze ontworpen plein is als het ware gericht op de indrukwekkende fontein met de beeldengroep die de twee vermaardste slachtoffers van de religieus-politieke opstand tegen Filips II voorstelt, de graven Egmont en Hoorne. Het park wordt omsloten door een smeedijzeren hek en kleine zuilen met bronzen beelden die elk een Brussels ambacht personifiëren.

The small flowered square of the Petit Sablon between Our Lady of Victories of the Sablon and the Egmont Palace evokes the garden of an Infanta. Beautifully planned, it leads to the monumental fountain grouping the two most famous martyrs of the politico-religious revolt against Philip II, King of Spain: the Counts of Egmont and of Hornes.

The square is enclosed by wrought iron railings, studded with small pillars each supporting a bronze statuette representing a Brussels craft of yesteryear.

Entre l'église Notre-Dame des Victoires au Sablon et le palais d'Egmont, le square fleuri du Petit Sablon évoque un jardin de l'Infante. Admirablement dessiné, il mène la monumentale fontaine qui porte le groupe des deux martyrs les plus célèbres de la révolution politicoreligieuse contre le roi d'Espagne Philippe II, les comtes d'Egmont et de Hornes. Une grille en fer forgé entoure le square. Elle est jalonnée de petits piliers; chacun d'eux supporte une statuette en bronze représentant un métier bruxellois de jadis.

Zwischen der Liebfrauenkirche des Sablon und dem Egmontpalast liegt der kleine doch blumenreiche Park des Petit Sablon. Er erinnert an den Garten des spanischen Erbprinzen. In der Mitte des meisterhaft entworfenen Parks steht eine eindrucksvolle Fontäne mit den beiden berühmtesten Helden des politisch-religiösen Aufstands gegen Philipp II., den Grafen Egmont und Hornes.

Ein eisernes, mit kleinen Säulen durchsetztes Gitter schließt den Park nach außen hin ab. Auf jeder dieser Säulen steht die bronzene Statue eines Repräsentanten der vielen Brüsseler Zünfte.

Het zgn. Egmontpaleis is eigenlijk een complex stadspaleizen waarop vooral twee architecten hun stempel hebben gedrukt: Servandoni, de ontwerper van Saint-Sulpice in Parijs, en Tilman-Frans Suys. Een tijd lang was het in het bezit van de hertogen van Arenberg, die er schitterende recepties hielden.

Het Egmontpaleis is nu staatsbezit. De regering heeft er de ontvangzalen en salons van het Ministerie voor Buitenlandse Zaken laten inrichten. Na de restauratiewerkzaamheden heeft ook de galerij boven de staatsietrap haar luister van weleer teruggevonden.

Construit à partir de différents hôtels, le palais dit d'Egmont doit l'essentiel de sa structure à Servandoni, l'architecte de Saint-Sulpice à Paris, puis à Tilman-François Suys. Les réceptions qu'y donnaient les ducs d'Arenberg, ses propriétaires, étaient particulièrement brillantes.

Il a été acquis par l'Etat belge, qui y a établi les salles de réceptions et les salons du ministère des Affaires étrangères. La galerie donnant sur l'escalier d'honneur a retrouvé, après les restaurations, sa splendeur originelle.

△
Veertien jaar na de brand die het paleis in 1892 had verwoest, liet prinses de Croy de beroemde „Trap der Gezanten", die Le Vau voor het paleis van Versailles had ontworpen maar die Lodewijk XVI had laten afbreken, heropbouwen.

Quatorze ans après l'incendie de 1892 qui avait ravagé la demeure, la princesse de Croy eut l'idée d'y reconstituer l'*Escalier des Ambassadeurs* que Le Vau avait exécuté pour le château de Versailles et que Louis XV avait supprimé en 1712.

Fourteen years after the residence was ravaged by the fire of 1892, the Princess de Croy decided to reconstruct the *Ambassador's Staircase* which Le Vau had built at Versailles, removed by Louis XV in 1712.

Vierzehn Jahre nach dem Brand von 1892 beschloß die Prinzessin de Croy, die von Le Vau für Versailles gebaute Treppe der Gesandten, die Ludwig XVI. hatte entfernen lassen, wieder zu errichten.

The Egmont Palace, a conglomerate of different houses, owes its basic structure to Servandoni, the architect of Saint Sulpice in Paris, and to Tilman-François Suys. The receptions held by the owners, the Dukes of Arenberg, were considered particulary brilliant.

The Egmont Palace was acquired by the Belgian Ministry of Foreign Affairs. The gallery opening on the grand staircase has been restored to its original splendor.

Der Egmontpalast ist ein Komplex von Palais, die vor allem Servandoni, dem Erbauer der Saint-Sulpice in Paris, und Tilman-François Suys ihre Gestalt verdanken. Hier gaben die Herzöge von Arenberg, die zeitweiligen Besitzer, großartige Empfänge.

Im Palast, der jetzt Staatsbesitz ist, hat die Regierung die Empfangszimmer des Auswärtigen Amtes eingerichtet. Die Galerie oberhalb der Treppe hat ihren früheren Glanz wiedererlangt.

Terwijl België dankzij de bezielende ondernemingslust van Leopold II het hoogtepunt van zijn welvaart bereikte, braken enkele Belgische architecten met de traditie en stortten zich in het avontuur van de art-nouveaustijl. Baron van Eetvelde, een van 's konings naaste medewerkers en tevens gouverneur van Kongo, dweepte weldra met de nieuwe stroming. Hij vroeg aan Horta zijn nieuw huis aan de Palmerstonlaan te bouwen en hield geen rekening met de smalende opmerkingen van zijn vrouw die de voorkeur gaf aan de Lodewijk-XVI-stijl en vond dat het ijzer, het bouwmateriaal bij uitstek van Horta, in de achterbuurten thuishoorde.

De achthoek binnenshuis en het trappenhuis zijn met een prachtig glazen dak overdekt, dat mevrouw van Eetvelde misschien toch een of andere bewonderende blik heeft afgedwongen.

Het pand is thans het *Huis van het Aardgas* en de zetel van het Verbond van de gasnijverheid.

While Leopold II was propelling his kingdom to the highest level of prosperity, some Belgian architects broke with tradition and invented Art Nouveau. The monarch ignored them but one of his closest collaborators, Baron van Eetvelde, first Secretary-General of the Congo, was very taken by their creations, confiding the construction of his residence on Avenue Palmerston to Victor Horta. He did not allow his wife, who felt that iron, the favourite material of Horta, was "common", to influence him. She would have preferred a house in the Louis XVI style.

The interior octagon and staircase are roofed by a splendid skylight which may have finally appeased Madame van Eetvelde.

The mansion serves today as *Natural Gas House*, headquarters of the federation of gas industries.

Pendant que Léopold II propulsait le royaume au plus haut niveau de la prospérité économique, quelques architectes belges rompirent avec les traditions et inventèrent l'Art Nouveau. Le roi les ignorait mais l'un de ses plus proches collaborateurs, le baron van Eetvelde, premier secrétaire général du Congo, s'enthousiasma pour leurs créations. Il confia à Victor Horta la construction de sa maison d'habitation, avenue Palmerston. Il ne se laissa pas influencer par les observations de son épouse qui estimait que le fer, matériau favori de Horta, «faisait peuple». Elle aurait souhaité une maison de style Louis XVI...

L'octogone intérieur de la maison et la cage d'escalier sont couverts d'une lumineuse verrière, du plus bel effet. Peut-être cela enchanta-t-il finalement madame van Eetvelde.

L'hôtel est aujourd'hui la *Maison du Gaz Naturel*, siège de la fédération des industries du gaz.

Während das Königreich unter Leopold II. seine Vorrangstellung erstritt, brachen einige Architekten mit der Tradition und schufen mit dem Art Nouveau ihre Version des Jugendstils. Der König ignorierte sie, doch einer seiner engsten Mitarbeiter und erster Generalsekretär der Kongo-Kolonie, Baron van Eetvelde, bewunderte ihr Schaffen. Für ihn baute Victor Horta ein Wohnhaus in der Avenue Palmerston, obwohl die Frau Baronin von einem Haus im Stil Louis XVI träumte und das Eisen, eins der Lieblingsmaterialien Hortas, als «pöbelhaft» verabscheute.

Das innere Achteck des Hauses und das Teppenhaus haben ein lichtspendendes Glasdach, dessen reizvoller Struktur vielleicht auch Frau van Eetvelde ihre Bewunderung nicht versagen konnte.

Heute ist das Hotel das Haus des Erdgases und Sitz des Verbandes der Gasindustrie.

Victor Horta stond nog op de drempel van zijn loopbaan, toen zijn vriend Tassel, hoogleraar beschrijvende meetkunde aan de Vrije Universiteit Brussel, hem de opdracht gaf een huis voor hem in de Paul Emile Jansonstraat te bouwen. Tassel, een verstokte vrijgezel, was erg gesteld op vriendschappelijke bijeenkomsten, een feit waarmee de architect van het nochtans smalle pand terdege rekening heeft gehouden.

Een dubbele deur, waarvan het gebrandschilderde glas met plantaardige motieven is versierd, scheidt het voorhuis van het trappenhuis waarin de zuilen met kapitelen zijn bekroond, die op hun beurt het vertrekpunt vormen van typisch art nouveau rankwerk.

De trap van mahoniehout past volledig in de ijzeren omkadering, terwijl het in een rechthoekige nis geplaatste, figuratieve standbeeldje van Braecke er eerder als een vreemde eend in de bijt uitziet.

At the beginning of his career Victor Horta was commissioned by his friend Tassel, professor of descriptive geometry at the Free University of Brussels, to build him a house on Rue Paul Emile Janson. Although he was a confirmed bachelor he was also very hospitable, which the architect had to take into account when dealing with the relatively narrow house.

A glazed double door with plant motifs leads from the hall to a vestibule which has columns crowned with capitals formed of typical Art Nouveau elements.

The mahogany staircase is integrated harmoniously into the iron framing but the figurative statue by the sculptor Braecke in a rectangular niche is a rather jarring intrusion.

Au début de sa carrière, Victor Horta se vit chargé de la construction, rue Paul Emile Janson, de la maison de son ami Tassel, professeur de géométrie descriptive à l'Université libre de Bruxelles. C'était un célibataire endurci qui conviait ses amis à de nombreuses réunions. L'architecte en tint compte malgré l'étroitesse relative du bâtiment.

Par une double porte à vitrail coloré de décors végétaux, le hall donne accès à un vestibule dont les colonnes se terminent par des chapiteaux d'où partent des éléments aux formes typiquement Art Nouveau.

L'escalier en acajou s'insère harmonieusement dans la structure de fer mais, dans une niche rectangulaire, la statue du sculpteur Braecke ajoute une déconcertante intrusion du figuratif.

Am Anfang seiner Karriere erhielt Victor Horta den Auftrag, in der Rue Paul Emile Janson ein Haus für seinen Freund Tassel zu bauen, der Professor für Geometrie an der Freien Universität Brüssel war. Obschon der Bauplatz recht schmal war, berücksichtigte Horta vor allem eine Eigenart des Bauherrn: Der Junggeselle lud gern und oft Freunde zu sich ein.

Die mit Pflanzenmotiven bemalte doppelte Glastür führt in einen Vorraum, in dem Säulen emporragen, aus deren Kapitellen typische Jugendstilmotive emporsteigen.

Die Treppe aus Mahagoniholz ist sehr harmonisch in den eisernen Rahmen eingefügt, doch die kleine Statue des Bildhauers Braecke in der rechteckigen Nische wirkt hier wie ein zu wirklichkeitsnaher Eindringling.

In 1898 was Victor Horta amper veertig jaar oud maar reeds op het toppunt van zijn roem. Hij bouwde toen in de Amerikalaan twee huizen onder één kap: een tehuis voor zijn familie en een atelier met de daarbij horende kantoren.

De trap van Carrarisch marmer in zijn particuliere woning is bijzonder geslaagd o.a. dankzij de L-vormige leuning die naar de eerste verdieping loopt. Dan komt een spiraalvormig houten bovengestel dat boven door een glazen dak in de vorm van een dubbel tongewelf is afgesloten. Men heeft in verband met de twee delen van deze trap wel eens gewaagd van een „draaikolkeffect".

De muren evenals het gedrukte gewelf van de eetkamer zijn met ivoorkleurig geëmailleerde bakstenen bekleed. De beeldhouwer Braecke schiep de ietwat bombastische bas-reliëfs. Aan vergulde ijzeren staven hangen tulpenbollen van geblazen glas.

Dankzij de gemeente Sint-Gillis is het pand het Hortamuseum geworden.

In 1898 Victor Horta, already famous though not yet forty years old, began construction of two houses on Rue Americaine, one for his residence and the other for his offices and studio.

In his private residence the L-shaped staircase in Carrara marble leading to the first floor is particularly noteworthy. A helicoid staircase in wood, roofed by a double barrel-vaulted skylight, leads up to the second storey. The two parts of the staircases have been described as combining to produce "a whirlpool effect".

In the dining room part of the walls and ceiling are of ivory enamelled brick. The slightly pompous low reliefs were done by the sculptor Braecke. Tulip-shaped blown glass lamp globes are suspended on gilded iron stems.

Thanks to the municipality of Saint-Gilles, the Horta houses now form the Horta Museum.

En 1898, Victor Horta n'a pas quarante ans mais il est au faîte de la gloire. Il entreprend de construire pour lui-même, rue Américaine, deux maisons; l'une réservée à sa vie familiale, l'autre destinée à ses bureaux et ateliers.

Dans l'immeuble privé, l'escalier en marbre de Carrare est particulièrement réussi. Par une rampe en L, il communique au premier étage. A partir de celui-ci, l'escalier de bois prend une forme hélicoïdale et se trouve, dans sa partie supérieure, couvert par une verrière à double berceau. A propos des deux parties de cet escalier, on a pu parler d'un «effet de tourbillon».

La salle à manger, elle, a les murs et la voûte revêtus de briques émaillées couleur ivoire. Les bas-reliefs quelque peu déclamatoires sont dus au sculpteur Braecke, tandis que des globes de tulipes en verre soufflé sont suspendus par des tiges en fer doré.

A l'initiative de la commune de Saint-Gilles, la maison est devenue le musée Horta.

1898 stand der damals vierzigjährige Victor Horta auf dem Höhepunkt seines Ruhms und unternahm den Bau eines Doppelhauses in der Rue Américaine: ein Heim für sich und die Seinen, daneben ein Gebäude mit Atelier und Büroräumen.

Die Treppe in der Privatwohnung ist aus Marmor aus Carrara und gilt zu Recht als kaum übertroffen. Die L-förmige Rampe führt zum ersten Stockwerk, von wo aus eine schneckenförmige Treppe aus Holz zu den höher gelegenen Räumen emporsteigt und durch ein zweifach gewölbtes Glasdach Licht empfängt. Die Gliederung beider Teile erzeugt den sogenannten «Wirbeleffekt».

Im Eßzimmer sind sowohl die Wände wie die Decke in Form einer Flachtonne mit elfenbeinfarbigen, emaillierten Backsteinen ausgelegt. Die fast zu bombastischen Flachreliefs sind von Braecke. An den vergoldeten Eisenstangen hängen tulpenförmige Globen aus geblasenem Glas.

Die Gemeinde Saint-Gilles hat die Umwandlung des Gebäudes in das Hortamuseum angeregt.

Toen hij voorzitter van Sabena was, verwierf Gilbert Périer een aan een private weg gebouwd herenhuis tussen het uiteinde van de Louizalaan en Ter-Kamerenbos. De kunstminnende nieuwe eigenaar belastte Paul Delvaux met de interieur-verzorging van de grote ontvangkamer, het trappenhuis en de galerij. De schilder voerde de opdracht in de jaren 1954-1956 uit.

De zeven wijzen in antieke gewaden zitten aan voor een als het ware wereldlijk laatste avondmaal zonder brood en wijn. Op de andere muren zijn een allegorische voorstelling van de muziek, evenals de porttretten van de opdracht-gever, diens echtgenote en hun dochter te zien. Kariatiden,tempels, trappelende paarden en publieke vrouwen completeren de taferelen, zodat een geheel ontstaat dat, volgens de schilder zelf, "boven de regels van de portretkunst en hetanekdotische van het gen-restuk uitstijgt".

Gilbert Périer, alors président de la Sabena, avait acquis un hôtel de maître dans l'artère privée qui, au bout de l'avenue Louise, s'allonge à l'orée du Bois de la Cambre. Grand amateur d'art, il confia à son ami Paul Delvaux la déco-ration du grand salon ainsi que la cage d'escalier et la galerie attenantes. Le peintre s'y consacra de 1954 à 1956.

Un banquet de huit sages habillés à l'antique évoque une manière de Dernière Cène laïque, sans pain ni vin. Sur d'autres parois sont représentés une allégorie de la musique, les por-traits du commanditaire, son épouse et sa fille. Cariatides, temples, chevauxpiaffants et belles de jour participent à l'atmosphère de l'ensemble dont, selon Paul Delvaux, les différents élé-ments «échappent aussi bien à la nécessité du portrait qu'à l'attrait passager de l'anecdote».

When Gilbert Périer, then president of Sabena and a noted art lover, acquired a mansion on a private road running along the edge of the Bois de la Cambre at the end of Avenue Louise he commissioned his friend Paul Delvaux to deco-rate the living room as well as the stair well and gallery. The artist devoted himself to this from 1954 to 1956.

Eight wise men in classical robes at a table evoke a sort of secular Last Supper, though without bread and wine. Musical allegories as well asportraits of the patron, his wife and daughter embellish other walls. Caryatids, tem-ples, pawing horses and languid ladies are ele-ments of an ensemble which, according to Paul Delvaux, «avoids both the constraints of por-traiture and the fleeting attraction of the anec-dotal.»

Als er Präsident der Sabena war, erwarb Gilbert Périer ein herrschaftliches Haus, das zwischen dem Ende der Avenue Louise und dem Bois de la Cambre an einem Privatweg steht. Der kunstliebende neue Eigentümer betraute Paul Delvaux mit der Innenausstattung des großen Empfangszimmers, des Treppen-hauses und der Galerie. Diesen Auftrag führte der Maler in den Jahren 1954-1956 aus.

Das Gastmahl der sechs in antike Gewänder gehüllten Weisen ist eine Art verweltlichtes letztes Abendmahl ohne Brot und Wein. Auf den anderen Wänden brachte Delvaux eine alle-gorische Darstellung der Musik, das Porträt des Autraggebers sowie das von dessen Gattin und beider Tochter an. Karyatiden, Tempel, unruhig-stampfende Pferde und Milieudamen bestim-men den Gesamteindruck, dessen Bestandteile, dem Maler zufolge, "sowohl die Regeln der Porträtmalerei wie das Zufällige der Genre-bilder übersteigen."

Louvain-la-Neuve

Toen de in 1425 gestichte en dus eeuwenoude universiteit van Leuven werd gesplitst, koos de Université Catholique de Louvain een 900 ha grote hoogvlakte in de buurt van Ottignies als vestigingsplaats.

Men ging ervan uit dat de nieuwe stad geen geïsoleerde, uitsluitend functionele campus mocht worden. Er werd een volledige stad met al wat een stad leefbaar maakt — woningen, winkels, bioscopen, scholen, een kerk — uit de grond gestampt. Louvain-la-Neuve is dus meer dan alleen een universiteitsstad, al drukken de gebouwen van de faculteiten en o.a. de Wetenschappelijke Bibliotheek hun stempel op het geheel. Niettegenstaande hun soms avantgardistische, futuristische architectuur vormen ze een uiterst harmonieus geheel met de niet bepaald moderne omgeving.

Lorsque la vénérable université catholique de Louvain, fondée en 1425, se scinda en deux, les autorités de l'université francophone acquirent un terrain de neuf cents hectares, proche d'Ottignies. Elles y construisirent une cité de conception toute nouvelle. Il s'agissait d'éviter à tout prix le campus isolé, inhumain, et de créer une vie urbaine avec toutes ses composantes: habitations, magasins, cinémas, écoles, église...

A Louvain-la-Neuve, la ville n'est pas que l'université. Mais celle-ci lui donne forcément son caractère par les bâtiments facultaires et notamment sa bibliothèque des sciences, dont l'architecture audacieuse s'emboîte sans heurt dans un environnement qui ne s'est pourtant pas voulu à prédominance moderniste.

When the venerable Catholic University of Louvain, founded in 1425, was divided into two linguistic sections, the directors of the French university acquired 2,200 acres of land near Ottignies where they built a university town based on totally new principles. They wished, at all costs, to avoid an isolated and impersonal campus and strove to create an urban entity with all its elements: housing, shops, cinemas, schools, church, etc.

At Louvain-la-Neuve the town is more than the university but the faculty buildings give it its character. Most noteworthy is the Science Library whose daring architecture fits beautifully into an environment which is not, however, dominated by modernism.

Als die ehrwürdige, 1425 gegründete katholische Universität Löwen gespalten wurde, erwarb die Universitätsverwaltung des französischsprachigen Teils eine 900 ha große Fläche bei Ottignies und errichtete dort eine Stadt neuen Stils. Um jeden Eindruck entfremdender Absonderung auszuschließen, baute man eine vollwertige Stadt in der alle Lebensbereiche vertreten sind: Wohnsiedlungen, Geschäfte, Filmtheater, Schulen, Kirche usw.

Die Stadt ist also nicht ausschließlich als Universitätsgelände geplant, obschon die Räumlichkeiten der verschiedenen Fakultäten, u.a. die Wissenschaftliche Bibliothek, das Stadtbild in entscheidendem Maße prägen. Ihre bisweilen kühne Architektur ist jedoch harmonisch in die Umwelt eingefügt, in der das Futuristische nicht überbetont wurde.

Wavre

Waver ligt vreedzaam temidden van dichte bossen en vruchtbare weiden waardoor de Dyle stroomt. Tijdens de Tweede Wereldoorlog werd de helft van de huizen vernield. Na de oorlog werden ze in een sobere, smaakvolle stijl weder opgebouwd. De nieuwe en de oude huizen staan geschaard om de stevige, bak- en zandstenen toren van de St-Jan-de-Doperkerk uit de 16de eeuw.

Twee recente gebeurtenissen hebben voor nieuwe impulsen gezorgd: de stichting van Louvain-la-Neuve op een afstand van amper 5 km en de splitsing van deprovincie Brabant, danzij welke Waver nu de hoofdplaats van Waals Brabant is.

Bordée de bois et de prairies arrosées par la Dyle, la paisible cité de Wavre a beaucoup souffert de la guerre en 1940. Elle a été à moitié détruite. Reconstruite avec une simplicité de bon aloi, elle groupe ses maisons à l'ombre de la tour massive en brique et grès (16e siècle) de l'église Saint-Jean Baptiste.

A deux reprises, le destin a basculé en faveur de Wavre. Une première fois lorsque l'Université Catholique de Louvain s'est bâtie à quelque cinq kilomètres de ses limites. Une seconde fois lorsque la scission de la province de Brabant en a fait le chef-lieu du Brabant wallon.

The peaceful town of Wavre, surrounded by woods and meadows watered by the Dyle, suffered greatly during the war when half of it was destroyed in 1940. Rebuilt in a simple and genuine style, its houses are grouped in the shadow of the massive 16th century brick and sandstone tower of the church of Saint John the Baptist.

Fortune has smiled on Wavre twice recently. The first time was when the Catholic University of Louvain was built barely five kilometers away; the second was when Wavre was made the county seat of Brabant Walloon after the splitting up of Brabant.

Die friedliche Stadt Wavre ist von prächtigen Wäldern umgeben sowie von Weiden, durch die die Dyle fließt. Während des 2. Weltkriegs wurde die Hälfte der Häuser zerstört, nach dem Krieg wurden sie in gediegenem, schlichtem Stil wieder aufgebaut. Die alten und neuen Bauten umgeben den wuchtigen Back- und Sandsteinturm (16. Jh.) der Johannes dem Täufer gewidmeten Kirche.

Zwei günstige Schicksalswenden gaben Wavre im Lauf der letzten Jahrzehnte neuen Auftrieb: die Errichtung der neuen, nur 5 km entfernten Universitätsstadt Louvain-la-Neuve und die Teilung der Provinz Brabant, bei der Wavre die Rolle

Nivelles

De collegiale St-Gertrudiskerk te Nijvel bestaat uit een Ottoonse basiliek (1046) en een eveneens romaanse voorbouw.

De in 1984 gerestaureerde westelijke voorbouw (ook „westbouw" genoemd) is één van de meest typische kenmerken van de Maasromaanse bouwschool. De twee traptorentjes zijn gespaard gebleven, maar na lang wikken en wegen heeft men het geheel met een achthoekige toren bekroond, die aan de ononderbroken invloed van de Karolingische kunst herinnert.

La collégiale Sainte-Gertrude de Nivelles se compose d'une basilique ottonienne (1046) et d'un avant-corps roman.

L'avant-corps occidental ou *Westbau*, tel que reconstruit en 1984, est un des monuments les plus marquants de l'art mosan. Ses deux tourelles d'escalier ont été maintenues mais il fut finalement décidé de le couronner par une tour octogonale, rappel de la persistance de l'art carolingien.

The collegiate church of Saint Gertrude in Nivelles consists of an Ottonian basilica (1046) with a projecting Romanesque front.

The west front or *Westbau*, rebuilt in 1984, is one of the most imposing examples of Mosan art. The two staircase turrets have been conserved and it was finally decided to crown it with an octagonal tower which recalls the long influence of Carolingian art.

Die Stiftskirche Ste-Gertrude in Nivelles ist eine ottonische Basilika (1046) mit romanischem Westbau.

Der 1984 wieder errichtete Westbau ist eines der markantesten Bauwerke der Romanik in der für das Maasland typischen Spielart. Die beiden Treppentürmchen wurden beibehalten, doch nach langem Tauziehen kam man zu der Entscheidung, das Ganze mit einem achteckigen Turm abzuschließen, um das Fortwirken karolingischer Einflüsse zu unterstreichen.

Leuven

(Blz 58 tot 60)
Aan de oostzijde van de Grote Markt te Leuven staat het gotische „Tafelrond" *(links)*, dat omstreeks 1480 werd opgetrokken. In de loop van de 19de eeuw werd het gebouw in neoclassicistische, na 1914-1918 in 15de-eeuwse gotische stijl weder opgericht.

(Op de achtergrond en hiertegenover) Het stadhuis met zijn twee typische zijgevels (15de eeuw) lijkt op een reusachtig reliekschrijn. De octogonale torentjes op de vier hoeken met nissen, baldakijnen en standbeelden in groten getale verlenen een zwierige gratie aan het gebouw in zijn geheel.

De beroemdste bouwmeesters van het begin van de 15de eeuw waren bij de bouw van de St-Pieterskerk *(rechts)* betrokken. De zanderije bodem verhinderde de bouw van de 165 m hoge toren die in het ontwerp was voorzien. Na een gedeeltelijke instorting werd de toren in de 17de eeuw tot op de hoogte van het kerkdak verlaagd.

(Pages 58 à 60)
La place du Marché de Louvain était jadis fermée à l'est par un bâtiment gothique appelé «la Table Ronde» *(à gauche)*, construit dans les années 1480. Transformé en style néoclassique au XIXᵉ siècle, puis endommagé pendant la Première Guerre mondiale, l'édifice fut reconstruit en s'inspirant de celui du XVᵉ siècle.

(A l'arrière-plan et ci-contre) Son type de bâtiment à deux pignons latéraux apparente l'hôtel de ville (XVᵉ siècle) à une châsse géante. Des tourelles octogonales, ornées de niches, dais et statues flanquent les coins du monument et lui donnent son élan.

Pour la construction de la collégiale Saint-Pierre *(à droite)* œuvrèrent des architectes parmi les plus célèbres du temps. Une tour devait s'élever à cent soixante-cinq mètres, mais le terrain sablonneux ne permit pas cette audace. Au XVIIᵉ siècle, il fallut se résigner à démolir à hauteur des toitures la partie qui s'était effondrée.

(Pages 58 to 60)
The Leuven market square was formerly closed on the east side by a Gothic building called "The Round Table" *(left)*, built in the 1480's. Remodelled in the neoclassical style in the 19th century and then badly damaged during the First World War, the building was reconstructed to resemble that of the 15th century.

(Background and above) The style of the City Hall with its two lateral gables makes it resemble a gigantic reliquary. It is enlivened by the octagonal turrets decorated with niches, canopies and statues which flank the corners of the monument.

The most celebrated architects of the period worked on the construction of the collegiate church of Saint Peter *(right)*. A 165 meter tower was proposed but the soil was too sandy to support such a daring structure and in the 17th century it was decided to demolish the part which was collapsing to the height of the roof.

(S. 58 bis 60)
Früher schloß das um 1480 gebaute gotische Haus «Der runde Tisch» *(links)* den Marktplatz von Löwen an der Ostseite ab. Das im 19. Jh. neoklassizistisch frisierte, im 1. Weltkrieg arg beschädigte Gebäude wurde danach wieder im Geiste des 15. Jh. aufgebaut.

(Im Hintergrund und oben) Das Rathaus (16. Jh.) mit seinen beiden Seitengiebeln gleicht einem riesigen Schrein. Die achteckigen Türmchen an den Ecken mit ihren Nischen, Baldachinen und Statuen geben dem Gebäude eine große Leichtigkeit.

Die berühmtesten Baumeister der ersten Hälfe des 15. Jh. wirkten mit am Bau des Stiftskirche St. Peter *(rechts)*. Wegen des sandigen, wenig stabilen Bodens wurde der vorgesehene, 165 m hohe Turm nicht gebaut; im 17. Jh. mußte die Höhe des bestehenden, teilweise eingestürzten Turms auf die des Firsts reduziert werden.

▷
Het in het prinsbisdom Luik ontstane begijnwezen verspreidde zich over alle steden van de Lage Landen en kwam na 1250 in Leuven tot bloei.

Het ommuurde Groot Begijnhof van Leuven, een rond de kerk (1305) gebouwde miniatuurstad, bereikte zijn hoogtepunt in de 16de en 17de eeuw. De begijntjes, die voor de duur van hun verblijf in het begijnhof de geloften van gehoorzaamheid en kuisheid moesten afleggen, wijdden zich geheel aan gebed en handenarbeid.

In 1962 werd het Groot Begijnhof eigendom van de universiteit. De bijzonder fraai gerestaureerde bakstenen huizen met muurankers en kruisramen o.a. in het Spaans kwartier, waar ooit Spaanse soldaten waren ingekwartierd, dateren uit de 16de en 17de eeuw.

Le mouvement béguinal, né dans la principauté de Liège, se répandit dans quasi toutes les villes des anciens Pays-Bas. Il atteignit Louvain dès le second quart du XIIIᵉ siècle.

Centré sur l'église (1305), entouré de murs comme il convenait, le Grand Béguinage connut son apogée au cours des XVIᵉ et XVIIᵉ siècles. Partageant leur vie entre la prière et le travail, les béguines s'engageaient à l'obéissance et à la chasteté, mais uniquement pour la durée de leur séjour dans l'enclos.

Le Grand Béguinage fut acquis par l'Université en 1962. Admirablement restaurées, les maisons des XVIᵉ et XVIIᵉ siècles sont en brique avec chaînages et fenêtres à croisillons comme dans le *Quartier espagnol*, ainsi nommé parce que les troupes espagnoles de passage y étaient logées.

The béguine movement, born in the principality of Liège, spread to nearly all the cities of the former Low Countries, reaching Leuven in the 13th century.

Centered on the church (1305) and enclosed by the traditional walls, the Great Béguine convent reached its zenith in the 16th and 17th centuries. Dividing their lives between work and prayer, the béguines took vows of obedience and chastity but only for as long as they lived within the walls.

The university acquired the Great Béguinage in 1962. The beautifully restored 16th and 17th century houses are in brick with chaining and lattice windows as in the *Spanish Quarter*, so called because Spanish troops on the march were lodged there.

Nachdem die Bewegung der Beginen im Fürstbistum Lüttich entstanden war, wurden binnen kurzer Zeit in fast allen Städten des Landes Beginenhöfe gegründet. In Löwen geschah dies in der Zeit 1225-1250.

Der von einer Mauer umgebene und um die Kirche (1305) herum gebaute Große Beginenhof erreichte seinen Höhepunkt im 16. und 17. Jh. Die Beginen widmeten sich ganz dem Gebet und der Arbeit; für die Dauer ihres Aufenthaltes im Beginenhof mußten sie Gehorsam und Keuschheit geloben.

Seit 1962 gehört der Beginenhof der Universität. Die gekonnt restaurierten Häuschen aus Backstein mit schönen Verankerungen und Fensterkreuzen im sog. "Spanischen Viertel" stammen aus dem 16. und 17. Jh. Der Name erinnert an die vorübergehende Einquartierung spanischer Soldaten.

△
De langwerpige Oude Markt, oorspronkelijk het hart van de stad, wordt omringd door de Universiteitshalle, het H. Drievuldigheidscollege en een reeks in verschillende tijdvakken opgetrokken panden, die thans haast allemaal tot winkels en restaurants zijn verbouwd. Topgevels, geveldriehoeken, hoge rechthoekige ramen en het afwisselend gebruik van natuur- en baksteen maken van het plein een bekorend en overtuigend architectonisch geheel.

The long, narrow Oude Markt corresponds to the first urban center of Leuven. It is lined by the university halls, Trinity college and a series of houses of various periods, nearly all devoted to commerce or the restaurant trade. The successive gables and pediments, the tall rectangular windows and the use of brick and stone achieve a certain unity, once one looks upward.

Le long et étroit Oude Markt correspond au premier centre urbain de Louvain. Il est bordé par les halles universitaires, le collège de la Trinité et une série de maisons d'époques différentes, quasi toutes vouées au commerce ou à la restauration. Grâce à la succession des pignons et des frontons, aux hautes fenêtres rectangulaires ainsi qu'à l'usage de la brique et de la pierre, l'ensemble ne manque pas de cohérence pour qui lève les yeux.

Der längliche, schmale Oude Markt in Löwen ist das ursprüngliche Herz der Stadt. Ihn umgeben die Hallen der Universität, das Dreifaltigkeitskolleg und Häuser aus verschiedenen Epochen, die nun fast alle als Geschäfte und Gaststätten dienen. Die einander ablösenden Giebeldreiecke und Giebelseiten mit hohen, rechteckigen Fenstern sowie die alternierende Verwendung von Stein und Backstein sind hier zu einem überzeugenden, einheitlichen Ganzen zusammengewachsen.

▷ De bevolkingsaangroei leidde op het einde van de 12de eeuw tot de stichting van een „sieckhuys" of gasthuis dat onder de bescherming van de h. Elisabeth werd gesteld. In ca. 1220 werd het naar één der Dijlearmen in de buurt van de oudste stadsomwalling overgeheveld. Uit die periode dateert de romaanse portiek die toegang verleende tot het hospitaal, dat nu een cultureel centrum (Brusselsestr.) is geworden.

Dès la fin du XIIᵉ siècle, l'accroissement de la population imposa aux autorités communales de Louvain la construction d'un hôpital. Il fut placé sous la protection de sainte Elisabeth. Vers 1220, il fut déplacé et érigé près d'un bras de la Dyle, à proximité de la première enceinte. De cette époque a survécu le portail roman qui donnait jadis accès à l'hôpital et aujourd'hui au *Centre Culturel* de la ville (Brusselsestraat).

At the end of the 12th century population growth made it necessary for the municipality of Leuven to build a hospital which was placed under the protection of Saint Elizabeth. Around 1220 it was moved and rebuilt near an arm of the Dyle, close to the first wall. The Romanesque portal which gave access to the hospital at that time has survived and now gives access to the Cultural Center of the city (Brusselsestraat).

Am Ende des 12. Jh. machte der Bevölkerungszuwachs den Bau eines Krankenhauses in Löwen erforderlich. Das unter dem Schutz der hl. Elisabeth stehende Krankenhaus wurde 1220 verlegt und in der Nähe eines Seitenarms der Dyle sowie der ersten Stadtmauer neu errichtet. Das damalige romanische Eingangsportal ist erhalten geblieben, doch bildet es jetzt den Eingang zum Kulturzentrum der Stadt (Brusselsestr.).

▷ De eerste ommuring van Leuven bevatte aan weerskanten van de Dijle een waterpoort, die diende om het scheepsverkeer te controleren. In één van de torens (1616-17) woonde in 1640 Jansenius, de latere bisschop van Ieper, wiens beroemde boek „Augustinus" in Frankrijk het rigorisme van Port-Royal bezielde, Pascal beïnvloedde en voor diepgaande godsdienstige en politieke spanningen zorgde.

Intégrée dans la première enceinte de Louvain, une double porte d'eau encadrait la Dyle et contrôlait le trafic sur la rivière. L'une des deux tours (1616-1617) fut habitée en 1640 par Jansénius, le futur évêque d'Ypres, dont le célèbre ouvrage, l'*Augustinus*, sera à l'origine du courant rigoriste qui animera l'abbaye de Port-Royal, inspirera Pascal et divisera profondément le monde religieux et politique de la France de Louis XIV.

A double watergate built into the first walls of Leuven enclosed the Dyle and controlled river traffic. One of the two towers (1616-17) was inhabited in 1640 by Cornelius Otto Jansen, the future bishop of Ypres, whose famous *Augustinus* was the basis of the moral severity of the Abbey of Port-Royal, inspiring Pascal and deeply dividing the political and religious world of the France of Louis XIV.

In der ersten Stadtmauer Löwens ermöglichte ein auf beiden Ufern der Dyle errichtetes doppeltes Tor die Überwachung des Verkehrs auf dem Fluß. In einem der beiden Türme (1616-1617) wohnte 1640 der spätere Bischof von Ypern Jansenius, dessen berühmtes Werk «Augustinus» den Rigorismus von Port-Royal entscheidend prägte, Blaise Pascal beeinflußte und schwerwiegende religiöse und politische Konflikte am Hof Ludwigs XIV. heraufbeschwor.

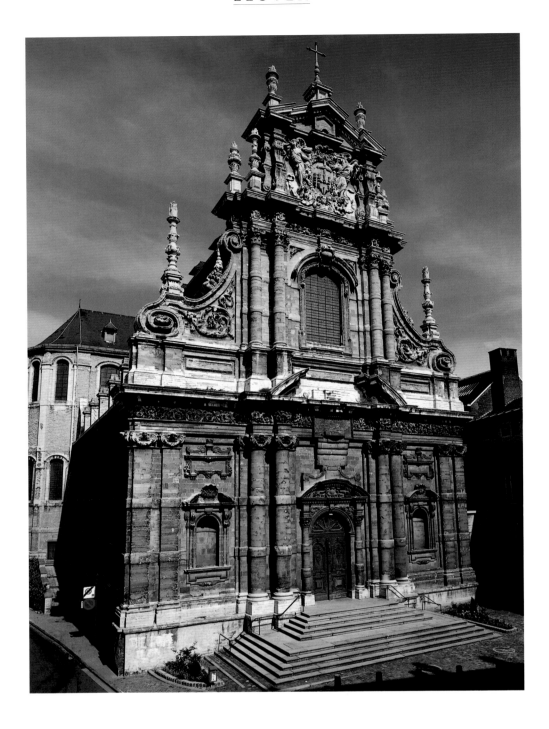

Naar het voorbeeld van de Gesù-kerk te Rome en van de Italiaanse barok in het algemeen trachtte de jezuïet Willem Hesius, de ontwerper van de St-Michielskerk te Leuven (Naamsestr., 1650-1660), ook hier de bouwelementen als het ware in elkaar te doen opgaan en de nogal tegenstrijdige tendensen met een afdoend gebaar te overtroeven. Dorische en composiete zuilen rijzen ten hemel, maar de opwaartse beweging wordt door de weelderig versierde attiek gestuit.

Zoals Brunelleschi dat in Santa-Maria-del-Fiore te Florence had gedaan, wilde Hesius de kerk met een hoge, boven een tamboer zwevende koepel bekronen. Al bleef deze koepel achterwege, toch werd de kerk één van de mooiste barokkerken van de Lage Landen.

A l'instar de l'église du Gesù à Rome, l'église Saint-Michel à Louvain (Naamsestraat, 1650-1660), conçue par le jésuite Guillaume Hesius, tente de fusionner les plans. Ce qui est bien dans l'esprit du baroque italien qui réunit, dans un seul geste, plusieurs intentions contradictoires. Les colonnes doriques et composites semblent vouloir soutenir un élan vers le ciel mais cet élan s'arrête sous un attique orné de sculptures somptueuses.

Les plans de Guillaume Hesius prévoyaient une coupole comme celle de Brunelleschi à Santa-Maria-del-Fiore de Florence. Elle eût certes ajouté un couronnement prestigieux à l'édifice mais, tel quel, celui-ci n'en est pas moins une des œuvres majeures de l'architecture baroque dans les Pays-Bas.

Designed by the Jesuit Guillaume Hesius, Saint Michael's church (1650-1660) in Leuven 's Naamsestraat like the Gesù church in Rome, tries to merge distance. This is very much in the Italian baroque spirit which often attempts to unite several contradictory ideas. The Doric and composite columns seem to thrust towards heaven but this thrust is stemmed by a storey decorated with florid sculpture.

Guillaume Hesius' plans called for a dome similar to that designed for the cathedral of Florence by Brunelleschi. It would most certainly have been the crowning jewel of the edifice but, even without it, this is one of the finest works of baroque architecture in the Low Countries.

Nach dem Vorbild von Il Gesù in Rom schiebt der Jesuit W. Hesius in der St. Michaelskirche in Löwen (Naamsestr., 1650-1660) die räumlichen Komponenten machtvoll ineinander. Dies entspricht dem barocken Stilempfinden, das einander vielfach widersprechende Spannungen mit einer großen Geste zu überspielen bemüht ist. Dorische und Kompositsäulen drängen himmelwärts, doch die prunkvoll mit Skulpturen geschmückte Attika gebietet diesem Drängen entschieden Einhalt.

Wie Brunelleschi in der Santa Maria del Fiore in Florenz hatte Hesius eine hohe, zweistufige Kuppel geplant. Obschon diese nicht zustande kam, ist seine Kirche eine der schönsten Schöpfungen des Barock in den Niederlanden.

▷

De in 1425 ontstane universiteit van Leuven beleefde haar eerste bloeiperiode, toen Erasmus er het Collegium Trilingue (Drietalencollege: Latijn, Grieks, Hebreeuws) stichtte. De van heinde en verre komende studenten werden er naargelang hun land van herkomst en de gekozen faculteit in eigen colleges opgevangen. Dat was ook het geval in het Luxemburgcollege, Vaartstraat 30, nu een middelbare school. De gevel in Lodewijk-XV-stijl van het hoofdgebouw ziet op een rustig binnenplein uit.

Créée en 1425, l'université de Louvain connut son apogée au XVIe siècle, au temps où Erasme y fonda le «Collège des trois langues» (latin, grec, hébreu). Venus de toutes les régions d'Europe, les étudiants se groupaient dans les collèges, soit d'après la faculté qu'ils fréquentaient, soit d'après le pays dont ils étaient originaires. Ainsi en était-il au Collège du Luxembourg, Vaartstraat 30. Une école secondaire en occupe maintenant les bâtiments. La façade Louis XV de l'aile principale donne sur une paisible cour intérieure.

Leuven University, established in 1425, was at its peak in the 16th century when Erasmus founded the "College of Three Languages" — Latin, Greek and Hebrew. The students who came from all over Europe were organized into colleges reflecting the faculty in which they were enrolled or their country of origin, as in the case of the Luxemburg College at 30 Vaartstraat. A secondary school now occupies the buildings. The Louis XV façade of the main wing looks out on a tranquil inner courtyard.

Die 1425 gegründete Universität Löwen erlebte im 16. Jh. eine erste Blütezeit, nachdem Erasmus das Collegium Trilingue (Latein, Griechisch, Hebräisch) ins Leben gerufen hatte. Aus allen Ländern Europas strömten Studenten herbei. Je nach ihrem Herkunftsland und den gewählten Studien fanden sie in bestimmten Collegien Aufnahme. So gab es der Vaartstraße 30 ein Luxemburgisches Collegium, das inzwischen in ein Gymnasium umfunktioniert wurde. Die Fassade des Hauptgebäudes ist im Stil Louis XV gehalten und steht am stillen Innenhof.

▷

Voor het nu in de St-Gertrudisabdij ondergebracht Provinciaal Instituut voor Tuin- en Landbouw valt er haast geen mooiere omgeving te bedenken. De wijnpers (Wijnpersstr.) dateert van 1551. Niettegenstaande belangrijke verbouwingen begin 19de eeuw zijn de oorspronkelijke topgevels, muurankers en kruiskozijnen gespaard gebleven.

L'abbaye Sainte-Gertrude abrite aujourd'hui l'école provinciale d'horticulture et lui donne le plus beau cadre que l'on puisse rêver. Son ancien pressoir à vin (Wijnpersstraat) a été construit en 1551. Les importantes restaurations du début du XIXe siècle ont sauvegardé ses pignons à gradins, chaînages et fenêtres à croisillons.

The Abbey of Saint Gertrude now houses the provincial horticultural school in the loveliest surroundings imaginable. Its old press house (Wijnpersstraat) was built in 1551. Extensive restoration at the beginning of the 19th century preserved its stepped gables, chaining and lattice-work windows.

Die St. Gertrudsabtei gibt den schönsten Rahmen ab, den man sich für die heute dort untergebrachte Gartenbauschule denken kann. Die Weinkelter (Wijnpersstr.) stammt aus dem Jahre 1551. Im 19. Jh. wurde das Ganze wiederholt umfassend restauriert, doch die Treppengiebel, Verklammerungen und Fensterkreuze blieben erhalten.

(Voorafgaande dubbele bladzijde)

(Voorafgaande dubbele bladzijde)

Het in den beginne typisch Italiaanse en door de daar werkzame maniëristen geliefkoosde stucwerk vond pas later ingang in Frankrijk en België. Het stucreliëf waarmee het ingedrukte plafond van de bibliotheek van de abdij van Park in Heverlee bij Leuven is versierd, werd in 1672 in enkele maanden door J.-Ch. Hansche uitgevoerd. De uitbeelding van het leven van de h. Norbertinus, de stichter van de premonstratenzerorde, en de afbeeldingen van de evangelisten en de kerkvaders treffen door het bijzonder hoge reliëf waarop de figuren soms met een dikte van 80 cm naar voren treden.

(Hierboven)

"Alles met mate" was de kernspreuk van de monniken van de abdij van Park en op hun wapen was een kleine boterbloem afgebeeld, die slechts enkele weken per jaar bloeit. Het zijn verwijzingen naar de deemoed van de norbertijnen, die vanuit de Franse stad Laon naar Heverlee kwamen en er in 1129 op verzoek van Godfried met de Baard een klooster stichtten. Aan de ook nu nog in een landelijke omgeving gelegen kern van de abdij in ten dele romaanse, ten dele gotische stijl werden in de 16de, 17de en 18de eeuw nogal heterogene bijgebouwen toegevoegd.

Nadat ze de Franse Revolutie had overleefd, werd de abdij in 1797 opgeheven, maar ze herleefde weer vanaf 1831.

(Preceding double page)

Although Italian by origin, stucco work was widely employed by the mannerists, not only in Italy but later in France and then in Belgium. In the library of the Abbey of Park at Heverlee near Leuven the stuccoes of the flattened ceiling were done in 1672 in a few months by Jean-Christian Hansche. In very high relief — nearly 30 inches in depth — he depicted the life of Saint Norbert, founder of the Premonstratensian order, the Evangelists and the Church Fathers.

(Above)

The Abbey of Park has *Ne quid nimis* as its motto and its emblem is the little ranunculus which flowers in its gardens for barely two weeks, an allusion to the Norbertian humility of the monastery founded in 1129 by some monks of Laon on the request of Godfrey the Bearded. Constructions of the 16th, 17th and 18th centuries have added varying styles to the Romanesque and Gothic core of the building in this still mostly rural setting.

Though it was closed in 1797 the Abbey of Park survived the French Revolution and was reopened in 1831.

(Double page précédente)

Typiquement italien à ses débuts, le travail du stuc fut largement utilisé par les maniéristes dans la péninsule, puis en France et en Belgique. Dans la bibliothèque de l'abbaye de Park, à Heverlee près de Louvain, les stucs du plafond surbaissé furent réalisés en quelques mois de l'année 1672 par Jean-Christian Hansche. En un relief très accusé — jusqu'à quatre-vingt centimètres de profondeur — ils représentent la vie de saint Norbert, fondateur de l'ordre des Prémontrés, les évangélistes et les Pères de l'Eglise.

(Ci-dessus)

L'abbaye de Park porte pour devise *Ne quid nimis* («N'en fais pas trop»), et a pour emblème la petite renoncule qui fleurit dans les jardins pendant à peine quinze jours. Il s'agit d'une allusion à l'humilité norbertine d'un monastère fondé en 1129 par quelques religieux de Laon appelés par le duc Godefroid le Barbu. Aux noyaux romans et gothiques, les XVIᵉ, XVIIᵉ et XVIIIᵉ siècles apportèrent, dans un environnement demeuré champêtre, les adjonctions de styles différents.

L'abbaye de Park survécut à la Révolution française. Supprimée en 1797, elle reprit vie dès 1831.

(Vorausgehende Doppelseite)

Anfangs wurden Stukkaturen fast ausschließlich von den Manieristen der italienischen Halbinsel benutzt, die sie für die Dekoration bevorzugten; später wurden sie auch in Frankreich und Belgien verwendet. In der Bibliothek der Abtei von Park in Heverlee bei Löwen verfertigte J. Ch. Hansche 1672 in einigen Monaten die Stuckarbeiten an der flach gebauten Decke. In bis zu 80 cm Tiefe herausgearbeiteten Reliefs stellte er das Leben des hl. Norbertus, der den Prämonstratenser Orden gründete, sowie die Evangelisten und die Kirchenväter dar.

(Oben)

Der Wahlspruch der Abtei von Park lautete «Mit Maßen», und auf ihrem Wappen sieht man eine kleine Ranunkel, eine Gartenblume, die nur zwei Wochen im Jahr blüht. Dies sind Anspielungen auf das Demutsideal des 1129 von Mönchen aus Laon und Gottfried dem Bärtigen gegründeten Klosterordens der Norbertiner. Die romanischen bzw. gotischen Gebäudeteile wurden vom 16. bis 18. Jh. wiederholt an den Zeitgeschmack angepaßt und vergrößert, doch das Ganze behielt sein ländliches Gepräge.

Die französische Revolution führte 1797 zur bis 1831 währenden Aufhebung der Abtei.

Diest

△

Van het Schepenhuis, het eerste stadhuis van Diest, is slechts de gotische kelderruimte overgebleven met daarnaast de romaanse kelder van de hofplaats — de „hofstadt″ — van de plaatselijke leenheer. De muren zijn er even bruin als het bier dat in de streek gebrouwen wordt.

Het huidige stadhuis werd tussen 1726 en 1734 gebouwd door W. Kerrickx d.J., die hier een half barok, half classicistisch gebouw van Franse allure heeft neergezet. De voorgevel heeft ondertussen zijn oorspronkelijke witte kleur ingeboet, maar de pui is vergroot, zodat de huwelijksstoeten nu ongehinderd van het stadhuis naar de St-Sulpitiuskerk kunnen trekken.

▽

Het dubbelhuis "De Keizer″ op de Grote Markt van Diest dateert van 1616. Dit renaissancehuis met mooie, smeedijzeren muurankers en een met obelisken verfraaide geveldriehoek was vroeger het gildehuis van het St-Sebastiaansgilde.

△

De l'ancien hôtel de ville de Diest ont survécu, en sous-sol, la cave gothique de l'ancienne maison scabinale et la cave de la *hofstadt* primitive des seigneurs locaux. La pierre y est brune comme la bière du pays...

Commencé en 1726 et terminé neuf ans plus tard, le bâtiment actuel est un édifice très français d'allure. La façade a été dépouillée de sa peinture blanche originelle et le perron a été agrandi pour permettre aux cortèges de mariage de se déployer vers l'église Saint-Sulpice toute proche.

▽

Sur la grand-place de Diest, la maison «L'Empereur» date de 1616. Ancien local de la guilde de Saint-Sébastien, elle offre un rare et bel exemple de demeure Renaissance avec de beaux ancrages en fer forgé et un fronton courbe garni d'obélisques.

△

The only vestiges of the old Town Hall of Diest that have survived are underground: the Gothic cellar of the *schepenhuis* or municipal magistrate's house, and the Romanesque cellar of the early *hofstadt* of the local lords. The stone is as brown as the local beer ...

The present building, begun in 1726 and completed nine years later, is markedly French in style. The façade has been stripped of the original white paint and the staircase has been widened to allow wedding processions to parade to the nearby church of Saint Sulpicius.

◁

The house known as «The Emperor», built in 1616, stands on the town square of Diest. Formerly the premises of the guild of Saint Sebastian, it presents a rare and handsome example of a Renaissance dwelling with its elegant wrought-iron clamps and curved pediment, decorated with obelisks.

△

Vom ersten Rathaus von Diest, das den Namen «Haus der Schöffen» trug, sind nur zwei Keller erhalten geblieben: ein gotischer und ein zum Sitz der lokalen Feudalherren gehörender romanischer. Beide sind aus Stein, der braun ist wie das Bier der Gegend... Das heutige, zwischen 1726 und 1735 gebaute Rathaus wurde vom Antwerpener Baumeister W. Kerrickx d.J. entworfen, dessen Geschmack zwischen Barock und Klassizismus hin und her schwankte. Die Fassade des Gebäudes, das sehr deutlich an französische aus derselben Epoche erinnert, ist nicht mehr weiß gestrichen wie früher. Die Freitreppe wurde vergrößert, damit die Hochzeitszüge ungehindert vom Rathaus zur St.- Sulpitiuskirche ziehen können.

◁

1616 ließ die St.-Sebastiansgilde von Diest das Haus «De Keizer» am Marktplatz bauen, eines der wenigen ganz erhalten gebliebenen Renaissancehäuser mit schmiedeeisernen Mauerverankerungen und geschwungenem, mit Obelisken geschmücktem, verschleiftem Giebel.

◁

In de schilderachtige Ketelstraat, die naar de St-Sulpitiuskerk leidt, staat het grote vakwerkhuis „Het Dambord″ met zijn drie uitkragende verdiepingen (15de en 16de eeuw). Sedert de 19de eeuw is de gelijkvloerse verdieping een winkel met uitstalraam; het behoud van het bouwkundig patrimonium was toen niet van tel als er handelsbelangen in het gedrang dreigden te komen.

Dans la pittoresque Ketelstraat qui mène à l'église Saint-Sulpice, la grande maison «'t Dambord» (le Damier) en colombage et pisé (XVᵉ-XVIᵉ siècles) superpose trois niveaux en encorbellement. Une vitrine de magasin occupe le rez-de-chaussée depuis le XIXᵉ siècle. La vie commerciale avait alors des droits que nul ne contestait au nom de la protection du patrimoine architectural.

In the picturesque Ketelstraat which leads to the church of Saint Sulpicius stands the large half-timbered and cob house (15th and 16th centuries) known as 't Dambord or the Checkerboard, rising in three corbelled storeys. A shop window was installed on the ground floor in the 19th century, when business had uncontested precedence over the protection of the architectural heritage.

In der malerischen Ketelstraat, die zur St.-Sulpitiuskirche führt, steht das große Fachwerkhaus «'t Dambord» (= das Damebrett), ein Piseebau aus dem 15. und 16. Jh. mit drei vorkragenden Stockwerken. Das große Schaufenster im Erdgeschoß stammt aus dem 19. Jh., als die Erhaltung und Pflege wertvoller Baudenkmäler noch kaum ins Gewicht fiel, wenn kommerzielle Belange auf dem Spiel standen.

△

De romantische, door taaie klimop overwoekerde ruïnes van de gotische collegiale St. Jan staan te midden van een oud kerkhof (St-Jansstr.). Toen de calvinisten, die van 1578 tot 1580 in Diest de scepter zwaaiden, de kerk verwoestten, lieten ze slechts enkele muren evenals de gewelfboog en de spitsbogen van het koor overeind staan.

Assurément romantiques au milieu d'un ancien cimetière et envahies par le lierre tenace, les ruines de la collégiale gothique Saint-Jean (St-Jansstr.) dressent encore quelques pans de murs, l'arc et les ogives du chœur. L'église fut détruite par les calvinistes qui se déchaînèrent à Diest en 1578-1580.

The romantic, ivy-covered ruins of the Gothic collegiale church of Saint John (St-Jansstraat) — a few sections of wall and the arch and ribs of the choir — stand in the middle of an old cemetery. The church was destroyed by the Calvinists during their assaults on Diest from 1578 to 1580.

Mitten in einem alten Friedhof (St-Jansstr.) ragen die romantischen, von Efeu überwucherten Ruinen der Stiftskirche St.-Jan empor: ein paar Mauerstücke, der große Bogen und die Spitzbögen des Chors. Die Kirche wurde 1578-1580 zerstört, als die Kalvinisten die Herrschaft über Diest an sich gerissen hatten.

71

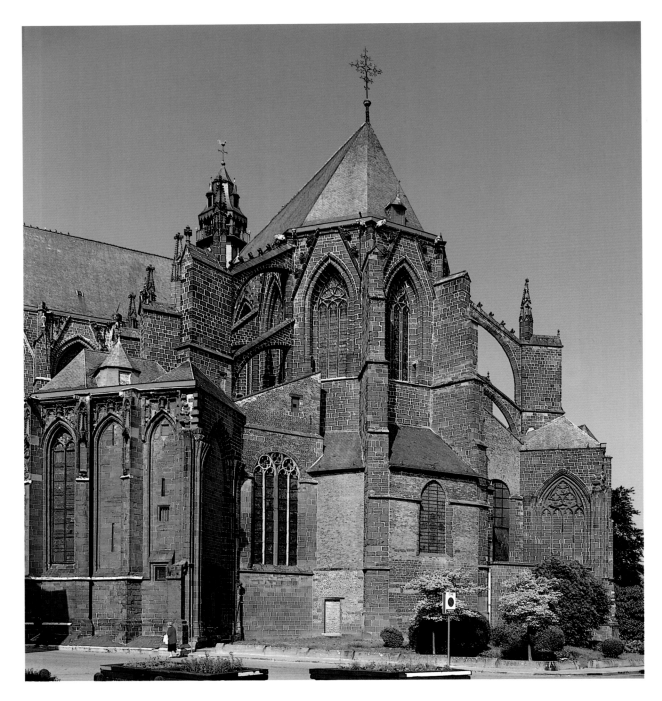

De St-Sulpitiuskerk dateert uit de tijd toen Diest al een uiterst welvarende handelsstad aan de Demer was. Dit verklaart de indrukwekkende afmetingen van het gebouw, dat in de 15de eeuw onder leiding van Sulpitius van Vorst en Laurens Keldermans werd voltooid.

Het is opgetrokken in de typische ijzerzandsteen uit de Demervallei. De veelhoekige absis wordt door dubbele steunberen geschraagd zoals in de St-Michielskathedraal in Brussel. De toren werd nooit afgewerkt. De drieënveertig klokken van de beiaard, die in de zomer elke zondag wordt bespeeld, hangen dan ook in het door de bewoners „Mosterdpot" genoemde vieringtorentje.

The church of Saint Sulpicius was built when Diest was greatly prosperous, due to the river commerce on the Demer. This explains the impressive dimensions of this edifice completed in the 15th century under the direction of Sulpicius van Vorst and Laurens Keldermans.

The sanctuary, in the reddish-brown sandstone of the Demer region, terminates in a polygonal apse with double flying buttresses similar to those of Saint Michael's cathedral in Brussels. The tower was never finished but a little turret houses a 43-bell carillon (1671) called locally *Mosterdpot* — the mustard pot — which chimes every Sunday in summer.

La construction de l'église Saint-Sulpice fut entreprise à l'époque où Diest devait sa grande prospérité au commerce fluvial sur le Démer. Cela explique la dimension impressionnante de cet édifice achevé au XVe siècle sous la direction de Sulpice van Vorst et Laurent Keldermans.

Le sanctuaire, en grès ferrugineux caractéristique de la région du Démer, se termine par une abside polygonale dont les arcs-boutants sont doubles comme à la cathédrale Saint-Michel de Bruxelles. La tour n'a jamais été terminée mais, dans une petite tourelle, un carillon de quarante-trois cloches (1671) que les Diestois dénomment *Mosterdpot* — «pot à moutarde» — se fait entendre chaque dimanche d'été.

Der Bau der St.-Sulpitiuskirche in Diest wurde in Angriff genommen, als der Schiffsverkehr auf der Demer gewaltige Gewinne abwarf. Dies erklärt die Größe des Baus, der im 15. Jh. unter Leitung von S. van Vorst und L. Keldermans vollendet wurde.

Das Gotteshaus aus eisenhaltigem Sandstein des Demergebiets hat eine vieleckige Apsis mit doppelten Strebepfeilern wie die St-Michaelskathedrale in Brüssel. Der Turm wurde nie vollendet, doch die Kirche hat einen Vierungsturm, den die Einheimischenden «Mosterdpot» (= Senftopf) nennen. Darin hängt ein Glockenspiel mit 43 Glocken, die jeden Sonntag erklingen.

◁

De Refugiestraat heeft haar naam te danken aan de voormalige refugiehuizen van de abdijen van Averbode (15de eeuw) en Tongerlo in deze straat. Het eerste is een ruim gebouwencomplex dat in de 16de eeuw herbouwd werd. De veelhoekige traptoren dateert uit de 19de eeuw. De wijze waarop ijzerzandstenen van verschillende afmetingen in deze baksteenbouw zijn ingewerkt, is opmerkelijk.

As early as the 15th century the Abbey of Averbode had a house of refuge or alms-house which, along with that of the Abbey of Tongerlo, gave its name to the street : Refugiestraat. Renovated at the beginning of the following century, this huge complex of buildings in brick and white stone has a 19th century polygonal staircase turret. Pieces of reddish-brown sandstone of varying cut are inserted at random in the brick walls.

Au XVᵉ siècle déjà, l'abbaye d'Averbode avait un refuge qui, avec celui de l'abbaye de Tongerlo, donna son nom à la rue. Rénové au début du siècle suivant, ce vaste complexe de bâtiments en brique et pierre blanche comporte une tourelle d'escalier polygonale, ajoutée au XIXᵉ siècle. Des grès ferrugineux de formats différents sont curieusement disposés dans la construction en brique.

Die Refugien der Abteien von Averbode (15. Jh.) und Tongerlo gaben der Refugiestraat ihren Namen. Zum Anfang 16. Jh. renovierten Gebäudekomplex aus Backstein und weißem Stein gesellte sich im 19. Jh. noch ein vieleckiges Treppentürmchen. Zwischen die Backsteine wurden ungleich große, eisenhaltige Sandsteine in die Mauer eingefügt.

▷

De terzelfder tijd als „Het Dambord" gebouwde „Roskam" op de hoek van de Allerheiligenstraat heeft zijn oorspronkelijke benedenverdieping met bakstenen muur en plint van ijzerzandsteen uit de Demervallei bewaard. Onder het ovale puiraam bevindt zich een deur in barokstijl. De uitkragende, met leemmortel bedekte verdiepingen worden door houten draagbalken geschraagd.

Contemporaine, de « 't Dambord », la maison « De Roskam » (l'Etrille), à l'angle de l'Allerheiligenstraat, a conservé, elle, son rez-de-chaussée primitif : plinthe et grès ferrugineux local, murs en brique. Une porte baroque s'ouvre sous une imposte ovale. L'encorbellement des étages en pisé repose sur des corbeaux en bois.

Of the same period as "'t Dambord", the house called "De Roskam" ("The Currycomb") at the corner of Allerheiligenstraat has retained its original ground floor : plinth in the local reddish-brown sandstone and brick walls. A baroque door opens under an oval window. The overhanging cob storeys rest on wooden corbels.

In derselben Epoche wie « 't Dambord » wurde an der Ecke der Allerheiligenstraße das Haus « De Roskam » (= Pferdestriegel) gebaut, dessen ursprüngliches Erdgeschoß mit Sockel aus eisenhaltigem Sandstein und Mauern aus Sandstein jedoch erhalten blieb. Die Haustür mit ovalem Kämpfergesims ist barock. Die Vorkragung der Stockwerke in Piseebau wird jeweils durch Kragsteine gestützt.

Op het einde van de 13de eeuw werd het begijnhof van Diest gesticht in de buurt van de Schaffensepoort maar buiten de stadsmuren. De tuin, in de religieuze beeldentaal het symbool van het paradijs met de boom des levens, had voor de begijnen een mystieke betekenis. Elke begijn had haar huisje, de tuin was hun ontmoetingsplaats. De woorden boven de toegangspoort luiden immers: „Comt in mynen hof, myn suster bruyt".

Voor de begijnen waren de deuren als het ware kristallisatiepunten van hun vroomheid. Open of gesloten herinnerden ze aan de hoofdingang van het begijnhof. Toen de bakstenen gevel in de 17de eeuw met voluten, friezen en kroonlijsten van witte steen werd verfraaid, achtte men het zelfs noodzakelijk de huisdeur aan de hoede van O.L. Vrouw of van een beschermheilige toe te vertrouwen.

Fondé au début du XIIIᵉ siècle en dehors des remparts, à proximité de la porte de Schaffen, le béguinage de Diest est un de ceux où le jardin a une signification mystique. Dans l'imaginaire religieux, il évoque le paradis et l'arbre de vie. Chaque béguine avait sa maison propre mais toute la communauté se retrouvait dans le jardin, comme l'y invitait l'inscription sur le porche d'entrée du béguinage: «Comt in mynen hof, myn suster bruyt», «Viens dans mon jardin clos, ma sœur, mon épousée».

Les portes figurent, elles aussi, la piété des béguines. Elles sont comme un rappel du porche d'entrée de l'enceinte, à la fois ouvert et fermé sur la ville. Quand elles ajoutent à la façade des volutes, des frises et des corniches en pierre, elles rappellent aussi, à partir du XVIIᵉ siècle, la nécessité de s'assurer la protection de la Vierge ou d'un saint patron.

Founded outside the walls, near the Schaffen gate, in the early 13th century the béguine convent of Diest is one of those whose garden has a mystic significance, evoking paradise and the tree of life in the religious imagination. Each béguine had her own private dwelling but the entire community gathered in the garden as they were invited to do by the inscription on the entry porch of the béguinage: "Comt in mynen hof, myn suster bruyt" — "Come into my secret garden, my sister, my bride".

The doors add a sensual note to the piety of the béguines. They remind one of the entry porch in the walls, open and at the same time closed to the town. When they add volutes, friezes and stone cornices to the façade they also recall that the protection of the Virgin or of a patron saint was a necessity in the 17th century.

Der im 13. Jh. außerhalb der Stadtmauer errichtete Beginenhof von Diest ist nicht weit von der Schaffensepoort entfernt. Auch hier kommt dem Garten eine mystische Bedeutung zu, verweist er doch auf den Garten Eden und den Baum des Lebens. Jede Begine hatte ihr eigenes Häuschen, doch die Gemeinschaft versammelte sich im Garten und in der Kirche. Nicht zufällig lautet der Spruch über der Pforte: «Komme in meinen Garten, meine Schwester und Braut.»

Auch die Türen waren für die Beginen wie von mystischem Schimmer umgeben. Jede erinnerte an die Pforte in der Außenmauer, die in einem Weltabgewandtheit und Öffnung zur Stadt hin symbolisierte. Bald wurden die Hauseingänge aus Backstein zusätzlich mit eingerollten Baugliedern, Frisen und Türgesimsen aus weißem Stein geschmückt; ab dem 17. Jh. empfand man immer stärker das Bedürfnis, sie unter den besonderen Schutz Marias oder anderer Schutzheiligen zu stellen.

Zoutleeuw

◁

Toen de stadsmagistraat van Zoutleeuw, dat in die tijd dankzij zijn ligging aan de handelsweg Keulen-Brugge erg welvarend was, besloot een nieuw stadhuis te bouwen, wendde hij zich tot de befaamde Mechelse bouwmeester Rombout Keldermans.

De stijl is die van de Vlaamse gotiek, maar doorspekt met renaissancevormen. Het bordes met een weelderige arabeskenversiering is van de hand van Casseloy uit Namen. Het dak is aan de onderkant afgezet met een balustrade met netvormige versieringen.

Lorsqu'ils voulurent remplacer leur ancien hôtel de ville par un édifice nouveau, digne de la prospérité d'une ville qui devait sa richesse à sa situation sur la voie commerciale reliant Cologne à Bruges, les édiles de Zoutleeuw (*Léau*) envoyèrent une délégation à Malines pour y solliciter la collaboration du célèbre Rombaut Keldermans.

Appartenant au gothique flamand par sa structure, le monument fait de nombreuses concessions au style de la Renaissance. Le perron est abondamment décoré d'arabesques. Une balustrade garnie de fins lacis court à hauteur du toit.

When the city fathers of Zoutleeuw decided to replace their old town hall with an edifice more in keeping with the prosperity of this town situated on the trade route linking Cologne to Bruges, they sent a delegation to Mechelen to try to hire the renowned architect Rombout Keldermans.

Although it is basically Flemish Gothic in style, many concessions were made to the Renaissance style. The staircase is heavily decorated with arabesques and an interlaced balustrade runs along the roof.

Bevor die Stadtväter von Zoutleeuw, das seiner Lage an der Handelsstraße Köln-Brügge seinen Wohlstand verdankte, den Bau eines ihrem Reichtum entsprechenden neuen Rathauses (1359) in Angriff nahmen, schickten sie eine Abordnung nach Mechelen, um den berühmten Baumeister R. Keldermans zu ersuchen, ihnen mit Rat und Tat zur Seite zu stehen.

In der für Flandern typischen Spielart der Gotik häufen sich hier die Zugeständnisse an den Renaissancestil. Die Freitreppe, ein Werk von Casseloy aus Namur, ist mit Arabesken überladen, und das Dach ist nach unten hin mit einer netzartig verzierten Balustrade abgeschlossen .

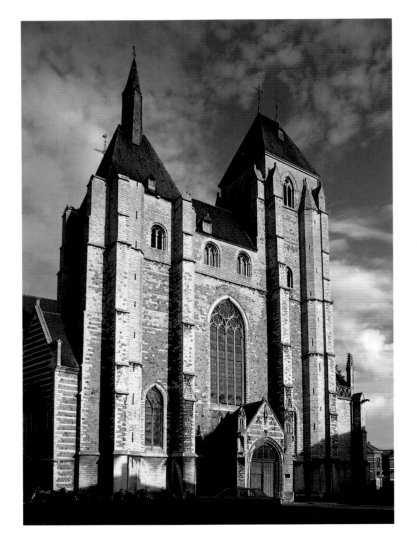

◁

De voornamelijk in het begin van de 14de eeuw opgetrokken St-Leonarduskerk met haar nog stoere romaanse westbouw en haar van twee torens voorziene, Brabants-gotische voorgevel toont de overgang van de romaanse naar de gotische stijl. Het portaal dateert uit de 15de, het hoge, gebrandschilderde raam uit de 16de eeuw.

Entamée au tout début du XIVᵉ siècle, la partie occidentale de l'église Saint-Léonard de Zoutleeuw apparaît comme une transition entre le *Westbau* encore roman et la façade à deux tours du gothique brabançon. Le porche a été ajouté au XVᵉ siècle et la haute verrière a été percée au siècle suivant.

The western part of Saint Leonard's church in Zoutleeuw, begun in the early 14th century marks the transition from the Romanesque *Westbau* to the façade with two towers of the Brabantine Gothic. The porch was added in the 15th century and the high window was pierced a century later.

Der Anfang des 14. Jh. begonnene westliche Teil der St.-Leonardskirche in Zoutleeuw zeigt den Übergang vom romanischen Westbau zur mit zwei Türmen ausgestatteten gotischen Westfassade in der für Brabant typischen Stilvariante. Das Portal kam im 15., das hohe bemalte Kirchenfenster im 16. Jh. hinzu.

△

De drie beuken met telkens vier traveeën zijn van elkaar gescheiden door stoere, cilindrische zuilen, waarvan de kapitelen met twee rijen hogels versierd zijn. Het van het gewelf neerhangende, indrukwekkende beschilderde Marianum (1533) stelt de Moeder Gods voor in een aureool gevormd door engelen die een rozenkrans dragen. In de grote boog van het koor en ter hoogte van het Marianum hangt een houten kruis uit de 15de eeuw. In de kerk zijn nog tal van andere pronkstukken te bewonderen.

The four-bayed triple nave is punctuated by sturdy cylindrical columns crowned by capitals with double rows of crockets. An imposing *marianum* in painted wood (1533) presenting the Virgin in glory, surrounded by a rosary borne by angels, hangs from the vault. At the same height a 15th century wooden crucifix is suspended from the great arch of the choir. These are only two of the many objects of sacred art which the church possesses.

La triple nef de quatre travées est rythmée par les robustes colonnes cylindriques, couronnées de chapiteaux à double rangée de crochets. A la voûte, un imposant *marianum* en bois peint (1533) évoque la Vierge glorieuse entourée d'un rosaire que portent des anges. A la même hauteur, au grand arc du chœur, un crucifix en bois (XVe siècle) est suspendu. Ce ne sont là que deux objets d'art sacré parmi les très nombreux conservés en l'église.

Mächtige, oben durch Kapitelle mit Krabben in doppelter Anordnung abgeschlossene Pfeiler bestimmen den Rhythmus der vier Travéen des dreischiffigen Gebäudes. Vom Gewölbe hängt ein eindrucksvolles Marianum aus bemalten Holz (1533) herunter. Es ist eine Darstellung der glorreichen Gottesmutter, die von schwebenden, einen Rosenkranz haltenden Engeln umringt ist. Im Bogen des Chors hängt auf gleicher Höhe ein hölzernes Kreuz (15. Jh.). Außer den genannten birgt die Kirche noch andere kostbare Schätze.

Sint-Truiden

◁

De benedictijnenabdij van Sint-Truiden werd in de 7de eeuw gesticht, volgens de overlevering door Trudo, de erg vrome zoon van graaf Wis-bold. Na de verwoesting door de Noormannen (883) en andere wisselvalligheden van dien aard herbouw-de abt Wiric van Staepel (1155-1180) de abdij, die in de loop der eeuwen alsmaar bleef uitdijen. In 1839 werd ze tot klein seminarie verbouwd.

De Keizerszaal maakt deel uit van het abtsver-blijf in Lodewijk-XVI-stijl en is door Caldelli met muur- en plafondschilderingen verfraaid (1770). Eén ervan stelt Jozef voor die zijn broeders in Egyp-te onthaalt.

La fondation de l'abbaye bénédictine de Saint-Trond remonte au VIIᵉ siècle; elle est attribuée à Trudo, le très pieux fils du comte Wibold. Les dévastations par les Normands en 883 furent sui-vies de beaucoup d'autres désastres jusqu'à la reconstruction par l'abbé Wiric van Staepel (1155-1180), complétée au cours des siècles suivants. En 1839, l'abbaye devint un petit séminaire.

Dans le quartier abbatial de style Louis XVI, la « Salle Impériale » est décorée de peintures murales (1770) de Caldelli représentant Joseph qui accueille ses frères en Egypte.

The origins of the Benedictine abbey of Sint-Truiden date back to the 7th century when it was allegedly founded by Trudo, the very pious son of Count Wisbold. The Viking depredations of 883 were followed by many other disasters until recon-struction was begun by Abbot Wiric van Staepel (1155-80) and completed over the following cen-turies. In 1839 the abbey became a church sec-ondary school.

The "imperial Room" in the Louis XVI style abbatial apartments has murals by Caldelli (1770) depicting Joseph welcoming his brothers to Egypt.

Im 7. Jh. soll Trudo, der sehr fromme Sohn des Grafen Wisbold, die Benediktinerabtei in St-Truiden gegründet haben. Nach zahlreichen Zerstörungen, u.a. 883 durch die Normannen, begann der Wieder-aufbau unter Abt W. van Staepel (1155-1180). 1839 wurde die inzwischen wiederholt vergrößerte Abtei in ein Gymnasium für angehende Seminaristen umfunktioniert.

Der im Stil Louis XVI gehaltene "kaiserliche Saal" im Wohntrakt des Abtes ist mit Wandgemälden von Caldelli (1770) geschmückt, auf denen Joseph seine Brüder aus Ägypten empfängt.

△

Sint-Truiden is de enige stad die het voorrecht geniet èn een belfort èn een perron te bezitten. Dit komt doordat de stad aan de ene kant tot het prinsbisdom Luik behoorde, aan de andere kant de invloed van het machtige Brabant onderging. Het sierlijke belfort (begin 13de eeuw) werd in 1606 in een nogal overladen Maaslandse renaissancestijl herbouwd. Het maakt deel uit van een gebouwencomplex, waarin de hallen — in 1366 opgetrokken, in de 16de eeuw weer opgebouwd — en ook het barokke stadhuis uit de 18de eeuw zijn geïn-tegreerd.

Saint-Trond est la seule ville de Belgique qui a le privilège de posséder à la fois un bef-froi et un perron. Cette singularité s'explique sans doute par l'ancienne apparte-nance à la principauté de Liège et par la proximité influente du duché de Brabant. Elégante tour du premier tiers du XIIIᵉ siècle, reconstruite et modifiée en 1606, le beffroi est essen-tiellement en style Renaissance mosan mais il est surchargé d'ornements. Il fait partie d'un ensemble de bâtiments qui comprend une halle de 1366, reconstruite au XVIᵉ siècle, et un hôtel de ville baroque du XVIIIᵉ siècle.

Sint-Truiden is the only town in Belgium which has the privilege to possess the two dif-ferent symbols of civic liberty — the belfry and the *perron*, or column. This is probably because it formerly belonged to the principality of Liège but was also deeply influ-enced by the neighbouring Duchy of Brabant. The elegant belfry dating from the first third of the 13th century, rebuilt and modified in 1606, is predominately Mosan Renaissance, though it is heavily ornamented. It forms part of an ensemble along with the market of 1366, rebuilt in the 16th century, and an 18th century baroque town hall.

Daß Sint-Truiden die einzige belgische Stadt ist, die sich rühmen kann, sowohl einen Belfried als einen Perron zu besitzen, erklärt sich einerseits aus der Zugehörigkeit der Stadt zum Fürstbistum Lüttich, andererseits aus der geographischen Nähe des einfluß-reichen Herzogtums Brabant. Der schmucke Belfried aus den Anfangsjahren des 13. Jh. wurde 1606 umgestaltet bzw. neu gebaut. Wegen der Verzierungen, die ihn überwu-chern, kommt der maasländische Renaissancestil leider nicht richtig zur Geltung. Der Turm ist in einen

Het begijnhof van Sint-Truiden werd in 1265 met goedkeuring van de abt van de benediktijnse Sint-Trudoabdij gesticht. Even later werd de vroeg-gotische Begijnhofkerk St-Agnes opgetrokken met echter nog onloochenbaar romaanse bouwfragmenten erin zoals de rond-boog van het portaal.

In de 15de eeuw werd de kerk verhoogd. Het houten gewelf dateert uit die tijd. De fresco's op de muren en op de vierkante pijlers in de middenbeuk dateren uit de periode 1200-1600.

The Abbot of the Benedictine monastery approved the founding of the béguinage of Sint-Truiden in 1265. Construction of the béguinage church of Saint Agnes in the Early Gothic style began shortly thereaf-ter. It still contains some Romanesque elements such as the semi-circular arch of the portal.

In the 15th century the roof of the church was raised and at the same time a wooden barrel vault was built. The walls and square pillars of the nave are frescoed with scenes from the Legend of the Virgin, the life of Christ and the lives of the saints, executed between the 13th and the early 17th centuries.

Le père abbé du monastère bénédictin cautionna la fondation du béguinage de Saint-Trond en 1265. Par après fut bâtie l'église bégui-nale Sainte-Agnès en gothique primitif. Elle comptait encore des éléments romans comme l'arc en plein cintre du portail.

Au XVe siècle, le toit de l'église fut enlevé et, par la même occasion, on établit en bois la voûte en berceau. Les murs et les piliers carrés de la nef sont décorés de fresques illustrant des scènes de la Légende de la Vierge, de la Vie du Christ et de la Vie des saints, réalisées entre le XIIIe siècle et le début du XVIIe siècle.

1265 gab der Abt des Benediktinerklosters seine Zustimmung zur Errichtung des Beginenhofes von St-Truiden. Etwas später wurde die frühgotische St-Agneskirche mit dem Portal im Rundbogenstil ge-baut.

Als das Dach im 15. Jh. erhöht wurde, schloß man es nach unten hin mit einem Tonnengewölbe aus Holz ab. Auf den Mauern sowie auf den Pfeilern des Mittelschiffes sind Fresken aus dem 13. bzw aus dem ersten Viertel des 17. Jh. zu sehen.

◁

De herberg „Het Sweert", een mooi staaltje van Maaslandse burgerlijke bouwkunst uit de 17de eeuw, is sinds 1713 een apotheek. Het vakwerk, waarvan de vakken met sint-andrieskruisen zijn opgevuld, begint slechts op de tweede verdieping.

Beau spécimen de l'architecture civile mosane du XVIIᵉ siècle, l'auberge "Het Sweert" (le Glaive) est une pharmacie depuis 1713. Les colombages en croix de saint André débutent sur le façade dès le deuxième niveau.

A fine example of Mosan 17th century civil architecture, the former inn «Het Sweert» (the Sword), has been a pharmacy since 1713. Half-timbering in the style of St. Andrew's cross commences at the second level on one façade.

Die Herberge «Het Sweert» (Das Schwert) ist ein schönes Beispiel maasländischer Architektur aus dem 18. Jh. Seit 1713 ist sie eine Apotheke. Die über Kreuz verschränkten Fachwerkstreben beginnen oberhalb des Erdgeschosses.

△

Van op het terras van „De Koning van Polen" (1783) geniet de toerist van het mooie uitzicht op de Grote Markt van Hasselt. De fraaie, kalkstenen voorgevel van het pand is bekroond met een puntdak en voorzien van acht, in twee rijen symmetrisch boven elkaar geplaatste hoge ramen.
Via de Kortestraat bereikt men het pleintje met de St-Quintiliuskathedraal. De onderbouw van de toren is Romaans, de bovenbouw vroeg-gotisch, de spits 18de-eeuws.
Voor de middeleeuwers diende de in stad en land rondwarende duivel uit de kerk geweerd te worden. Ook hier heeft de bouwmeester van het gotische gedeelte te dien einde een beroep gedaan op spuiers met monsterkoppen.

It is pleasant to sit out on the city square of Hasselt where the house called "The King of Poland" was built in 1783. Tall windows lighten the slate-roofed limestone façade.
The Kortestraat leads to the tiny square where Saint Quentin's cathedral stands. The lower part of the tower is Romanesque whereas the upper part is Early Gothic and it is terminated by an 18th century spire.
The devil who prowls in the city and countryside has no place in the church; therefore, at Hasselt as elsewhere, Gothic architects depicted him outside in the guise of grimacing gargoyles.

Sur la grand-place de Hasselt où il fait bon s'attabler en plein air, la maison «Au Roi de Pologne» a été bâtie en 1783. Sous la toiture d'ardoise, la façade en pierre calcaire est largement éclairée par deux rangées de fenêtres élevées.
Par la Kortestraat on accède à la menue place où se dresse la cathédrale Saint-Quentin. La partie inférieure de sa tour est romane; elle se prolonge en gothique primaire et s'achève par une flèche qui date du XVIIIᵉ siècle.
Le diable qui rôde dans les villes et les campagnes n'a pas sa place en l'église. À Hasselt comme ailleurs, les architectes de l'époque gothique le maintiennent à l'extérieur sous forme de gargouilles grimaçantes.

Von der angenehmen Terrasse vor «De Koning van Polen», einer 1783 gebauten Herberge, genießt man einen schönen Ausblick auf den Marktplatz von Hasselt. Das Haus hat ein Zeltdach, und die Fassade aus Kalkstein wird durch zwei Reihen mit jeweils vier hohen Fenstern aufgelockert.
Die Kortestraat führt zum winzigen Platz, an dem die St.-Quintiliuskathedrale steht. Der untere Teil des Turms ist romanisch; dem frühgotischen Turmschaft setzte man erst im 18. Jh. die heutige Spitze auf.
Den Geist der Finsternis, der in Stadt und Land sein Unwesen treiben mochte, galt es in Hasselt wie anderswo vom Gotteshause fernzuhalten. Deshalb bildeten die gotischen Baumeister auf den Wasserspeiern rund um die Kirchen so viele abschreckende Fratzen ab.

Maaseik

De markt is het eigenlijke hart van Maaseik. In 1650 en in 1694 gingen de houten huizen eromheen in vlammen op. In die tijd werden eveneens grote delen van de omwalling gesloopt. De meeste stenen huizen dateren uit de 17de en 18de eeuw. „De Nootstal" of hoefstal, „De Stad Amsterdam" en „De Drie Leliën" zijn in Maaslandse renaissancestijl opgetrokken.

De ontwerper van het stadhuis (1827, *hierboven*) heeft de classicistische Hollandse herenhuizen als voorbeeld genomen. Op de poort prijkt het wapen van Maaseik naast dat van de graaf van Loon. In 1397 verleende de prins-bisschop van Luik Maaseik het recht een perron op te richten.

The main square of Maaseik is the center of the town. It was lined with wooden houses, mostly destroyed by fire in 1650 and 1694. Thus the first stone buildings, such as the *Nootstal*, formerly a smithy, and *De Stad Amsterdam* and *De Drie Leliën* in the Mosan Renaissance style, date from the 17th and 18th centuries.

The architect of the Town Hall (1827, *above*) was inspired by Dutch patrician mansions in the classical style. The entrance bears the arms of the County of Looz and the town of Maaseik which was granted the right to erect a perron, the column denoting civic rights, by the Prince-Bishop of Liège in 1397.

La grand-place est le cœur de Maaseik. Elle était alors bordée de maisons en bois qui disparurent dans les flammes des incendies de 1650 et 1694. Les premières reconstructions en pierre datent donc des XVIIe et XVIIIe siècle: le «*Nootstal*» (le «travail» du maréchal-ferrant), «*De Stad Amsterdam*» et «*De Drie Lelien*» («les Trois Lys») en style Renaissance mosan...

L'architecte de l'hôtel de ville *(ci-dessus)*, qui date de 1827, s'est inspiré du style classique des hôtels patriciens hollandais. La porte d'entrée est ornée des armes du comté de Looz et de la ville de Maaseik, qui, en 1397, avait reçu du prince-évêque de Liège le droit d'ériger un perron.

Der Markplatz liegt in der Mitte Maaseiks. 1650 und 1694 gingen die aus Holz gebauten Häuser um den Platz in Flammen auf. In dieser Zeit wurde auch der größe Teil der Stadtmauer geschleift. Die Häuser aus Stein entstanden vor allem im 17. und 18. Jh. «De Nootstal», eine Hufschmiede, «Stad Amsterdam» und «De Drie Lelien» sind im romanischen Stil des Maaslands gebaut.

Der Entwerfer des Stadthauses (1827, o   ben) war ein Bewunderer der klassizistischen holländischen Patrizierhäuser. Das Portal trägt das Wappen der Grafen von Loos und das Maaseiks, dem der Fürstbischof von Lüttich 1397 das Recht, einen Perron zu bauen, zuerkannt hatte.

Tongeren

△

Tongeren, dat zijn naam te danken heeft aan de Tungri, die onder Augustus de plaats van de Eburonen innamen, is Ambiorix, de aanvoerder der Eburonen, die er in 54 v. Chr. tegen Caesar vocht, niet vergeten.

Door zijn ligging aan de heirbaan Bavay-Keulen ontwikkelde Tongeren zich vlug. In de 2de eeuw werd een 4,5 km lange, 4 m hoge stadsmuur gebouwd, waarvan ongeveer een vierde bewaard is. Van de slechts 2,7 km lange omwalling uit de 4de eeuw zijn alleen funderingen overgebleven.

Tongres garde le souvenir d'Ambiorix, le chef des Eburons qui combattit Jules César en l'an 54 avant notre ère, mais elle doit son nom aux Tungri, peuplade germanique qui s'établit dans la région à l'époque de l'empereur Auguste.

S'étant considérablement développée le long de la grande chaussée qui reliait Bavay à Cologne, la ville s'entoura au IIe siècle d'une enceinte de quatre kilomètres et demi. Il en subsiste un quart qui, par endroits, atteint quatre mètres de hauteur. De l'enceinte du IVe siècle, réduite à quelque deux mille sept cents mètres, il ne reste que les fondations.

Tongeren is proud of its assocation with Ambiorix, chief of the Eburones, who battled with Julius Caesar in 54 B.C. but its name comes from the Germanic tribe of the Tungri, who settled the region during the reign of Emperor Augustus.

The city, which sprawled along the highway linking Bavay and Cologne, was enclosed by three miles of walls in the second century. Roughly a quarter of these walls remains, some portions nearly 13 feet high. Only the foundations remain of the 4th century walls which had been reduced to a little over a mile.

Obschon Tongern den « Tungri », die unter Augustus an die Stelle der Eburonen traten, seinen Namen verdankt, vergißt es Ambiorix, den mutigen Anführer der Eburonen und Bekämpfer Cäsars, nicht.

Dank seiner günstigen Lage an der von den Römern angelegten Heerstraße Bavay-Köln entwickelte sich Tongern rasch. Im 2. Jh. wurde eine 4,5 km lange, streckenweise 4 m hohe Stadtmauer um Tongern errichtet. Etwa ein Viertel dieser Mauer hat sich bis heute erhalten. Von der nur rund 2,7 km langen Stadtmauer aus dem 4. Jh. besteht heute nur noch ein Teil der Fundamente.

▷

Achter het koor van de O.-L -Vrouwebasiliek van Tongeren ligt een buitengewoon gave en sobere romaanse kloostergang uit de tweede helft van de 12de eeuw. De booggewelven van de drie gangen worden door ronde zuiltjes geschraagd die om beurten geïsoleerd of twee aan twee staan. Waterbladkapitelen wisselen af met andere met dierkoppen erop. Aan de binnenkant zijn er bovendien geribde kroonbogen. Deze kloostergang was waarschijnlijk een deambulatorium voorbehouden aan de kannuniken van de basiliek.

A l'arrière du chevet de la basilique Notre-Dame de Tongres, la beauté exceptionnelle du cloître roman (seconde moitié du XIIe siècle) émeut par sa simplicité. Les arcades en plein cintre des trois galeries sont portées par des colonnettes cylindriques. Les accouplées alternent harmonieusement avec les isolées; leurs chapiteaux sont décorés de feuillages ou de têtes d'animaux, tandis que les archivoltes, vers l'intérieur, sont moulurées. Le cloître jouait vraisemblablement le rôle de déambulatoire pour les chanoines de la basilique.

Behind the apse of the Basilica of Our Lady of Tongeren lie the exceptionally beautiful Romanesque cloisters (second half of the 12th century), touching in their simplicity. The semi-circular arcades of the three galleries are supported by cylindrical colonettes, the coupled alternating harmoniously with singles. The capitals are decorated with foliage or animal heads. The interior archivolts are moulded. The cloisters served as an ambulatory for the canons of the Basilica.

Hinter dem Chor der Liebfrauenkirche in Tongern liegt ein in seiner Schlichtheit wunderschöner romanischer Kreuzgang aus der zweiten Hälfte des 12. Jh. Die Rundbögen in den drei Bogengängen werden von runden, abwechselnd gekuppelten oder freistehenden Säulchen getragen. Die Kapitelle sind mit Blattwerk und Tierköpfen geschmückt, während die Bogenläufe nach innen hin mit Rundstäben verziert wurden. Die Chorherren benutzten den Kreuzgang gewiß als Deambulatorium, d.h. als Chorumgang.

▽

Langs de oever van de Jeker staan de lage huizen van de begijnen naast delen van de middeleeuwse stadsommuring, gedeeltelijk gebouwd op resten van de Romeinse ommuring, o.a. de Lakenmakerstoren .

Des vestiges des fortifications, comme la base de la *Tour des Drapiers*, se mêlent aux maisons béguinales qui bordent le Geer. Ces fortifications étaient partiellement édifiées sur des substructures romaines.

Remains of fortifications such as the base of the *Draper's Tower* blend in with the houses of the béguines which line the Jeker. These fortifications were built in part on Roman foundations.

Am Ufer des Jeker stehen neben den Häuschen der Beginen Reste von Festungswerken wie z.B. der untere Teil des Lakenmakerstoren (Turm der Tuchweber), die z.T. auf römischen Festungsmauern errichtet worden waren.

△

De in 1379 opgebrokken Moerenpoort, ter vervanging van een poort uit de 13de eeuw, is de enige die overblijft van de middeleeuwse ommuring. De ingang met rondboog verleent toegang tot het Museum van de militaire Geschiedenis van de oudste stad van België.
Achter de Moerenpoort werden in 1475 voor de pestzieken de zgn. „pesthuiskens" gebouwd.

Seule porte subsistante de l'enceinte médiévale de Tongres, la *Moerenpoort* fut construite en 1379 en lieu et place de celle du XIIIe siècle. La porte en plein cintre donne accès au musée d'histoire militaire de la plus ancienne ville de Belgique.
Au-delà de la *Moerenpoort* se trouvaient jadis les *pesthuiskens*, bâties en 1475, où étaient logés les malades de la peste.

The *Moerenpoort*, the only gate remaining of the mediaeval walls of Tongeren, was built in 1379 to replace a 13th century gate on the same site. The arched door leads to the Military History Museum of the oldest town in Belgium.
The *pesthuiskens* or pest houses, built in 1475, were formerly found on the other side of the *Moerenpoort*.

Die Moerenpoort, das einzige noch bestehende mittelalterliche Tor Tongerns, wurde 1379 gebaut, um ein noch älteres Tor zu ersetzen. Die Tür mit dem Rundbogen führt ins militärische Museum der ältesten Stadt Belgiens.
Jenseits des Tores standen früher die 1475 gebauten Häuschen für Pestkranke.

▷

Het in de 13de eeuw gestichte Begijnhof van Tongeren is een echte miniatuurstad. Vanuit de St-Catharinastraat ziet men de achtergevels van de huizen uit de 17de eeuw achter de begijnhofmuur. Het laat-gotische huis op het plein Onder de Linde is bijzonder fraai gerestaureerd. Thans vinden weinig bemiddelden onderdak in deze huisjes.

Le béguinage de Tongres, dont les origines remontent au XIIIe siècle, constitue une petite «ville dans la ville». Derrière le mur de la rue Sainte-Catherine, les maisons du XVIIe siècle présentent en fait leur façade arrière. Celle en gothique tardif, qui borde la placette Onder de Linde, a été particulièrement bien restaurée. Les maisons béguinales sont actuellement occupées par des personnes à revenus modestes.

The béguinage of Tongeren, established in the 13th century, constitutes a "town within the town". Behind the wall on Sint-Catharinastraat the 17th century houses present their rear façades. The Late Gothic houses bordering the little square of Onder de Linde are particulary well restored . The houses of the béguines are now low-income housing.

Der im 13. Jh. gegründete Beginenhof von Tongern ist eine kleine Stadt in der Stadt. Von der Catharinastraat aus sieht man nur die hintere Fassade der im 17. Jh. gebauten Häuschen. Die spätgotische am kleinen Platz «Unter der Linde» wurde äußerst kunstgerecht restauriert. In diesen Häuschen wohnen nun Kleinverdiener.

Liège

Toen de hertog van Brabant in 1212 Luik binnen-rukte, vernielde hij meteen het Perron, het zinnebeeld van de stadsvrijheid. Een jaar later, na de overwinning bij Steppes, richtten de Luikenaars de stenen zuil weer op, die nu ook hun recht op eigen rechtspreking symboliseerde. Onder de Keltische pijnappel plaatsten ze toen drie naakte figuren, „wellustelingen van beider kunne" — een verwij-zing naar de hoerenlopers, die men een oor afsneed, en de hoeren, die gebrandmerkt werden, d.w.z. een brandmerk op een wang gedrukt kregen.

Na de plundering van Luik door Karel de Stoute in aanwezigheid van Lodewijk XI werd het Perron naar Brugge overgebracht, maar in 1477 schonk Maria van Bourgondië het aan de Luikenaars terug. In 1627 moest het gerestaureerd worden, maar de beeldhouwer Jean del Cour verving de als obsceen beschouwde wellustelingen door in ragfijne, aanger-impelde stof gehulde Gratiën.

Lorsque le duc de Brabant pénétra dans Liège en 1212, il s'empressa d'abattre le Perron, symbole des libertés locales. Mais aussitôt après la bataille de Steppes, qu'ils gagnèrent l'année suivante, les Liégeois rétablirent la colonne de pierre qui attestait leur droit d'avoir leur propre juridiction. Ils placè-rent alors, sous la pomme de pin celtique, trois figu-res nues de «paillards des deux sexes», allusion aux ribauds dont on coupait l'oreille et aux ribaudes que l'on marquait au fer rouge sur l'une des joues.

Après le sac de Liège par Charles le Téméraire assisté de Louis Xl, le Perron de Liège fut déporté à Bruges mais, en 1477, Marie de Bourgogne le resti-tua à la Cité ardente. Reconstruit en 1627, il perdit ses paillards, jugés trop indécents, au profit de trois séduisantes Grâces vêtues d'une sou-ple tunique. Le groupe est l'œuvre de Jean del Cour.

When the Duke of Brabant entered Liège in 1212 he had the *Perron*, a monument symbolizing the local right to administer justice, demolished imme-diately. However, when Liège won the battle of Steppes the next year, the citizens re-erected the stone column. At that time they placed, under the Celtic pinecone, three nude figures of "debauchees of both sexes", alluding to the local punishment of cutting off the ear of a whoremonger and branding the cheek of a bawd.

After Liège was sacked by Charles the Bold, assisted by Louis XI, the Liège Perron was removed to Bruges, but in 1477 Mary of Burgundy returned it to the Cité ardente. When it was rebuilt in 1627 its debauchees were considered too indecent and were replaced by three seductive Graces dressed in cling-ing tunics, the work of Jean del Cour.

Als der Herzog von Brabant 1212 in Lüttich ein-zog, zerstörte er sofort den Perron, das Symbol der städtischen Freiheiten. Nach dem Sieg bei Steppes ein Jahr später richteten die Lütticher die Säule, die ihr Recht auf eigene Gerichtsbarkeit bezeugte, sofort wieder auf. Unter den keltischen Pinienzap-fen stellten sie drei nackte Gestalten, «Unzüchtige beiderlei Geschlechts», was sich auf die Hurer bezog, denen man ein Ohr abschnitt, und auf die Huren, die mit einem glühenden Eisen auf einer Wange gebrandmarkt wurden.

Nach der Plünderung Lüttichs durch den von Ludwig XI. begleiteten Karl den Kühnen wurde der Perron nach Brügge abtransportiert, doch 1477 schenkte ihn Maria von Burgund der Stadt wieder. Bei den Restaurierungsarbeiten im Jahre 1627 ver-schwanden die als obszön beanstandeten Unzüchti-gen; drei von Jean del Cour geschaffene Grazien in leichten Gewändern traten an ihre Stelle.

△ Sedert de 13de eeuw woonde de pastoor van St-André en St-Gangulphe in de Luikse commanderij van de Duitse orde, waartoe hij als priester behoorde. Op de helling van de heuvel staat een bij het gebouw horend traptorentje dat men via een deur met een rondboog bereikt.

De commanderij werd „Vieux Joncs" (Oude Biezen) genoemd omdat ze van de landcommanderij Alden Biesen afhing.

Depuis la fin du XIIIe siècle, le curé de Saint-André et de Saint-Gangulphe résidait à la commanderie liégeoise de l'Ordre teutonique, dont il était prêtre. Le bâtiment comporte, à flanc de collines, une tourelle d'escalier à laquelle on accède par une porte en arc cintré.

La Commanderie de l'Ordre teutonique relevait du baillage d'Alden Biesen, *les Vieux Joncs*. D'où le nom de «tour des Joncs».

From the end of the 13th century, the parish priest of Saint Andrew and Saint Gangulpho's church lived in the Liège commandery of the Teutonic Knights of which he was chaplain. The building had a staircase turret on the hill side, entered by a semi-circular-arched door.

The commandery was a branch of the Alden Biesen, or *Vieux Joncs* High Commandery, whence the name "tower of the Joncs".

Seit dem Ende des 13. Jh. wohnte der Pfarrer von St.-André und St.-Gangulphe in der Lütticher Komturei des Deutschherrenordens, dem er als Geistlicher angehörte. Zum Gebäude gehört ein Treppenturm am Hügel, den man durch einen Rundbogen erreicht.

Da die Komturei der Landeskomturei Alden Biesen unterstand, nannte man sie «Vieux Jonc», «Altes Schilf».

▷ De kerk St-Jacques is gedeeltelijk 15de-eeuws maar werd in de eerste helft van de 16de eeuw ten tijde van E. van der Marck voltooid. Toen werd de voormalige kloosterkerk in gotische stijl herschapen. De bundelpijlers van de middenbeuk rijzen rechtlijnig op tot ze op de gewelven uitlopen, die met een prachtig netwerk van ribben, stervormige ornamenten of bloemmotieven versierd zijn.

Commencée au XVe siècle et achevée à la première moitié du XVIe siècle sous le règne d'Erard de la Marck, l'église ogivale Saint-Jacques est une ancienne abbatiale. Elle élève les piliers à faisceaux de sa grande nef d'un élan ininterrompu jusqu'au point d'appui des voûtes. Celles-ci sont remarquablement ornées soit de moulures en treillis, soit de motifs en forme d'étoiles ou de fleurs.

The Gothic church of Saint James, begun in the 15th century and completed in the first half of the 16th during the reign of Erard de la Marck, is a former abbey. The clustered columns of the large nave soar uninterrupted to the keystones of the vault, remarkably decorated with either trellis mouldings or star or floral motifs.

Die im 15. Jh. begonnene und im darauf folgenden zur Zeit Eberharts von der Marck vollendete gotische Kirche St.-Jacques ist eine Klosterkirche. Die Bündelpfeiler des Langhauses schwingen sich ohne eigentliche Unterbrechung bis zum Gewölbe empor. Dieses ist teils mit sich auffächernden Rundstäben, teils mit stern- oder blumenförmigen Motiven geschmückt.

Het bondgenootschap dat prins-bisschop Erard van der Marck met Karel V aanging, luidde voor de Luikenaren een tijdperk van vrede in. Tijdens zijn bewind werd eveneens een aanvang gemaakt met de bouw van het prinsbisschoppelijk paleis, dat volgens het model van de middeleeuwse abdijen was ontworpen, maar tevens talrijke sporen van de nieuwe, uit het Zuiden gekomen renaissancestijl vertoont.

Niet ver van de hoofdbinnenplaats ligt een tweede, waarin een vredige tuin rond een fontein ligt te dromen. De vrome prins-bisschoppen baden hier al wandelend hun brevier, de minder vrome luisterden er al zittende naar muziek of naar een of andere genoeglijk koutende edelvrouwe die hopelijk ook van echte zieleadel blijk gaf.

Le prince-évêque Erard de la Marck n'avait pas seulement conclu avec Charles Quint une alliance qui assura aux Liégeois une longue paix. Il jeta aussi les premiers fondements du palais épiscopal conçu à la manière d'une grande abbaye médiévale, mais marqué déjà par le style méridional nouveau influencé par la Renaissance.

A l'inverse de la cour principale, la seconde cour offre le sourire d'un jardin paisible autour d'un bassin aux grilles de fer forgé. Quand ils étaient pieux, les princes-évêques y venaient lire leur bréviaire; quand ils ne l'étaient guère, ils s'y asseyaient pour écouter de la musique ou les propos légers de quelque dame de qualité sinon de vertu.

Prince-Bishop Erard de la Marck not only concluded a treaty with Charles the Fifth which gave Liège a long period of peace. He also laid the first foundations of the Bishop's Palace, initially conceived as a large mediaeval abbey but soon influenced by the new southern style of the Renaissance.

In contrast to the main courtyard is another, smaller courtyard with a peaceful garden surrounding an ornamental pond enclosed by a wrought-iron fence. If he were pious, the Prince-Bishop came here to read his breviary; if he were not, he could listen to music or gossip with a lady of quality, though not necessarily of virtue.

Durch das Bündnis, das er mit Karl V. schloß, sicherte der Fürstbischof Eberhard von der Marck Lüttich auf Jahrzehnte den Frieden. Aus seiner Zeit datieren auch die ältesten Teile des Bischofspalasts, der wie eine mittelalterliche Abtei angelegt war, doch auf den die aus dem Süden vordringende Renaissance bereits ihren Stempel gedrückt hatte.

Unweit des großen Innenhofes liegt ein kleinerer, in dessen Mitte ein Wasserbecken mit schmiedeeisernem Gitter steht wie in einem verträumten Garten. Fromme Fürstbischöfe beteten hier das Brevier, weniger fromme lauschten sitzend den Klängen schöner Musik oder den plaudernden Stimmen vornehmer, wohl auch sittenstrenger Damen.

Het interieur van het paleis werd in de 18de eeuw verfraaid, o.a. onder prins-bisschop George van Bergen.

Justitie en provinciaal bestuur delen het gebouw nu met elkaar. Onder de bogen van het eerste binnenplein fladderen in toga's geklede advocaten voorbij en voorzitters van het Gerechtshof oefenen hun ambt uit in de luxueuze, in Luikse régencestijl gestoffeerde privévertrekken. Hierboven het kantoor van de Eerste voorzitter van het Hof van Beroep.

L'intérieur du palais a été décoré au XVIIIᵉ siècle, notamment par le prince-évêque Georges de Bergues.

La Justice partage le bâtiment avec le gouvernement de la province. Cela permet aux avocats en robe de hanter la cour principale et aux présidents des Cours d'occuper les anciens et luxueux appartements privés, qui ont conservé leur décoration de style Régence liégeois. Ci-dessus, le bureau du Premier président de la Cour d'appel.

The interior of the palace was decorated mainly in the 18th century, notably by Prince-Bishop Georges von Berg.

Today law courts share it with the provincial government. This allows robed lawyers to frequent the main courtyard and for the presiding judges to occupy the luxurious former private apartments which retain their Liège Regency style. Above is the office of the senior judge of the Appeals Court.

Das Interieur des Palasts wurde im 18. Jh. u.a. zur Zeit des Fürstbischofs G. von Berg neu gestaltet.

Justiz und Provinzverwaltung teilen sich nun das Gebäude. Rechtsanwälte in ihren langen Roben flattern den Innenhof entlang und Gerichtsvorsteher walten ihres Amtes in den prächtigen Privatgemächern im Régencestil Lütticher Prägung. Wir zeigen die Amtsstube des ersten Vorsitzenden des Berufungsgerichts.

△ De stadskeurder Jean Curtius of Jan de Corte maakte fortuin als voornaamste wapenle-verancier van de koning van Spanje. Toen hij in een kwarteeuw de rijkste Luikenaar was geworden, spreidde hij die rijkdom ten toon en liet vlak tegenover de Maas een imposant huis in Maaslandse renaissancestijl bouwen, waarvan de buitenmuren door de geslaagde afwisseling van kalk- en baksteen uitmunten.

Sinds 1909 zijn de uitgebreide collecties van het archeologisch museum van Luik ondergebracht in het gebouw nu Curtiusmuseum genoemd.

«Mesureur officiel des toiles de la cité», Jean de Corte, dit Curtius, parvint à se faire nom-mer commissaire général des munitions pour le roi d'Espagne. En un quart de siècle, il devint l'homme le plus riche de Liège. Et comme il désirait le montrer à tous, il bâtit face au fleuve un imposant hôtel de style Renaissance mosan, mariage caractéristique de la pierre calcaire et de la brique.

Depuis 1909, la maison Curtius abrite les très riches collections du musée archéologique de Liège.

"Official cloth measurer of the city", Jean de Corte or Curtius also became the Commissary for Munitions for the King of Spain. Within a quarter of a century he was the richest man in Liège. To flaunt his wealth he built an imposing Renaissance style mansion facing the river in the characteristic Mosan blend of limestone and brick.

Since 1909 the Curtius mansion has housed the extensive collection of the Liège Museum of Archaeology.

Dem offiziellen «Tuchvermesser der Stadt» J. de Corte, latinisiert «Curtius», gelang es, Generalkommissar und Waffenlieferant des Königs von Spanien zu werden. 25 Jahre später war er der reichste Bürger Lüttichs er stellte seinen Reichtum zur Schau, indem er sich der Maas gegenüber ein Palais im maasländischen Renaissancestil bauen ließ. In den Mauern alternieren Kalk- und Backstein aufs schönste. Seit 1909 ist es das sehr reichhaltige Archäologische Museum der Stadt.

▷ Pracht en praal van het hotel d'Ansembourg (En Féronstrée) weerspiegelen de rijkdom van de bankier Michel Willems uit Eupen en diens echtgenote Anne-Maria Duckers, dochter van een wolhandelaar uit Paderborn. Zijn huidige naam heeft het gebouw aan ene juffrouw Willems te danken die in de graaflijke familie in kwestie inhuwde.

De stoffering van de vertrekken toont de streek-eigen kenmerken van de régencestijl (begin 18de eeuw) in het Luikse. Het huis is thans het mu-seum voor kunstnijverheid en bezit vooral prachtige collecties uit de 18de eeuw.

La splendeur de l'hôtel d'Ansembourg (En Fé-ronstrée) est à l'image de la richesse du banquier eupenois Michel Willems et de sa femme Anne-Marie Duckers, fille d'un marchand de laine de Paderborn, qui le construisirent durant la pre-mière moitié du XVIIIᵉ siècle. S'il porte le nom d'Ansembourg, c'est à la suite de l'alliance d'une demoiselle Willems qui redora le blason de cette famille comtale.

L'ornementation intérieure révèle l'originalité du style Régence liégeois au XVIIIᵉ siècle. Ce sont d'ailleurs les collections d'art décoratif de ce siècle qui se trouvent réunies dans l'immeuble devenu musée.

The splendor of the Ansembourg mansion (En Féronstrée), built in the first half of the 18th cen-tury, reflects the wealth of the Eupen banker Michel Willems and his wife, Anne-Marie Duckers, the daughter of a wool merchant of Paderborn. It took the name of Ansembourg fol-lowing the marriage of a Miss Willems into that noble family, thus restoring their fortunes.

The interior decoration reveals the originality of the Liège 18th century Regency style. The man-sion is now a museum of 18th century decorative arts.

Das Hotel d'Ansembourg (En Féronstrée) spie-gelt den Reichtum des Eupener Bankiers Michel Willems und dessen Frau Anna-Maria Duckers, der Tochter eines Wollhändlers aus Paderborn. Der Name des Hauses verdankt sich einem Adligen, der eine Enkelin des Bankiers heiratete und so wieder zu Geld kam.

Die Innenausstattung zeigt die hochrangige Qualität und die Eigenarten des sog. Régence-stils im Lütticher Raum. Wegen seiner schö-nen Sammlungen ist es jetzt das sehr sehens-werte Museum der Lütticher Ausstattungskunst im 18. Jh.

Op de Quai de Maastricht bouwde de Luikse architect B. Digneffe het neoclassicistische, naar de bouwheer genoemde hotel de Hayme de Bomal (1775/77). In augustus 1803 logeerde Napoleon er met Joséphine, in november 1811 met keizerin Marie-Louise.

Voor zijn dood in 1882 liet de wapenfabrikant P.-J. Lemille het huis en zijn wapencollecties na aan de stad Luik. Zo ontstond het Wapenmuseum, dat zowat 11.000 museumstukken (15de-20ste eeuw) bezit.

(Hierboven) „De slaapkamer van Napoleon". *(Links)* Het spiegelkabinet.

The Liège architect Barthélémy Digneffe built a classical private residence on the Quai de Maastricht for the de Hayme de Bomal family between 1775 and 1777.

Napoleon made the house famous by staying there, first with Josephine in August, 1803 and then with Empress Marie-Louise in November, 1811.

The last owner, Pierre-Joseph Lemille, an arms manufacturer, left his house and collections to the City of Liège when he died in 1882. This formed the basis of the Arms Museum, containing more than eleven thousand items dating from the 15th century to the present day.

(Above) "Napoleon's bedchamber". *(Left)* The mirror room.

De 1775 à 1777, l'architecte liégeois Barthélémy Digneffe construisit sur le quai de Maastricht un hôtel particulier de style classique pour la famille de Hayme de Bomal. Napoléon rendit la maison célèbre en y logeant d'abord avec Joséphine en août 1803, ensuite avec l'impératrice Marie-Louise en novembre 1811.

A sa mort en 1882, le dernier propriétaire, Pierre-Joseph Lemille, qui était fabricant d'armes, légua la maison et ses collections à la ville de Liège. Ainsi naquit le musée d'Armes, riche de plus de onze mille pièces du XVᵉ siècle à nos jours.

(Ci-dessus) «La chambre de Napoléon». *(A gauche)* «Le salon des glaces».

1775-77 baute B. Digneffe am Quai de Maastricht dieses Privathaus für die Familie von Hayme de Bomal.

Das Haus wurde bekannt, als Napoleon im August 1803 mit Joséphine, im November 1811 in Begleitung von Kaiserin Marie-Louise dort abstieg.

Vor seinem Tod im Jahre 1882 vermachte der Waffenfabrikant P.-J. Lemille der Stadt Lüttich sein Haus und seine Sammlungen. So enstand das Waffenmuseum mit seinen rund 11.000 Exponaten (15.bis 20. Jh.).

(Oben) «Das Schlafzimmer Napoleons». *(Links)* Das Spiegelkabinet.

Verviers

◁

In 1834 liet het Koninklijk Harmoniegezelschap een groots neoclassicistisch bouwsel optrekken, dat het toen dankzij de florerende wolindustrie welvarende Verviers waardig moest zijn.

Door pilasters met composietkapitelen gescheiden, brede en hoge vensters zorgen voor veel licht in de balzaal met zijn uitzonderlijk plafond van beschilderde panelen. Bloemmotieven wisselen er af met antiekerige figuren. Op dansavonden scheppen de kroonluchters met hangers en girandoles er een toverachtige sfeer.

In 1834 the Royal Harmonic Society erected an imposing neoclassical building worthy of Verviers, made prosperous by the cloth industry.

Amply illuminated by tall windows separated by pilasters with composite capitals, the ballroom boasts a spectacular ceiling of painted panels with motifs either floral or drawn from antiquity. The branched chandeliers provide a scintillating light on gala evenings.

En 1834, la Société Royale de l'Harmonie fit élever un vaste bâtiment néoclassique, digne de la prospérité que l'industrie drapière apportait alors à Verviers.

Largement éclairée par de hautes baies que séparent des pilastres à chapiteaux composites, la salle de bal est dotée d'un spectaculaire plafond à panneaux peints. Les motifs en sont floraux ou inspirés de l'antique. Les soirs de bal, les lustres à girandoles assurent une atmosphère féerique.

1834 ließ sich das Königliche Harmonieorchester eine klassizistische Festhalle bauen, die Verviers' und seiner prosperierenden Textilindustrie würdig sein sollte.

Breite, lichtspendende Fenster trennen die Pilaster mit Kompositkapitellen voneinander. Die großartige Decke des Ballsaales besteht aus bemalten Tafeln, auf denen florale Motive neben antikischen stehen. An Ballabenden schaffen die Lüster und Armleuchter eine zauberhafte Atmosphäre im Saal.

△

In 1773, toen „gotisch" nog bijna een scheldwoord was, moest de „gotische" lakenhalle van Verviers — die in feite niet gotisch was — plaats maken voor het door de Luikenaar J.-B. Renoz ontworpen stadhuis. Het wapen van de prins-bisschop Velbruck prijkt nu niet meer op het bovenstuk van de voorgevel; daaronder staan nu de woorden: „Publiciteit waarborgt de rechten van het volk", het devies van de stad. Natuurlijk betekent „publiciteit" hier „het algemeen bekend en toegankelijk maken"; er was toen nog geen sprake van reclamemaken en van consumptiemaatschappij.

In 1773 the cloth hall of Verviers was called "Gothic", which it was not at all, but at that time the term was perjorative. In its stead a town hall was built, designed by the Liège architect Jacques-Barthélémy Renoz. The arms of Prince-Bishop Velbruck have disappeared from the tympanum but beneath it can be seen the town motto: *Publicité sauvegarde du peuple* — Publicity, the defense of the people. Of course the "publicity" in question was the public meetings of the municipal council and not the sort that pushes consumption.

En 1773, la halle aux draps de Verviers fut jugée « gothique ». Elle ne l'était pas mais, à l'époque, le terme était simplement injurieux. A sa place fut érigé l'hôtel de ville conçu par l'architecte liégeois Jacques-Barthélémy Renoz. Les armes du prince-évêque Velbruck ont disparu du tympan mais, sous celui-ci, on peut lire la devise de la ville: *Publicité sauvegarde du peuple*. Bien sûr, il s'agit de la publicité des séances du conseil communal et non pas de celle qui incite à la consommation.

1773 wurde die Tuchhalle der Wollstadt Verviers fälschlicherweise als gotisch abgestempelt, was damals nahezu «barbarisch» bedeutete. An ihrer Stelle errichtete der Lütticher Baumeister J.-B. Renoz das heutige Rathaus. Das Wappen des Fürstbischofs Velbrück auf dem halbrunden Giebelfeld wurde zwar getilgt, doch darunter steht noch immer der Wahlspruch der Stadt: «Publizität, die beste Gewähr für die Bevölkerung». Damit ist natürlich nicht die Publizität der Medien oder der Werbung gemeint, sondern die allgemeine Zugänglichkeit der Stadtratssitzungen.

In 1721 ontwierp L. Mefferdatis uit Aken de kerk St-Nikolaus van Eupen. In 1896 werd een andere Akenaar, L. von Fisenne, ermee belast de torens van hun koperen spits te voorzien en een fronton aan de barokke façade toe te voegen.

(Hierboven)
In Eupen, de hoofdplaats van de Duitstalige Gemeenschap, wordt het Duitse dagblad „Das Grenzecho" uitgegeven. De kantoren van die krant liggen aan het marktplein in een gebouw dat van 1770 dateert. De ingangsdeur is een fraai voorbeeld van Duits rococo.

C'est à un architecte d'Aix-la-Chapelle, Laurent Mefferdatis, qu'en 1721 les Eupenois confièrent la construction de l'église Saint-Nicolas. En 1896, c'est un autre architecte Aixois, L. von Fisenne, qui fut chargé d'habiller de flèches de cuivre les tours de l'édifice et de créer un fronton sur la façade baroque.

(Ci-dessus)
En la capitale de la Communauté germanophone se rédige et se publie un important quotidien de langue allemande, le *Grenzecho*. Le journal dispose, à la Marktplatz, d'un bel immeuble (1770) doté d'une porte du plus pur style rocaille allemand.

In 1721 the citizens of Eupen commissionned Laurent Mefferdatis, an architect from Aachen, to build the church of Saint Nicholas. Another architect from Aachen, L. von Fisenne, was engaged in 1896 to top the towers with copper spires and to add a pediment to the baroque façade.

(Above)
The *Grenzecho*, an important German-language daily, is written and published in this town, capital of the German-speaking community of Belgium. The door of the handsome building (1770) owned by the newspaper is in the purest German rococo style.

Den Aachener Baumeister L. Mefferdatis betrauten die Eupener 1721 mit dem Bau der Kirche St.-Nikolaus. 1896 nahm ein anderer Aachener, L. von Fisenne, es auf sich, die Turmspitzen mit Kupfer abzudecken und die barocke Westfassade um einen Segmentgiebel zu bereichern.

(Oben)
Im Hauptort der Deutschprachigen Gemeinschaft erscheint eine Tageszeitung in deutscher Sprache, «Das Grenzecho». Seine Büros befinden sich am Marktplatz in einem schönen Gebäude, dessen Eingangstür ein Beispiel reinen deutschen Rokokos ist.

Eupen

(Blz. 104 tot 106)

De Willemsen waren bekende handelaars en bankiers in het „land zonder grenzen" vlak naast het drielandenpunt. Michel Willems, die in 1654 burgemeester van Eupen werd, was grootgrondbezitter in het vroegere hertogdom Limburg. Om zijn huis naast de kapel van Nispert te verfraaien deed hij een beroep op de beste stukadoors. Een eeuw later liet liet zijn kleinzoon voor één van de salons doeken schilderen waarop de geschiedenis van Esther wordt naverteld.

De barokke kapel St-Jan-de-Dopers-Onthoofding werd in 1747 naar plannen van de Akenaar J.J. Couven opgericht.

(Pages 104 à 106)

Les Willems étaient de riches marchands et banquiers d'un pays que l'on qualifie de «sans frontières». L'un d'eux, prénommé Michel, détenait de grandes propriétés dans l'ancien duché de Limbourg et devint bourgmestre d'Eupen en 1654. Il avait acquis une maison jouxtant la chapelle de Nispert et, pour la décorer, il fit appel aux meilleurs stucateurs du moment. Au siècle suivant, son petit-fils eut l'idée d'orner un salon de toiles peintes racontant l'histoire d'Esther.

D'esprit baroque, la chapelle de la Décollation de Saint Jean Baptiste fut érigée en 1747, d'après les plans de l'architecte Aixois Couven.

(Pages 104 to 106)

The Willems were rich merchants and bankers, well-known in a region described as "without borders". One of them, Michael, owned large properties in the former Duchy of Limburg and became burgomaster of Eupen in 1654. He acquired a house abutting on the chapel of Nispert and engaged the best stucco workers of the period to decorate it. In the following century his grandson had a salon decorated with pictures recounting the story of Esther.

The baroque chapel of the Beheading of Saint John the Baptist was erected in 1747 following plans by Couven, an architect from Aachen.

(S. 104 bis 106)

Michel Willems, Mitglied einer im Land «ohne Grenzen» unweit des Dreiländerecks bekannten Familie reicher Kaufleute und Bankiers sowie Groß-grundbesitzer imHerzogtum Limburg, wurde 1654 Bürgermeister von Eupen. Für die Innenausstattung des ihm gehörenden Hauses neben der Kapelle in Nispert wandte er sich an die besten Stukkateure seiner Zeit. Etwa ein Jahrhundert später ließ sein Enkel das Empfangszimmer mit Gemälden schmükken, auf denen die Geschichte Esthers zu sehen ist. Die barocke Kapelle St-Johannes-Enthauptung wurde 1747 nach Plänen des Aachener Baumeisters Couven errichtet.

▷ De bakstenen van het patriciërshuis met twee verdiepingen, dat bouwmeester L. Vercken in 1752 had ontworpen, zijn later rood geschilderd, hetgeen het verticalisme van de pilasters en de gewelfde bovendorpel met rococo-ornamenten goed doet uitkomen.

In 1857 werd het huis een vrouwenklooster. Toen werd de middenpartij enigszins gewijzigd: de ingangsdeur naar het marktplein toe werd door een nis met een standbeeld van de h. Franciscus vervangen. Daarbij liet men, eigenaardig genoeg, de dubbele drempel met lijstwerk ongemoeid.

On a peint en rouge les briques des deux étages de la demeure patricienne construite en 1752, selon les plans de l'architecte Léonard Vercken. Cette relative audace souligne la verticalité des deux pilastres qui entourent la porte-fenêtre, dont le linteau bombé est couronné de rocailles.

La maison étant devenue couvent de religieuses en 1857, son rez-de-chaussée a été modifié en son centre: la porte d'entrée de la Marktplatz a été obturée et remplacée par une niche où trône la statue de saint François. Seules ont été maintenues les deux marches moulurées, devenues quelque peu incongrues.

The brick of this two-storey patrician residence, built in 1752 to plans by the architect Leonard Vercken, has been painted red, emphasizing the vertical thrust of the pilasters of the French door with its curved lintel crowned by rococo work.

When the house became a convent in 1857 the central ground floor was altered. A door giving on the Marktplatz was walled up and a niche with a statue of Saint Francis was inserted. The two moulded steps remain, looking a trifle incongruous.

Dadurch daß die Backsteine des 1752 nach Plänen von Baumeister L. Vercken errichteten Patrizierhauses rot getüncht wurden, tritt der Vertikalismus der Pilaster links und rechts von der Fenstertür mit dem durch Rokoko-Ornamente überhöhten Sturz viel stärker hervor.

1857 wurde das Gebäude ein Kloster das Eingangstor am Marktplatz gesperrt und durch eine Nische mit einer Statue des hl. Franziskus ersetzt. Komischerweise beließ man dabei die zwei behauenen, nun überflüssigen Schwellen an ihrem Platze.

Spa

Spa beroemt zich terecht op zijn vele bronnen. Enkele zoals de *Tonnelet* worden in een badgebouw opgevangen, andere zoals de Géronstère moeten met een bescheiden gebouwtje genoegen nemen. Reeds in de renaissancetijd werden ze beschreven en werd de heilzame werking van elke bron nauwkeurig onderzocht. Dichters zoals Ariosto in zijn „Orlando furioso" vergeleken hun opborrelend water met de opwellende liefdesdrift:

Heb je nooit gehoord van de twee fonteinen
waarvan een voedt wat d'ander doet kwijnen?
In de Ardennen vlak bij elkaar
borrelen beide helder en klaar;
de ene doet van liefde gloeien,
d'ander verlost van der liefde boeien.

Les sources jaillissent nombreuses à Spa, les unes abritées par une construction comme celle du *Tonnelet*, les autres par un simple édicule comme celle de la Géronstère. Les médecins de la Renaissance s'efforcèrent de décrire et d'étudier les diverses fontaines, en indiquant les propriétés de chacune d'elles. Entre-temps, les poètes mêlèrent hardiment le pétillement de l'amour aux bulles d'eau. L'Arioste, dans son *Orlando furioso*, demande:

Connaissez-vous les deux fontaines
Dont l'effet est si différent?
Toutes les deux sont dans les Ardennes
Et pas bien loin. L'une vous rend
Tout de feu pour les belles dames,
De l'amour l'autre éteint les flammes.

Springs abound at Spa, some sheltered by buildings such as that of the *Tonnelet* (keg), others by more simple structures such as that of Géronstère. Renaissance doctors strove to study and describe the various fountains, indicating the special properties of each one. Meanwhile, poets audaciously compared the effervescence of love to the sparkling waters. Ariosto, in *Orlando furioso* asks:

Do you know the two fountains
Of such differing effects?
Both are in the Ardennes
And not so far. One makes you
All afire for fair ladies,
The other damps the flames of love.

Einige der vielen in Spa entspringenden Quellen sind wie *Le Tonnelet* in eindrucksvolles Mauerwerk eingefaßt, andere, z.B. die von Géronstère, nehmen mit einer Art Tempelchen vorlieb. Schon zur Zeit der Renaissance untersuchten Ärzte die therapeutischen Wirkstoffe der verschiedenen Brunnen. Verspielter verknüpfen Dichter Brunnenlob und Liebe, wie Ariost im «Orlando furioso»:

Wer hat nicht von den zwei Brunnen gehört?
Der eine entfacht, was der andre zerstört?
Schwesterlich nah im Ardennerwald
Dieser Brunnen Rauschen erschallt.
Einer schürt der Liebe Glut,
Der andre löscht sie mit seiner Flut.

◁◁

Spa en de beboste heuvels errond liggen aan de voet van de Hoge Venen en de eigenlijke Ardennen. Eeuwenlang was Spa een kuuroord met beroemde speelzalen. De Redoute, waar het puik van het ancien régime elkaar rendez-vous gaf, heeft ondertussen het veld geruimd voor het casino. De St-Remacluskerk, een werk van Cluysenaer, is weliswaar van recente datum (1886), maar herinnert aan romaanse kerken uit het Rijnland.

Dans un cirque de collines boisées, au pied des Hautes Fagnes et déjà de l'Ardenne, Spa n'a longtemps eu d'autre ambition que de guérir par ses eaux et d'amuser par ses jeux. Depuis belle lurette, le casino a remplacé la Redoute où tournoyaient les représentants les plus brillants de l'Ancien Régime. Quant à l'église Saint-Remacle, œuvre de Cluysenaer, bien que récente (1886), elle a l'ambition de rappeler le style roman de la proche Rhénanie.

Circled by wooded hills, on the edge of the Hautes Fagnes and the Ardennes, Spa has for many years fulfilled its vocation of providing cures and the pleasures of gaming. Long ago the Redoute, where the most brilliant members of the Ancien Régime led a giddy social life, was replaced by the casino. Even though of recent date (1886) the church of Saint Remacle, work of Cluysenaer, is faithful to the Romanesque style of the nearby Rhineland.

Spa liegt in einem Talkessel mit bewaldeten Hügeln am Fuße des Hohen Venns und der eigentlichen Ardennen. Lange begnügte es sich damit, daß seine Brunnen Menschen heilten und Glücksspiele sie unterhielten. Schon lange nimmt das Kasino den Platz der Redoute ein, in der sich die eminentesten Vertreter des Ancien Régime ein Stelldichein gaben. Die von Cluysenaer entworfene St.-Remakluskirche ist zwar neueren Datums (1886), doch sucht an die Romanik des Rheinlands zu erinnern .

Het in 1922 gebouwde Casino van Spa *(op de achtergrond)* ligt haaks op de Rue Royale en precies op de plaats waar de vroede vaderen van Spa met toestemming van de prins-bisschop Johannes-Theodoor van Beieren de beruchte — en tevens zo beroemde — Redoute hadden gebouwd om er openbare bijeenkomsten, bals en spelen te houden. Het huidige gebouw is o.a. qua indeling op zijn voorganger geïnspireerd, maar de onderste dakrand is door een balustrade aan het oog onttrokken .

Het in 1868 voltooide badpaleis *(rechts)* draagt alle kenmerken van het eclectisme dat toentertijd hier te lande in zwang was. De antiquiserende architect L. Suys springt er nogal kwistig om met frontons, gecanneleerde zuilen en allegorische standbeelden, maar verliest de gulden middenweg tussen hoogdravendheid en bevalligheid niet uit het oog.

(Blz. 112)

De vier symmetrische vleugels van het badpaleis omsluiten een ruim binnenplein. Aan weerszijden van het monumentale voorhuis liggen de zalen voor de modder- en de stoombaden.

Perpendiculaire à la rue Royale, en lieu et place de la célèbre Redoute, qu'avec l'autorisation du prince-évêque Jean-Théodore de Bavière les édiles de Spa avaient fait édifier pour y organiser des réunions publiques, des bals et des jeux, l'actuel casino *(à l'arrière-plan)* fut construit en 1922. Il s'inspire de l'édifice du XVIIIᵉ siècle, en reprend l'ordonnance mais se trouve doté d'une balustrade qui masque la base de la toiture.

Achevés en 1868, les thermes *(à droite)* portent la marque du courant éclectique qui caractérisait l'architecture belge de cette époque. Obsédé par l'antiquité, Léon Suys a multiplié frontons, colonnes cannelées et statues allégoriques. La solennité y trouve son compte sans étouffer une certaine élégance.

(Page 112)

Les quatre ailes du palais des Thermes sont disposées symétriquement autour d'un vaste espace intérieur. Le vestibule monumental est flanqué de salons et de salles pour les bains de boue et les bains de vapeur.

Perpendicular to Rue Royale stands the present casino *(background)* built in 1922 on the site of the famous Redoute, which Prince-Bishop Jean-Théodore of Bavaria allowed the municipal authorities to erect for public meetings, balls and gaming. The casino was inspired by the 18th century plans and follows the same arrangment but also has a balustrade to mask the base of the roof.

Finished in 1868, the baths *(right)* are in the eclectic style which characterized Belgian architecture of the period. Obsessed by antiquity, Leon Suys multiplied pediments, fluted columns and allegoric statues which give it a certain stately elegance.

(Page 112)
The four symmetrical wings of the thermal baths enclose a vast interior space. The monumental vestibule is flanked by sitting rooms and rooms for mud and steam baths.

Genau da, wo die berühmt-berüchtigte Redoute stand, deren Errichtung Fürstbischof J.-Th. von Bayern den Spadensern hatte zugestehen müssen, so daß sie dort öffentliche Versammlungen, Bälle und Vergnugungen abhalten könnten, steht nun senkrecht zur Straße das 1922 gebaute Kasino von Spa *(im Hintergrund)*. Die Anordnung erinnert an das Gebäude aus dem 18. Jh., doch eine Balustrade verdeckt jetzt den unteren Dachrand.

Das 1868 vollendete Thermalgebäude *(rechts)* steht im Zeichen des damals auch in Belgien vorherrschenden Eklektizismus. Seiner Vorliebe für alles Antike entsprechend, häufte L. Suys hier Dreiecksgiebel, kannelierte Säulen und allegorische Standbilder, doch es gelingt ihm, Pomp und Eleganz sich die Waage halten zu lassen.

(S. 112)
Die vier Flügel des Thermalgebäudes umstehen symmetrisch einen großen Innenhof. Durch die monumentale Vorhalle gelangt man in Empfangsräume und in die Säle für Moor- bzw. Dampfbäder.

△

Leopold II hield van de overdekte promenades in kuuroorden zoals Vichy en Contrexéville, omdat de kuurgasten er ook bij slecht weer of schroeiend zonlicht ongestoord konden flaneren. Daarom vond hij geen rust voordat het aanvankelijk tegenstribbelende stadsbestuur van Spa zijn plan had ingewilligd in het Parc des Sept Heures, het Park van Zeven Uur, de naar hem genaamde galerij te bouwen. Het metalen bouwsel is 200 m lang en helemaal overdekt met een houten kap. Aan elk van de twee uiteinden staat een gedeeltelijk stenen, gedeeltelijk bakstenen paviljoen.

Leopold II appreciated the covered promenades of spas such as Vichy or Contrexéville, sheltering those taking the cure from the rain or blazing sun. Despite the misgivings of the Spa municipal authorities he finally had his way and a gallery-promenade was built in the park of Sept Heures. The two-hundred-meter long structure is roofed in wood and terminates at both ends in brick and stone pavilions.

Léopold II aimait les promenoirs des stations thermales qui, comme à Vichy et Contrexéville, mettent les curistes à l'abri de la pluie ou du soleil trop ardent. Malgré les réticences des autorités communales de Spa, il finit par obtenir la galerie-promenoir du parc des Sept Heures. Longue de deux cents mètres, elle est constituée d'une structure métallique entièrement couverte d'un plafond en bois, et se termine à chaque extrémité par un pavillon en brique et pierre.

Leopold II. schätzte die Wandelhallen von Thermalbädern wie Vichy und Contrexéville, die Regen und glühende Sonne von den Kurgästen fernhalten. Es gelang ihm, den Stadtrat umzustimmen und ihn für den Bau der 200 m langen Wandelhalle (im Parc des Sept Heures) zu gewinnen, deren Gerüst aus Metall eine ganz mit Holz ausgelegte Decke trägt. An den Enden steht jeweils ein Pavillon aus Stein und Backstein.

Stavelot

Aan weerszijden van de Amblève ligt het voormalige kerkelijke prinsdom Stavelot-Malmédy, dat alleen ondergeschikt was aan de Duitse keizer. Op Maas, Rijn, Seine en Loire voeren ooit schepen onder de vlag van dat prinsdom, dat over een eigen legertje en een eigen gerechtshof inclusief galg enzovoort beschikte. De Franse revolutionairen maakten een einde aan die eeuwenoude, luisterrijke onafhankelijkheid en in 1815 voegde het Congres van Wenen Malmédy bij Pruisen — het bleef Pruisisch tot 1919 —, terwijl Stavelot Belgisch werd.

De voorgevels in vakwerk van deze huizenrij in de Rue du Bac, de voormalige leer-looierij van Stavelot, rusten op een gedeeltelijk inge-graven laag breukstenen. Het bloem-motief op één van de panelen is klaarblijkelijk minder dan een eeuw oud.

Etalée sur les rives de l'Amblève, la principauté ecclésiastique de Stavelot-Malmédy dépendait directement du Saint Empire germanique. Le pavillon de ses bateaux flottait sur la Meuse, le Rhin, la Seine et la Loire. La principauté avait sa cour de justice, ses gibets et même une petite armée. Elle perdit sa grandeur et son indépendance après la conquête par les révo-lutionnaires français. En 1815, le Congrès de Vienne fit un sort différent aux deux villes de l'ancienne principauté. Stavelot resta belge, Malmédy fut rattachée à la Prusse. Jusqu'en 1919.

Anciens bâtiments de tannerie, des maisons de la rue du Bac reposent leurs façades à colombages sur un niveau en moellons à moitié enterré. Un motif floral a été peint sur un des panneaux, sans doute au XX° siècle.

Stretching along the banks of the Amblève, the ecclesiastical principality of Stavelot-Malmédy was a close dependent of the Holy Roman Émpire. The flags of its ships waved over the Meuse, the Rhine, the Seine and the Loire. The principality had its own courts, its own gallows and even a small army. It lost both its glory and its independence after being conquered by French revolutionaries. In 1815 the Congress of Vienna decreed dif-ferent destinies for the two towns of the former principality. Stavelot remained Belgian but Malmedy be-came Prussian — until 1919.

A series of half-timbered houses, once a tannery, stand on partly buried foundations in the Rue du Bac. The floral motif painted on one of the panels is most likely 20th century.

Die Ufer der Amel entlang liegt die ehemalige Fürstabtei Stavelot-Malmédy, die einst den Rang einer freien Reichsabtei hatte. Damals fuhren Schiffe unter der Flagge der Abtei auf Maas, Rhein, Seine und Loire. Sie verfügte über einen eigenen Gerichtshof mit dazu gehörenden Galgen und über ein kleines Heer. Mit der Französischen Revolution schwanden fürstliches Gepränge und Unabhängigkeit dahin. 1815 trennte der Wiener Kongreß die beiden Ortschaften: Stavelot gehörte zu Belgien, Malmédy — bis 1919 — zu Preußen.

In diesen Häusern der Rue du Bac war früher eine Gerberei etabliert. Das Fachwerk erhebt sich über dem sehr tief gelegenen Erdgeschoß. Das florale Motiv auf einem der Gefächer wurde wahrscheinlich im 20. Jh. hinzugefügt.

△ Het perron van Stavelot (1769) staat op het St-Remaclusplein boven een fontein met drinkbak en is net als dat van Luik het symbool van de gemeentelijke vrijheid. Het wordt door vier wolven gedragen en op de vier hoeken ervan stroomt het water via een spuier in het bekken.

The fountain and watering trough on the Place Saint-Remacle is surmounted by a perron dated 1769 which, in Stavelot as in Liège, symbolizes local liberties. It stands on four seated wolves. The basin below catches water spouting from the four heads on the corners of the fountain.

La fontaine-abreuvoir de la place Saint-Remacle est surmontée d'un perron (1769) qui, à Stavelot comme à Liège, symbolise les libertés locales. Il repose sur quatre loups assis. Au pied, la vasque reçoit l'eau de quatre têtes de cracheurs disposées à chaque angle de la fontaine.

Die Fontäne mit Brunnentrog auf der Place St.-Remacle ist mit einem Perron (1769) gekrönt, der durch vier sitzende Wölfe getragen wird. Aus vier an den Ecken der Fontäne angebrachten Wasserspeiern strömt das Naß in das Brunnenbecken. Auch hier ist der Perron das Symbol der städtischen Freiheitsrechte.

116

De talrijke fonteinen van Stavelot dragen veel bij tot de charme eigen aan het stadje. Die op de hoek van de Rue du Bac en de Rue Neuve werd in 1777 op initiatief van prins-abt Jacques de Hubin geïnstalleerd. Vlak in de buurt staat een vakwerkhuis met een houten puntgevel.

Les fontaines abondent à Stavelot et contribuent au charme de la ville. Celle au coin de la rue Neuve et de la rue du Bac a été placée en 1777 sur ordre du prince-abbé Jacques de Hubin. Elle voisine une jolie maison à colombage et pignon de bois.

The many fountains of Stavelot add to its charm. The one at the corner of the Rue du Bac and Rue Neuve was erected in 1777 by order of Prince-Abbot Jacques de Hubin. It stands near a pretty half-timbered house with a wooden gable.

Zahlreiche Fontänen tragen zur Verschönerung von Stavelot bei. Diese hier wurde 1777 vom Fürstabt Jacques de Hubin gestiftet. In der Nähe steht ein schmuckes Fachwerkhaus mit einem Giebel aus Holz.

Op de hoek waar de Rue de Spa uitkomt op de Place Prume staat een hoog vakwerkhuis waarvan het verticalisme vooral te wijten is aan het lijnenspel van de schuine steunbalken. Een bronzen plaat herinnert eraan dat de violist François Prume er in 1816 geboren werd.

Place Prume, la haute maison à colombage fait angle avec la rue de Spa. Le jeu des contrefiches d'une surprenante régularité accentue la verticalité de la façade. Une plaque en bronze rappelle le souvenir du violoniste François Prume qui naquit dans cette maison en 1816.

A tall half-timbered house stands on the corner of Place Prume and the Rue de Spa. The extremely regular struts heighten the verticality of the façade. A bronze plaque commemorates the violinist François Prume who was born in this house in 1816.

An der Ecke der Rue de Spa steht am Place Prume ein Fachwerkhaus, in dessen Fassade die sehr regelmäßige Anordnung der Streben den ausgeprägten Vertikalismus des Gebäudes noch unterstreicht. Eine Gedenktafel aus Bronze erinnert daran, daß 1816 der Violinist François Prume hier zur Welt kam.

De in de 16de eeuw door prins-abt Willem van Manderscheid in Stavelot ingevoerde leerlooierij kwam er daarna spoedig tot bloei. De gebouwen van de voormalige leerlooierij 't Serstevens (chemin du Château) hebben vier verdiepingen: een van breuksteen en drie met vakwerk. Ze werden gerestaureerd behalve het mansardedak.

Het masker van een „Blanc-moussi" boven de ingangsdeur houdt verband met het feit dat dit nu het clublokaal van de beroemde carnavalsvereni-ging is. Prins-abt Willem van Manderscheid, die zijn monniken had verboden in de stoet van de Blancs-moussis mee te lopen, zou zich in zijn graf om-draaien, als hij dat zag.

Au XVIe siècle, le prin-ce-abbé Guillaume de Manderscheid introduisit à Stavelot l'industrie de la tannerie qui y connut rapi-dement un grand déve-loppement. Construits au tout début du siècle der-nier, les bâtiments des anciennes tanneries 't Ser-stevens (chemin du Châ-teau) déploient trois étages de colombage sur un premier niveau de moellons. Pour achever la restauration, il convien-drait de rétablir le man-sard de sa toiture.

Le masque de *Blanc-Moussi* qui surmonte la porte d'entrée indique que les anciennes tanneries sont aujourd'hui la maison de ce célèbre groupe folklorique. Ce qui ne manque pas de piquant, quand on se rappelle que Guillaume de Manderscheid inter-disait à ses moines de participer au cortège carnavalesque des Blancs-Moussis.

The tanning industry, which soon flourished in Stavelot, was intro-duced by Prince-Abbot Guil-laume de Manderscheid in the 16th cen-tury. The buildings of the former 't Serstevens tannery, built on the Chemin du Château at the beginning of the last century, rise in three half-timbered storeys from the rubble-stone ground floor. To restore it completely the mansard roof should be rebuilt.

A mask of a *Blanc-Moussi* over the entrance in-dicates that the old tannery is now the headquarters of the famous folklore group. This is rather ironic in that Guillaume de Manderscheid forbade his monks to participate in the carnival parade of the Blanc-Moussis.

Im 16. Jh. führte der Fürstabt Wilhelm von Manderscheid die Gerberei in Stavelot ein, wo sie bald eine große Blüte erlebte. Die frühere, zu Beginn des 19. Jh. gebaute Gerberei 't Serstevens am Schloßweg (chemin du Château) besteht aus drei Stock-werken mit Fachwerkarbeit, die auf dem Erdge-schoß aus Bruchstein aufruhen. Um wirklich voll-ständig zu sein, müßte die Restaurierung auch das Mansardendach mit einschließen. Über dem Ein-gang der alten Gerberei hängt jetzt die Maske eines Blanc-Moussis und zeigt an, daß dies nun der Treffpunkt der bekannten folkloristischen Gruppe ist. Wilhelm von Manderscheid, der seinen Mönchen jede Teilnahme am Karnevalszug der Blanc-Moussis untersagte, würde sich im Grabe umdre-hen, wenn er die Maske sähe.

Niet alleen kastelen, ook voormalige abdijen worden nu gebruikt als stadhuizen, waarin burge-meester, schepenen en gemeenteraadsleden de plaats van de monniken van weleer innemen. In Stavelot, de stad van de h. Remaclus, zetelt het stads-bestuur nu in de vroegere economaat, die in 1780 door prins-abt J. de Hubin in classicistische stijl werd gebouwd. Het blazoen van de prelaat evenals zijn lijfspreuk „Fluvius pacis" (= Stroom van vrede), die hopelijk ook voor het stadsbestuur zo slecht niet past, prijken nog op de geveldriehoek.

Il n'y a pas que les châteaux qui sont transformés en hôtels de ville, il y a aussi les abbayes désaffectées où bourgmestre, échevins et conseillers communaux ont pris la place des moines d'antan. A Sta-velot, l'administration de la ville de saint Remacle occupe l'ancienne compterie, construite en style classique en 1780 sous le règne du prin-ce-abbé Jacques de Hubin, dont les armes et la devise — *Fluvius pacis* — figurent sur le fronton. Une devise qui, somme toute, devrait éga-lement convenir au pouvoir communal.

Stately homes are not the only buildings utilized as Town Halls; there are also deconsecrated abbeys where mayor, magistrates and town councillors have taken the place of the monks of yesteryear. In Stavelot, town of Saint Remacle, the municipal administration now occupies the old counting house built in the classical style in 1780, during the reign of Prince-Abbot Jacques de Hubin, whose arms and motto — *Fluvius pacis* — are seen on the pediment. The motto is just as apposite for the municipal powers.

Nicht nur Schlösser werden zu Rathäusern umfunktioniert; auch in zweckent-fremdeten Abteien nehmen Bürgermeister, Schöffen und Gemeinderatsmitglieder den Platz der Mönche ein. In Stavelot zog die Stadtverwaltung in die Wirtschafts-gebäude ein, die 1780 zur Zeit des Fürstabts J. de Hubin im klassizistischen Stil gebaut wurden. Im Giebeldreieck steht «Fluvius pacis» (Fluß des Friedens), der Wahlspruch des Abts, der auch der Stadtverwaltung genehm sein dürfte.

Saint-Hubert

(Volgende drie pagina's)
Uit welke windstreek je ook naar Saint-Hubert komt, de torens van de basiliek trekken je aandacht. Abt Clemens bouwde ze in het begin van de 18de eeuw, toen de in 1560 door de calvinisten verwoeste gotische voorkant van de kerk in een classicistisch kleed werd gestoken. Het lange kerkschip en het verlengde koor werden tussen 1525 en het begin van de beeldenstorm gebouwd en bleven sindsdien ongewijzigd.

(Hierboven)
De hoofdgevel van het abtskwartier in de binnenkoer is bekroond met een attica en een gewelfd fronton. Daarop prijkt het jaartal 1729 en de lijfspreuk van abt Célestin de Jong, de bouwheer: „Amore non timore" (Uit liefde, niet uit vrees). De strenge indeling van de vlakten die niet alleen de gevel van het hoofdgebouw maar ook de zijvleugels kenmerkt, vindt men in alle gebouwen in Lodewijk-XIV-stijl terug.

(Next triple page)
When approaching Saint-Hubert from no matter which direction, the regard is drawn to the two towers of the Basilica built by Abbot Clement at the beginning of the 18th century. At the same time he replaced the façade, destroyed by the Calvinists in 1560, with one in the classical style. The long nave and deep choir remain as they were when construction began in 1525, continuing until the arrival of the iconoclasts.

(Above)
The main façade of the abbatial quarters, giving on the courtyard, is crowned with a small attic storey with a curved pediment. It displays the date (1729) and the motto of the builder, Abbot Célestin de Jong: *Amore non timore* (by love, not fear). The strict arrangement of the main façade and lateral wings is in the Louis XIV style.

(Triple page suivante)
D'où que l'on vienne et se dirige vers Saint-Hubert, le regard est capté par les deux tours de la basilique érigées par l'abbé Clément, au tout début du XVIIIᵉ siècle, en même temps qu'il transformait en style classique la façade gothique que les calvinistes avaient saccagée en 1560. La longue nef et le chœur très profond demeurent tels que les réalisa la campagne de construction qui commença en 1525 et se prolongea jusqu'à l'arrivée des iconoclastes.

(Ci-dessus)
La façade principale du quartier abbatial, qui donne sur la cour, est coiffée d'un attique à fronton courbe. Il porte le millésime 1729 et la devise du constructeur, l'abbé Célestin de Jong, *Amore non timore* (par amour et non par peur). L'ordonnance rigoureuse de l'ensemble formé par la façade principale et les latérales est celle du style Louis XIV.

(Nächste drei Seiten)
Von welcher Seite man sich Saint-Hubert auch nähert, der Blick heftet sich auf die beiden Türme der Basilika, die Abt Clément zu Beginn des 18. Jh. bauen ließ. Damals wurde die gotische, 1560 von den Kalvinisten zerstörte Fassade durch eine klassische ersetzt. Das Langhaus und das tiefe Chor blieben, wie sie 1525-1560 erbaut worden waren.

(Oben)
Die Hauptfassade des Abthauses zum Innenhof hin ist durch eine Attika mit geschwungenem Giebelfeld abgeschlossen. Darauf steht das Baujahr 1729 und «Amore non timore» (Aus Liebe, nicht aus Angst), der Wahlspruch des Erbauers Abt C. de Jong. Die Fassade des Hauptgebäudes und die Seitenflügel entsprechen in ihrer Anordnung dem strengen Formenkanon des Louis XIV.

Bastogne

De sleutelstenen van de gewelven van de St-Pieterskerk in Bastogne zijn met beeldhouwwerk verfraaid en omstreeks 1535 zijn de gewelven zelf met een indrukwekkend fresco beschilderd. De bijbelse en legendarische taferelen zijn als het ware ingelijst met plantenornamenten en arabesken. Wat een tegenstelling met de strenge bouwkundige structuur van de drie beuken en het koor!

(Hierboven)
De massieve, vierkante, romaanse toren van de St-Pieterskerk (eerste helft van de 12de eeuw) is met een uitspringende torenomloop bekroond. Het lijkt alsof de bouwers uit de 14de eeuw zich erop inspireerden, toen ze de Trierse poort *(op de voorgrond)* als deel van het vestingwerk bouwden.

(Opposite)
The vaulting of the church of Saint Peter in Bastogne, with its sculpted keystones, is decorated with tempera religious or legendary scenes (circa 1535) surrounded by plant motifs or arabesques which contrast with the architectural purity of the triple nave and choir.

(Above)
The square, massive Romanesque tower of Saint Peter's built in the first quarter of the 12th century, is covered with an overhanging roof. Did this inspire the builders of the city fortifications in the 14th century when they built the Trier Gate *(foreground)*?

(Ci-contre)
Décorées de clefs sculptées, les voûtes de l'église Saint-Pierre de Bastogne sont, en outre, ornées d'une peinture à la détrempe datant d'environ 1535. Elle représente des scènes religieuses ou légendaires qui s'inscrivent dans un réseau de motifs végétaux ou d'arabesques. L'ensemble contraste avec l'austérité architecturale des trois nefs et du chœur.

(Ci-dessus)
La puissante tour carrée romane de l'église Saint-Pierre (premier quart du XIIᵉ siècle) est coiffée d'une charpente qui déborde en hourd. Les constructeurs des fortifications de la ville s'en sont-ils inspirés, au XIVᵉ siècle, en édifiant la Porte de Trèves *(à l'avant-plan)*?

(Links)
Am Deckengewölbe der St-Peterskirche in Bastogne breitet sich zwischen den mit Skulpturen geschmücken Schlußsteinen eine Temperabemalung von ungefähr 1535 aus. Biblische und legendarische Szenen werden darauf von vegetativer Ornamentik und Arabesken umrankt. So entsteht ein Kontrast zur strengen Architektur des dreischiffigen Langhauses und des Chors.

(Oben)
Den wuchtigen, viereckigen Turm der St.-Peterskirche (1100-1125) schließt oben eine vorspringende Hurde ab. Vermutlich diente er beim Bau des sog. Trierer Tors (14. Jh., *im Vordergrund*) als Vorbild.

Arlon

Durbuy

◁

Vóór de fusie van gemeenten in 1977 was Durbuy de kleinste stad van België. Ze ligt op de rechteroever van de Ourthe aan de voet van steile, al dan niet beboste hellingen. De vestingmuur is gesloopt, maar de straatjes in het centrum zijn nog even smal als in de Middeleeuwen.

Avant la fusion des communes en 1977, Durbuy était la plus petite ville de Belgique. Nichée sur la rive droite de l'Ourthe, au pied de versants abrupts ou boisés, elle a perdu les remparts qui l'entouraient au moyen âge, mais son centre a gardé son réseau de ruelles étroites.

Before the fusion of municipalities in 1977 Durbuy was the smallest city of Belgium. Nestled on the right bank of the Ourthe at the foot of slopes either steep or wooded, it has lost its mediaeval ramparts but has retained a web of narrow alleys in the town center.

Bis zur Kommunalreform von 1977 war Durbuy die kleinste Stadt Belgiens. Es liegt am rechten Ufer der Ourthe, am Fuß steiler, zum Teil bewaldeter Abhänge. Die mittelalterlichen Stadtmauern wurden geschleift, doch die Gäßchen in der Stadtmitte sind noch so schmal wie vor Jahrhunderten.

△

Kort na hun aankomst in de 17de eeuw bouwden de recollecten en recollectinnen hun kloosters met bijgebouwen. In 1795 maakten de Franse revolutionairen een einde aan het kloosterleven, maar lieten de gebouwen overeind staan. Dat van de recollectinnen, waarnaar de straat werd genoemd, dateert van 1663. De gekanthouwde, kalkhoudende breukstenen passen bij de sobere bouwstijl.

Arrivés à Durbuy au XVIᵉ siècle, moines récollets et sœurs récollectines s'empressèrent d'y construire leurs couvents. Lorsque les révolutionnaires français supprimèrent les communautés en 1795, ils ne détruisirent pas les bâtiments. Celui des récollectines, dans la rue qui porte leur nom, est daté 1663. Les moellons de calcaire équarris ajoutent une précieuse homogénéité à la modestie architecturale de la façade.

When the Recollects, an Observatine Franciscan order, arrived in Durbuy in the 17th century they immediately erected a monastery for the monks and a convent for the nuns. The community was dissolved by French revolutionaries in 1795 but the buildings were left intact. Even now a street bears the name of the nuns' convent (1663). Squared limestone blocks provide a pleasing homogenity to this modest edifice.

Die im 17. Jh. in Durbuy eingetroffenen Rekollekten und Rekollektinnen errichteten dort zwei Klöster mit Anbauten. Bei deren Aufhebung im Zuge der Französischen Revolution wurde kaum Schaden an den Gebäuden angerichtet. Noch heute erinnert eine Straße an das Kloster der Rekollektinnen, das 1663 gebaut wurde. Die behauenen Kalksteine passen ausgezeichnet zur Schlichtheit der Bauformen.

▽

Reeds in de 11de eeuw beheerste de burcht van de graven van Durbuy — een zijlinie van de graven van Namen — de Ourthevallei. Telkens als hun burcht door de prins-bisschop van Luik was belegerd en in brand gestoken (1151, 1236), werd ze heropgebouwd en zelfs vergroot.

De 2 m dikke muren van de donjon dateren uit de Middeleeuwen. In de 19de eeuw, toen de twee op een voorburcht lijkende torens werden gebouwd, kreeg het geheel de allure van een sprookjeskasteel.

The Counts of Durbuy came from the line of the Counts of Namur. In the 11th century they built their fortress on a promontory dominating the Ourthe. Besieged and burnt by the armies of the Prince-Bishop of Liège in 1151 and 1236, the castle was rebuilt each time and also enlarged over the centuries.

The mediaeval keep remains, thanks to its two meter thick walls. The 19th century gave a romantic silhouette to the building, adding two towers which resemble a fortified gatehouse.

Les comtes de Durbuy étaient issus de la maison comtale de Namur. Au XIᵉ siècle, ils plantèrent leur forteresse sur un promontoire qui domine l'Ourthe. Assiégé et incendié par les armées du prince-évêque de Liège en 1151 et 1236, le château fut chaque fois rétabli et il connut de nombreux agrandissements au cours des siècles.

Le donjon médiéval subsiste, grâce sans doute à ses murs épais de deux mètres. Mais le XIXᵉ siècle a donné à l'édifice une silhouette romantique, y compris l'adjonction de deux tours qui évoquent un châtelet d'entrée.

Die Grafen von Durbuy — eine Seitenlinie derer von Namur — errichteten ihre Burg im 11. Jh. auf einem felsigen Vorsprung über der Ourthe. Die wiederholt (1151, 1236) von den Fürstbischöfen von Lüttich belagerte und in Brand gesteckte Burg erstand immer wieder neu aus der Asche und wurde sogar vergrößert.

Der mittelalterliche Bergfried blieb wohl wegen seiner 2 m dicken Mauern erhalten. Durch den Bau der zwei in der Art eines Kastells vorgelagerten Türme erhielt die Burg im 19. Jh. romantische Züge.

▷

De naam van het plein herinnert nog aan de recollecten, die zich in Durbuy hadden gevestigd. Ook de stijl van de huizen is tradiegebonden: naast de huizen van kalk- en baksteen staat een vakwerkhuis en boven de zadeldaken rijst een 19de-eeuwse toren op.

The hotels and restaurants on the square bearing the name of the "Récollets" seem to invoke their patronage. The square is lined with pretty, traditional houses, some in limestone and others in brick and half-timbering. A 19th century tower seems to spring forth from the slate roofs.

Même les hôtels et restaurants invoquent le patronage des Récollets sur la place dédiée à leur souvenir. Celle-ci aligne de belles maisons traditionnelles, les unes en calcaire, les autres en colombage et brique. Une tour du XIXᵉ siècle semble surgir des bâtières d'ardoise.

Der Name «Place des Récollets» erinnert an die Rekollekten, die zwei Klöster in Durbuy gründeten. Um den Platz finden wir die in der Gegend üblichen Bauformen: ein schönes Fachwerkhaus, Häuser aus Kalk- oder Backstein. Zwischen den Satteldächern ragt ein Turm aus dem 19. Jh. empor.

Dinant

Dinant, eigenlijk een vier km lange straat langs de Maas, werd, afgezien van het vreselijke bloedbad in 1914, 200 keer bestormd en 17 keer belegerd.

Zuinigheidsoverwegingen weerhielden er de Dinantezen in de 16de eeuw van de twee torens van de gotische kerk als volgroeide tweelingen naast elkaar te laten oprijzen. Ze brachten tussen de torens een peervormige bekroning aan. Het was zuivere winst voor het stadsgezicht, dat door de twee tengere, door rotsen en de indrukwekkende citadel overheerste torens enigszins zou zijn bedorven.

Longue rue de quatre kilomètres, Dinant connut deux cents assauts et dix-sept sièges, auxquels il importe d'ajouter les horribles massacres de 1914.

Deux tronçons de tour flanquent la façade de l'église gothique, qu'ils ne dépassent guère. En toute logique, ils appellent la construction de tours jumelles. Mais le souci d'économie prédomina au XVIᵉ siècle et les Dinantais imaginèrent la fantaisie architecturale d'une flèche piriforme. Tant mieux pour le panorama de la ville qu'on imaginerait mal avec deux frêles flèches sous le rocher et la massive citadelle.

Dinant, with its four kilometer long street, has endured two hundred raids and 17 sieges, as well as the horrible massacre of 1914.

The Gothic church is flanked by two tower bases, hardly higher than the façade itself, which in all logic should have been twin towers. However, economic considerations prevailed in the 16th century and the people of Dinant decided against raising pyramidal spires. It is difficult to imagine the effect that two skinny spires, rising under the massive cliff face and citadel, would have had on the panorama.

Dinant gleicht einer 4 km langen Straße die Maas entlang. Das Blutbad von 1914 nicht mitgerechnet, wurde es zweihundertmal bestürmt und siebzehnmal belagert.

Die zwei stumpfen Turmschäfte ragen kaum über die gotische Kirche hinaus. Normalerweiser würde man Zwillingstürme erwarten, doch aus Sparsamkeit errichteten die Dinanter zwischen beiden eine birnenförmige Haube. Dem Stadtbild kommt das zugute, denn wie nähmen sich zwei schlanke Türme am Fuße des Felsens und der Zitadelle aus?

Huy

Het stadhuis van Hoei in Lodewijk-XV-stijl staat op de Grand-Place. Het heeft niets aanmatigends, integendeel, het getuigt van stijlvolle terughoudendheid. Onder de hoofdverdieping zijn nog vakkundig met elkaar verbonden en door pijlers geschraagde gewelven bewaard gebleven. Het zijn overblijfels van de voormalige graan- en ijzerhal.

Zodra het stadhuis voltooid was, werden de klokken van het belfort erin opgehangen (1767). De grootste van de nu zesendertig klokken, die elk uur slaat, luidde vroeger als de stadspoorten dichtgingen.

Rond het plein staan nog enkele huizen uit de 18de eeuw, o.a. „Le Littéraire", het in 1788 opgetrokken clublokaal van een litteraire sociëteit.

Op de achtergrond ziet men het minderbroedersklooster (1664), één van de eerste Belgische bouwwerken in Lodewijk-XIII-stijl, en de rijzige torenspits van de St-Mengoldkerk met haar kerkbeuken van ongelijke lengte.

Sur la grand-place de Huy, l'hôtel de ville Louis XV a peu d'ambition mais beaucoup de retenue et non moins de classe. Il est établi sur un ingénieux système de voûtes soutenues par des piliers. Ce sont les vestiges de l'ancienne halle au grain et au fer.

A peine l'hôtel de ville était-il construit qu'on y transféra, en 1767, les cloches du beffroi qui tombait en ruine. Elles sont maintenant trente-six. La plus grosse, celle qui sonne les heures, annonçait jadis aux habitants la fermeture des portes.

Quelques demeures datant également du XVIIIe siècle bordent la place, notamment le local de la «Société littéraire» construit en 1788.

A l'arrière-plan se profile le couvent des Frères Mineurs (1664), un des premiers monuments de style Louis XIII construits en Belgique, et se dresse la pointe élancée de la tour de l'église Saint-Mengold posée sur des nefs de dimensions inégales.

The Louis XV Town Hall on the main square of Huy is unpretentious but presents a certain sober elegance. It is built on an ingenious system of vaults supported by pillars, remains of the old grain and iron market.

The bells of the belfry, which was falling apart, were transferred to the Town Hall in 1767, shortly after it was built. There are now 36. The largest, which strikes the hour, used to warn citizens that the town gates were being closed.

Some elegant 18th century residences, such as the seat of the "Literary Society", built in 1788, line the square.

In the background rises the monastery of the Minor Friars (1664), one of the first Louis XIII style buildings in Belgium, preceded by the slender spire of the tower of Saint Mengold's church, poised on naves of different dimensions.

Das Rathaus im Louis XV-Stil auf dem großen Marktplatz von Huy zeugt nicht von Ehrgeiz; es imponiert desto mehr durch seine Zurückhaltung. Mittels Pfeilern erhebt es sich über kunstvoll angelegten Gewölben, den Überresten der ehemaligen Korn- und Eisenhallen.

Kurz nach der Fertigstellung des Rathauses hängte man in ihm die Glocken des zerfallenden Belfrieds auf. Die größte der 36 Glocken schlägt jetzt die Stunden; früher erklang sie, wenn die Tore geschlossen wurden.

Um den Platz herum stehen noch einige Gebäude aus dem 18. Jh., u.a. das 1788 gebaute Café «Le Littéraire».

Im Hintergrund gewahrt man das Kloster der Minderbrüder (1664), das älteste Gebäude im Louis-XIII-Stil in Belgien, sowie den spitzen Turm der St.-Mengoldkirche, der die drei ungleich langen Schiffe des Gotteshauses überragt.

Op de linkeroever van de Maas, vlak tegenover de „Tchestia" genaamde citadel van Hoei, had de abdij van Val-Saint-Lambert een refugiehuis dat ook voor de heffing van de korentiend diende. Het gebouwencomplex „Maison Batta" werd onder abt Renier de Razier in renaissancestijl herbouwd (1559-1577). De hoge, met siermotieven verfraaide schoorsteen evenals de indrukwekkende dakvensters in het leien zadeldak zijn opmerkelijk.

On the north bank of the Meuse, across from the „Tchestia" or citadel of Huy, the Abbey of Val-Saint-Lambert had an almshouse, controlling part of the quit-rents. The complex of buildings making up the *Maison Batta* were rebuilt in the Renaissance style under Abbot Renier de Razier (1559-1577). The decorated chimney and huge dormer windows of the slate saddle-backed roof are quite remarkable.

Sur la rive nord de la Meuse, face au «Tchestia» — *le château* — de Huy, l'abbaye du Val-Saint-Lambert avait un refuge où elle contrôlait une partie du cens foncier. L'ensemble des bâtiments qui forment la *Maison Batta* fut reconstruit, en style Renaissance, sous l'abbatiat de Renier de Razier (1559-1577). La bâtière d'ardoise est remarquable par la haute cheminée décorée et, surtout, ses lucarnes monumentales.

Auf dem nördlichen Ufer der Maas und der «Tchestia» genannten Zitadelle von Huy gegenüber besaß die Abtei des Val-St.-Lambert ein Refugium, das auch für die Einziehung des Grundzinses benutzt wurde. Unter Abt R. de Razier (1559-1577) wurde der Gebäudekomplex Maison Batta im Renaissancestil wieder aufgebaut. Im mit Schiefern bedeckten Satteldach fallen der hohe Schornstein mit seinen Verzierungen und die riesigen Dachfenster auf.

Voor de inrichting van hun luxueuze woonsteden deden de welgestelde burgers uit het Luikse meestal een beroep op befaamde interieurontwerpers uit de streek. Zo schilderde de Luikenaar Pierre-Michel de Lovinfosse de talrijke doeken die in het huis Bribosia prijken tussen lambrizeerwerk in Lodewijk-XVI-stijl.

The wealthy middle class of the principality of Liège commissioned well-known regional artists to decorate their opulent homes, such as Bribosia House on Saint-Denis square in Huy. Pierre-Michel de Lovinfosse, the Liège artist, covered the Louis XVI wainscotted walls with painted canvases.

Les grands bourgeois de la principauté de Liège qui se faisaient bâtir d'opulentes demeures confiaient leur décoration à des artistes réputés de la région. Il en fut ainsi en la maison Bribosia, place Saint-Denis à Huy, dont le peintre liégeois Pierre-Michel de Lovinfosse couvrit de toiles peintes les murs décorés de boiseries Louis XVI.

Wenn die wohlhabenden Bürger des Lütticher Raums ihre prächtigen Wohnsitze bauten, zogen sie meist Fachleute aus der Gegend heran, um sie dekorieren zu lassen. Dies geschah auch in Haus Bribosia an der Place St-Denis in Huy. Der Lütticher Maler P.-M. de Lovinfosse erhielt den Auftrag, eine Reihe Gemälde herzustellen für die bereits mit einer Holztäfelung im Louis-XVI-Stil verzierten Wände.

△

De twee L-vormige vleugels van het huis „Nokin" (Place Verte) gaan gedeeltelijk terug op een in de 13de eeuw opgetrokken gebouw. De oudste vleugel lijkt zo massaal omdat de hoge muuropeningen dichtgemetseld werden. In de vleugel uit de 16de eeuw is de door twee kariatiden geschraagde bovendorpel met accoladeboog van een venster op de eerste verdieping opmerkelijk. In Hoei werden in die tijd vaak gotische en renaissance stijlvormen met elkaar gecombineerd. De traptoren en de rechtervleugel werden terzelfder tijd gebouwd.

Nu huisvest het pand de Stichting Bolly-Charlier.

The Nokin house (Place Verte), which began as a mediaeval building in the 13th century, now has two L-shaped wings. The bays of the oldest wing have long been closed up, giving it a very massive appearance. The 16th century wing in the local Gothic-Renaissance mixture of styles has a lovely window on the first floor with a lintel arch supported by two human heads. The staircase turret was built at the same time as the right wing.

The Nokin house now houses the Bolly-Charlier Foundation.

Construit au départ d'un édifice médiéval du XIII siècle, la maison Nokin (Place Verte) dispose en L deux ailes. La plus ancienne a ses hautes baies depuis longtemps obturées, ce qui la rend singulièrement massive. Celle du XVI siècle, en style gothico-Renaissance hutois, comporte à l'étage une très belle fenêtre dont l'accolade du linteau est supporté par deux figures humaines. La tourelle d'escalier a été construite en même temps que l'aile droite.

La maison Nokin est aujourd'hui la Fondation Bolly-Charlier.

Von einem mittelalterlichen Bau ausgehend, wurden die beiden Flügel des Hauses Nokin (Place Verte) L-förmig gebaut. Die Maueröffnungen des ältesten wurden vor langer Zeit zugemauert, weshalb er wuchtiger ausschaut; der aus dem 16. Jh. ist im für Huy typischen Übergangsstil zwischen Gotik und Renaissance gebaut. Der Kragsturzbogen des sehr schönen Fensters im ersten Stock wird von karyatidenartigen Köpfen getragen. Treppenturm und rechter Flügel wurden gleichzeitig gebaut.

Heute gehört das Haus der Stiftung Bolly-Charlier.

△ Dit kasteeltje met boomgaard in de Poissonrue heeft de charme van de Maaslandse renaissancehuizen. De ronde toren (15de eeuw) wijst erop dat de bouwheer van adel was.

Donnant sur un jardin arboré, le manoir de la Poissonrue a tout le charme des gentilhommières de la Renaissance mosane. Sa noblesse d'origine est attestée par le maintien d'une tourelle ronde, vestige d'une construction du XVe siècle.

The manor house on the Poissonrue, looking into a garden, is a charming example of a Mosan Renaissance gentleman's seat. Its noble origins are confirmed by a round turret, vestige of a 15th century edifice.

Das Gutshaus in der Poissonrue mit seinem Garten und seinen Bäumen hat den Reiz der Herrenhäuser im maasländischen Renaissance-stil. Der ältere Rundturm (15. Jh.) weist darauf hin, daß der frühere Besitzer von Adel war.

▽ De nauwe Minderbroedersstraat ligt als het ware ingebed tussen de tuinmuur van het „Huis van de Gouverneur" en die van het minderbroedersklooster. Dankzij een tunnelachtige „arvô" boven de straat kon de gouverneur zich naar de kerk begeven zonder dat zijn elegant schoeisel vuil dreigde te worden. Ofschoon hij in 1650 bereid was een flink bedrag neer te tellen om een blijvend recht op doorgang te verkrijgen, weigerden de broeders hun klooster met zo'n servituut te belasten.

L'étroite ruelle des Frères Mineurs s'insinue entre le mur de clôture de la «Maison du Gouverneur» et celui du jardin du couvent des Frères mineurs. Pour assister aux offices religieux, le gouverneur empruntait un arvô qui enjambe la ruelle. Vers 1650, il offrit cinquante patacons pour obtenir un usage perpétuel de ce passage qui lui permettait de ne pas se salir les escarpins, mais les Frères refusèrent de charger leur couvent de pareille servitude.

The narrow alley of the Friars Minor lies between the walls of the "Governor's House" and the wall of the monastery garden. The Governor used an arvô over the alley in order to attend services. Around 1650 he offered 50 patacons in exchange for perpetual use of this passage which kept him from soiling his slippers, but the Friars Minor refused to burden their monastery with such servitude.

Die schmale Rue des Frères Mineurs schlängelt sich neben dem Kloster der Minderbrüder die Mauer entlang, die das «Haus des Gouverneurs» umgibt. Diesem stand eine überdachte Passage über der Gasse zur Verfügung, um in die Klosterkirche zu gelangen. Um 1650 herum war er sogar bereit, einen hohen Betrag zu zahlen, wenn ihm dieses Vorrecht für immer gewährt würde, doch die Fratres minores verweigerten die Zustimmung.

Andenne

▽

De geschiedenis van Andenne, gelegen in een prachtig landschap tussen de Maas en „Roche de Faulx", begint in de Karolingische tijd, toen de heilige Begga, de moeder van Pepijn van Herstal, er in de 7de eeuw een klooster stichtte. Even later, in 870, wordt Andenne vermeld in het verdrag van Meersen, dat de opdeling van Lotharingen tussen Lodewijk de Duitser en Karel de Kale regelt.

Van de Ottoonse collegiale kerk is alleen de crypte overgebleven. Ze werd in 1764 door een classicistische kerk vervangen, die L. Dewez had ontworpen.

Built on a fascinating site between the Meuse and the "Rock of Faulx", Andenne dates from the Carolingian era. In the seventh century Saint Begga, mother of Pepin of Heristal, founded a convent here. Andenne was of sufficient importance to be mentioned in the famous Treaty of Meersen (870), which divided Lotharingia between Louis the German and Charles the Bald.

The Ottonian collegiate church was replaced in 1764 by a building designed in the classical style by Laurent Dewez. Only the crypt remains of the original structure.

Plantée dans un site fascinant, entre la Meuse et la «Roche de Faulx», Andenne est d'origine carolingienne. Au VIIᵉ siècle, sainte Begge, mère de Pépin de Herstal, y fonda un monastère. Signe de son importance, Andenne figure dans le fameux traité de Meersen (870), qui partagea la Lotharingie entre Louis le Germanique et Charles le Chauve.

L'ancienne collégiale ottonienne, dont on a conservé la crypte, fut remplacée en 1764 par un édifice classique dû à l'architecte Laurent Dewez.

Das in einer großartigen Landschaft — zwischen der Maas und der «Roche de Faulx» — gelegene Andenne geht bis in die Zeit der Karolinger zurück. Im 7. Jh. gründete die hl. Begga, die Mutter Pippins von Herstal, hier ein Stift, und im Vertrag von Meersen (870), der die Teilung Lotharingens zwischen Ludwig dem Deutschen und Karl dem Kahlen regelte, wird Andenne erwähnt.

Von der ottonischen Stiftskirche ist nur noch die Krypta erhalten; 1764 entwarf L. Dewez die heutige Kirche im klassizistischen Stil.

▷

Op het Kapittelplein (Pl. du Chapitre) staan nog enkele huizen van kanunnikessen van de h. Begga — de grootmoeder van Karel Martel, de overwinnaar van de Arabieren bij Poitiers in 732 — die dit eeuwenlang invloedrijke klooster stichtte. Een van de huizen heeft een huisdeur in Lodewijk-XV-stijl.

Several houses belonging to the canonesses of Saint Begga still line the Place du Chapitre. The Louis XV door is testimony to the wealth and influence of the convent founded by the mother of Charles Martel, who defeated the Saracens at the Battle of Poitiers in 732.

Plusieurs maisons de chanoinesses de Sainte-Begge bordent encore la place du Chapitre. La porte de style Louis XV de l'une d'entre elles rappelle la richesse et le rayonnement du monastère fondé par la grand-mère de Charles Martel, le vainqueur de la bataille de Poitiers contre les Sarrasins en 732.

Die hl. Begga, die Mutter Karl Martels, der die Araber 732 bei Poitiers besiegte, gründete ein Stift für Kanonissen in Andenne, Place du Chapitre. Vom Reichtum und Einfluß dieses Stifts zeugt eine der Pforten im Stil Louis XV.

Namur

Namen, de hoofdstad van het Waalse Gewest ligt aan de samenloop van Maas en Samber. Het is de Belgische stad die het vaakst belegerd werd, namelijk vijftien keer, o.a. door Lodewijk XIV.

De aan de voet van de citadel gelegen stad had zelf eeuwenlang het voorkomen van een vesting. Terwijl het wegennet (o.a. de straten de l'Ange, des Brasseurs, de la Croix) nog ten dele overeenstemmen met die van het Romeinse oppidum, dateren de meeste burgerlijke gebouwen pas uit de 18de en 19de eeuw.

Vanuit de citadel gezien lijken de huizen met hun leien daken zich rond de koepel van Saint-Aubain en de toren van de vroegere kathedraal te scharen.

A la convergence des vallées de la Meuse et de la Sambre, Namur, capitale de la Région wallonne, fut la ville la plus assiégée de Belgique: une quinzaine de sièges au moins, y compris celui par Louis XIV.

Au pied de la citadelle, elle se présenta longtemps comme une forteresse. Ses monuments civils datent, pour la plupart, des XVIIIᵉ et XIXᵉ siècles mais le tracé de beaucoup de ses rues — les rues de l'Ange, des Brasseurs, de la Croix, etc. — remonte à l'époque romaine.

Vue d'en haut, la ville assise au bord de l'eau étale ses toits d'ardoise autour du dôme de Saint-Aubain et de la tour de l'ancienne cathédrale.

Namur, the capital of the Walloon region, lies at the confluence of the Meuse and Sambre valleys and has been besieged more often than any other city in Belgium — at least fifteen times, including the siege by Louis XIV.

It lies at the foot of the citadel and was itself a fortress for a long time. Most of its civic monuments date from the 18th and 19th centuries but many of its streets — the Angel, Brewers', the Cross, etc. — date back to the Roman period.

Seen from above, the riverside city spreads its slate roofs around the dome of the church of Saint Aubain and the tower of the former cathedral.

Am Zusammenfluß von Maas und Sambre liegt Namur, die Hauptstadt von Wallonien, die am häufigsten (mindestens fünfzehnmal) belagerte Stadt Belgiens, vor deren Mauern u.a. Ludwig XIV. stand.

Die Stadt am Fuße der Zitadelle glich lange einer Festung. Viele Bürgerbauten stammen aus dem 17. und 18. Jh., doch manche Straßenabschnitte von heute — rue de l'Ange, des Brasseurs, de la Croix — haben die Trassenführung römischer Chausseen beibehalten.

Von oben gesehen scheinen die Schieferdächer der die Ufer entlang gebauten Stadt sich um die Kuppel von St.-Aubain und die Türme der alten Kathedrale zu scharen.

Dankzij de hoge, op hoek-zwikken rustende koepel van de St-Albanuskathedraal, die tussen 1750 en 1772 naar plannen van de Milanese bouwmeester Gaetano Pisoni te Namen werd gebouwd, wordt de lichtsterkte in het kerkinterieur des te groter, hoe dichter men het hoofdaltaar nadert. Door de raampjes van de daklantaarn straalt het licht ook op de witte duif, het zinnebeeld van de Heilige Geest.

Achter een plaat van zwart marmer rust in een nis van het hoofdaltaar het hart van Don Juan van Oostenrijk, de overwinnaar van Lepante, die op 1 oktober 1578 in Bouge overleed.

La haute coupole sur pendentifs de la cathédrale Saint-Aubain, construite de 1750 à l772 sur les plans de l'architecte milanais Gaetano Pisoni, dispense une lumière qui augmente en intensité à mesure que l'on s'avance vers le maître-autel. Les petites fenêtres du lanternon éclairent la blanche colombe du Saint-Esprit.

Une niche devant le maître-autel contient, derrière une plaque de marbre noir, le cœur de don Juan d'Autriche, le vainqueur de la bataille de Lépante, qui mourut à Bouge le 1er octobre 1578.

The lofty cupola on pendentives of the Cathedral of Saint Aubain, built to plans by the Milanese architect Gaetano Pisoni between 1750 and 1772, diffuses a light which increases in intensity as one approaches the high altar. The tiny windows of the lantern illuminate the white dove of the Holy Ghost.

Behind the plaque of black marble in a niche before the high altar lies the heart of Don John of Austria, victor of the Battle of Lepanto, who died at Bouge on October 1, 1578.

Zwischen 1750 und 1772 baute der Mailänder Baumeister Gaetano Pisoni die St.-Albanskirche, deren hohe Pendentivkuppel eine Lichtmenge in das Innere strömen läßt, die zuzunehmen scheint, je mehr man sich dem Hauptaltar nähert. Durch die Fensterchen des Dachreiters fällt das Licht auf die weiße Taube, das Symbol des Heiligen Geistes.

In einer Nische vor dem Hauptaltar ruht hinter einer Platte aus schwarzem Marmor das Herz Don Juans von Österreich, der bei Lepanto über die Türken gesiegt hatte und am 1.10.1578 in Bouge bei Namur starb.

Door Namen flaneren is een unieke ervaring. In haast iedere Belgische stad vallen er aan weerskanten van de straten oude huizen te bewonderen, maar in Namen is het levensritme minder gehaast, het straattoneel vreedzamer. De Namenaren zijn het spreekwoord indachtig dat men zich langzaam dient te haasten. Hoe kun je anders van de bloemenpracht van de Rue des Fossés Fleuris — de bloemenrijke — genieten?

On ne se promène pas à Namur comme dans une autre ville belge. Essentiellement parce que, dans les rues bordées de maisons anciennes, on ne risque pas de se faire bousculer par des gens pressés par le temps. L'art de vivre namurois s'oppose au stress; il invite à marcher sans inutile précipitation. Eventuellement avec des fleurs comme il convient dans la rue des Fossés Fleuris.

Walking in Namur is quite different than in other Belgian towns for here, in the streets lined with old houses, one is unlikely to be harried by hurried people. The Namur lifestyle tries to avoid stress and one strolls without unseemly haste, sometimes carrying flowers which is most appropriate in the Rue des Fossés Fleuris (street of Flowery Ditches).

In Namur lohnt es sich mehr als anderswo, etwas umherzubummeln, und dies nicht nur der alten Häuser wegen. Dabei braucht man keine Hektik zu befürchten, denn man sagt den Einwohnern Namurs nach, daß sie mit behäbigem Schritt durchs Leben gehen. Dabei gerät man z.B. in Straßen wie diese, die ihrem Namen Rue des Fossés Fleuris Ehre macht, indem sie sich mit Blumen schmückt.

Het voormalige bisschoppelijk paleis, waarvan de bouw in 1728 ten tijde van bisschop Thomas de Strickland een aanvang nam, werd na de Franse Revolutie een administratief gebouw.

In de grote zalen in Lodewijk-XVI-stijl, waarin de bisschop vroeger de dekens en de notabelen ontving, houdt nu de gouverneur van de provincie receptie (links).

De voormalige kapel (hierboven) doet nu dienst als vergaderzaal van de provinciale raad. Het stucwerk in Lodewijk-XVI-stijl is van de hand van de gebroeders Moretti uit de streek van Como, die jarenlang erg bedrijvig waren in de stad en omstreken van Namen. Marinus schilderde in de 19de eeuw de stadsgezichten. De holronde vlakken van de ingangspartij in het midden van het hoofdgebouw vormen samen met de Ionische pilasters een erg fraaie bogengaanderij.

L'ancien palais épiscopal de Namur, dont la construction a commencé en 1728 sous l'évêque Thomas de Strickland, est devenu bâtiment administratif après la Révolution française.

Le décor Louis XVI domine dans les grandes salles où l'évêque accueillait les doyens et les notables de son diocèse. Elles sont aujourd'hui destinées aux réceptions données par le gouverneur de la province (à gauche).

La chapelle (ci-dessus) a été transformée en salle du Conseil provincial. Les stucs Louis XVI sont l'œuvre des frères Moretti, stucateurs originaires de la région du lac de Côme et qui furent particulièrement actifs dans le Namurois. Les paysages de la ville ont été peints par Marinus au XIXe siècle.

Au centre de l'aile principale, le porche à pans concaves présente trois élégantes arcades entre pilastres ioniques.

The former Bishop's palace of Namur, built from 1728 under Bishop Thomas of Strickland, became an administrative building after the French Revolution.

The Louis XVIth style dominates the large rooms where the Bishop received the deans and notables of his diocese. Today they are used for receptions given by the Governor of the province (left).

The chapel (above) is now the meeting place of the Provincial Council. The Louis XVI stuccoes are the work of the Moretti brothers, stucco workers from the region of Lake Como, who did much work in the Namur region. Scenes of the city were painted by Marinus in the 19th century.

The concave porch in the middle of the principal wing has three elegant arcades between Ionic pilasters.

Der ehemalige, ab 1728 von Bischof Th. de Strickland erbaute Bischofspalast ist seit der Französischen Revolution ein Verwaltungsgebäude.

Die großen, vorwiegend im Stil Louis XVI ausgestatteten Säle, in denen der Bischof Dechanten und Honoratioren empfing, geben jetzt den Rahmen für Empfänge des Provinzgouverneurs ab (links).

Die frühere Kapelle (oben) dient jetzt als Ratssaal der Provinzregierung. Die Stuckarbeiten im Stil Louis XVI wurden von den Gebrüdern Moretti verfertigt, die am Comer See geboren, doch vor allem in Namur und Umgebung tätig waren. Die Stadtansichten wurden im 19. Jh. von Marinus gemalt.

Das Portal in der Mitte des größten Flügels ist zum Teil konkav und durch eine dreibögige Arkade mit ionischen Pilastern hervorgehoben.

Het hotel de Groesbeeck-de Croix (Rue Saintraint 3) werd tussen 1750 en 1760 in opdracht van Alexandre-Louis-François de Croix gebouwd ter vervanging van een nogal ongeriefelijk pand dat aan de abdij van Villers had toebehoord. Bouwmeester J.-B. Chermane slaagde erin aan de tuinkant de oude gevel van 1605 in de nieuwe vleugels in te bouwen, nadat hij het hoofdgebouw lichtjes had verbreed. Sinds 1937 omsluiten in het midden van de tuin vier op z'n Frans met palmboompjes afgezette perken de aan Le Nôtre herinnerende waterpartij.

L'hôtel de Groesbeeck-de Croix (Rue Saintraint 3) a été reconstruit, de 1750 à 1760, par Alexandre-Louis-François de Croix, à partir d'une incommode habitation qui avait appartenu jadis aux moines de l'abbaye de Villers. Côté jardin, l'architecte Chermane intégra habilement la vieille façade de 1605 aux deux nouvelles ailes en élargissant de plusieurs mètres le corps de logis. Au centre du jardin, une pièce d'eau aux contours Louis XIV est, depuis 1937, entourée de quatre parterres de buis disposés à la française.

△

In Frankrijk was de Lodewijk-XVI-stijl een veel langer leven beschoren dan de koning naar wie deze stijl is genoemd. De meubilering van deze ontvangkamer toont dat dit ook in België het geval was.

Contrairement au roi qui lui a donné son nom, le style Louis XVI a eu la vie très longue en France aussi en Belgique. Une illustration namuroise en est opportunément réunie dans un salon de l'hôtel.

The Louis XVI style was long-lived in Belgium, as in France, contrary to the fate of the unlucky monarch. An example of the Namur interpretation of this style is found in one of the mansion's rooms.

Dem Stil Louis XVI war in Frankreich ein längeres Leben beschieden als dem König, der ihm seinen Namen gab. Daß dem auch in Belgien, insbesondere in Namur so war, zeigt das hier zusammengetragene Mobilar.

The de Groesbeeck-de Croix mansion (Rue Saintraint 3) was rebuilt (1750-60) by Alexandre-Louis-François de Croix starting from an inconvenient dwelling which had belonged formerly to the monks of the Abbey of Villers. Chermane, the architect, skilfully inserted the old façade of 1605 on the garden side into the two new wings by widening the main building a few meters.

The ornamental pond with its Louis XIV contours in the center of the garden was bordered by four beds of box, in the French fashion, in 1937.

Ein recht unwöhnliches Haus der Mönche der Abtei von Villers baute A.-L.-F. de Croix zwischen 1750 und 1760 zum Hotel de Groesbeeck-de Croix (Rue Saintraint 3) um, wobei der Baumeister Chermane jedoch die bereits 1605 erbaute Fassade zum Garten hin in die neuen Flügel integrierte und das Hauptgebäude um einige Meter verlängerte. Das dem Stil Louis XIV nachempfundene Wasserbecken in der Mitte des Gartens ist nach französischem Vorbild von vier Buchsbaumbosketts umgeben.

(Hiertegenover, boven)
In het interieur van het museum de Groesbeeck-de Croix domineert weliswaar de Lodewijk-XV-stijl, maar niet zonder aan de lokale traditie te worden aangepast. Het lijstwerk van de lambrizering is erg sober; schilderijen en beeldhouwwerk zorgen voor een vertrouwelijke sfeer.

(Hiertegenover, beneden)
Aangezien de lage plafonds was er slechts ruimte voor betrekkelijk kleine wandtapijten. Die in dit voorvertrek dateren uit de 17de eeuw. Ze doen het in de 18de eeuw aangebrachte marmer mooi uitkomen.

(Hierboven)
De muren van één der mooiste salons boven zijn met verguld en gepolychromeerd Liers leder bespannen. Het klavecimbel, een Ruckers van 1640, is één van de beste klavecimbels ooit gebouwd.

(Ci-contre en haut)
L'aménagement intérieur de l'hôtel de Groesbeeck-de Croix s'inspire du style français Louis XV, mais avec un fréquent rappel de formes régionales. Les lambris sobrement moulurés, les tableaux et sculptures assurent un caractère d'intimité aux salons.

(Ci-contre en bas)
Les plafonds bas ne permettent pas l'accrochage de tapisseries de grande dimension. Celles qui tendent une antichambre sont du XVIIᵉ siècle et mettent en valeur des marbres du XVIIIᵉ.

(Ci-dessus)
L'un des plus remarquables salons, à l'étage, a ses murs décorés de cuirs de Lierre rehaussés d'or et de polychromie. Il recèle un chef-d'œuvre de l'art instrumental, un clavecin signé A. Ruckers et daté de 1640.

(Opposite, above)
The interior decoration of the de Groesbeeck-de Croix mansion was inspired by the Louis XV style with heavy regional influences. The sober, moulded wainscotting, the pictures and sculpture give a feeling of intimacy to the rooms.

(Opposite, below)
Large tapestries cannot be hung in low-ceilinged rooms. Those hanging in an anteroom are 17th century, complementing the 18th century marbles.

(Above)
The walls of a remarkable upstairs room are decorated with gilded and polychromed leather from Lier. The room also contains a true masterpiece in the field of musical instruments: a harpsichord, signed by A. Ruckers and dated 1640.

(Links oben)
Das frühere Hotel de Groesbeeck-de Croix ist in einem Louis-XV-Stil mit örtlicher Färbung eingerichtet. Die Zierleisten der Holztäfelung sind schlicht gehalten; Bilder und Statuen lassen eine vertrauliche Stimmung entstehen.

(Links unten)
Wegen der beschränkten Zimmerhöhe konnten hier keine großen Wandteppiche aufgehängt werden. Man wählte kleinere aus dem 17. Jh., die zum Marmor (18. Jh.) passen.

(Oben)
Eines der schönsten Empfangszimmer im ersten Stock ist mit vergoldetem und bunt bemaltem Leder aus Lier (Flandern) bespannt. Das Klavezimbel, ein Ruckers von 1640, ist eines der besten Instrumente dieser Art.

Charleroi

Ten tijde van Karel II van Spanje, aan wie het zijn naam te danken heeft, was Charleroi een van versterkingen voorziene stad. Onder Lodewijk XIV werden die versterkingen door Vauban uitgebouwd. Na lange tijd het centrum van het steenkolenbekken en de staalindustrie te zijn geweest, is de stad nu multifunctioneler en aantrekkelijker aan het worden.

Op het Karel II-plein in de bovenstad staat naast het stadhuis met belfort (1935) de St-Christoffelkerk, die in 1956-57 op erg geslaagde wijze vergroot werd.

The city, fortified at the time of King Charles II of Spain, whence its name, and then again by Vauban under Louis XIV, was long a coal mining and steel producing centre. Lately its industry has become more diversified and its appearance improved.

In the upper town on Charles II square, facing the City Hall and belfry built in 1935, stands Saint Christopher's church (1664), splendidly enlarged in 1956.

Ville fortifiée au temps du roi Charles II d'Espagne, qui lui donna son appellation, et sous Louis XIV qui chargea Vauban d'assurer sa défense, Charleroi fut longtemps le centre d'un bassin houiller et sidérurgique. Depuis lors, sa vocation s'est diversifiée et son visage embelli.

Dans la ville haute, sur la place Charles II, face à l'hôtel de ville et son beffroi édifiés en 1935, l'église Saint-Christophe (1664) a été splendidement agrandie en 1956.

Zur Zeit des spanischen Königs Karl II., nach dem es benannt wurde, war Charleroi eine befestigte Stadt. Als unter Ludwig XIV. Vauban dort das Sagen hatte, traf dies in verstärktem Maße zu. Über ein Jahrhundert lang war Charleroi das Zentrum des Steinkohlbergbaus und der Stahlindustrie. Jetzt erholt sich die auch abwechslungsreicher gebaute Stadt von dieser industriellen Vergangenheit.

Neben dem Rathaus mit Belfried (1935) steht die St.-Christophoruskirche (1664), die 1956-1957 auf sehr gelungene Weise vergrößert wurde.

Mons

Niettegenstaande de alomtegenwoordige industriële omgeving van de Borinage is Bergen steeds een stad geweest met mooie woonwijken voor de gegoede burgerij. Het stadhuis op de Grote Markt werd in 1458 door Matthijs de Layens in de laat-gotische stijl ontworpen. De klokketoren (1718) ziet er nogal bescheiden uit in vergelijking met die van het nabije belfort. Langs de andere kanten van het plein staan patriciërshuizen uit de 17de eeuw en een schouwburg van 1841 *(op de voorgrond)*.

En dépit de l'environnement industriel du Borinage, Mons n'a jamais perdu son visage de ville bourgeoise de résidence. Sur sa grand-place, l'hôtel de ville (1458) conçu en gothique flamboyant par Mathieu de Layens se trouve, depuis 1718, surmonté d'un clocheton que la tour du proche beffroi contraint à la modestie. Des demeures patriciennes du XVIIᵉ siècle et le théâtre (1841, *à l'avant-plan*) complètent le décor.

Despite its location in the industrial region of the Borinage, Mons has always remained a middle-class, residential city. The city hall, built on the main square in 1458 by Mathieu de Layens in flamboyant Gothic, was crowned with a small bell tower in 1718, overshadowed by the nearby belfry. Patrican houses of the 17th century and the 1841 theatre *(foreground)* complete the scene.

Trotz seines industriellen Umfelds ist Mons seit eh und je eine Stadt mit bürgerlichen Wohnvierteln. Das Rathaus am Marktplatz ist spätgotisch und wurde 1458 von M. de Layens gebaut. Seit 1718 überragt es ein Glockenturm, der jedoch viel bescheidener wirkt als der nahe Belfried. Patrizierhäuser aus dem 17. Jh. und ein Schauspielhaus (1841, *im Vordergrund*) umgeben die anderen Seiten des Platzes.

(Hier tegenover)
Het folkloremuseum, ook Huis Jean Lescarts genoemd, is in de voormalige infirmerie van de zusters van O.-L.-Vrouw gehuisvest. Het in 1636, d.w.z. in een tijd van grote armoede, opgetrokken gebouw is dan ook bescheiden, maar vertoont toch de typische kenmerken van de Bergense bouwwerken uit de 16de eeuw: warmrode baksteen uit de streek en stenen vensterkruisen.

In het museum (rue Neuve) worden door middel van kunstwerken, meubels en documentatiemateriaal de verschillende aspecten van de Bergense geschiedenis geïllustreerd. Uiteraard wordt er veel aandacht besteed aan het befaamde, tot de plaatselijke folklore behorende gevecht tussen sint Joris en de draak Lumeçon evenals aan de processie waarbij de Gouden Wagen door Begen wordt rondgereden.

(Ci-contre)
La Maison Jean Lescarts, musée du folklore, occupe les locaux de l'ancienne infirmerie du couvent des Filles de Notre-Dame. Bâti à l'économie — les temps étaient difficiles — ce petit édifice date de 1636 mais présente encore les caractères de l'architecture montoise du XVIe siècle: brique locale de teinte orangée, meneaux de pierre aux fenêtres.

Les œuvres d'art, meubles et documents de la Maison Jean Lescarts (rue Neuve) sont présentés en fonction des divers thèmes de l'histoire montoise. L'accent y est mis sur le célèbre jeu folklorique du combat de saint Georges contre le Lumeçon et sur la procession du Car d'Or.

(Rechter bladzijde)
In 1905 gaf advocaat L. Losseau aan P. Saintenoy opdracht zijn huis in de Nimystraat — nu een cultureel centrum — in te richten naar de nieuwe smaak, d.w.z. in de art-nouveaustijl, die dankzij Victor Horta en Henry van de Velde in zwang was gekomen. De interieurversiering werd aan architect Sauvage toevertrouwd. Terwijl elders in Bergen gas-, carbid- en kerosinelampen nog schering en inslag waren, deed de elektriciteit al in 1905 haar intree in dit huis, dat van een eigen generator was voorzien.

(Page de droite)
En 1905, l'avocat Léon Losseau chargea Paul Saintenoy de moderniser sa maison de la rue de Nimy, aujourd'hui un centre culturel dans le style Art Nouveau lancé par Victor Horta et Henry Van de Velde. L'aménagement intérieur fut réalisé par l'architecte parisien Sauvage.

Alors que Mons ne connaissait encore que l'éclairage au gaz à l'acétylène ou au pétrole, dès 1905 la maison Losseau était éclairée à l'électricité grâce à un générateur privé.

(Above)
A folklore museum is installed in the Jean Lescarts House, formerly the infirmary of the convent of the Daughters of Our Lady. Built on the cheap in 1636 during a difficult economic period, it is typical of 16th century Mons architecture: local orangish brick and stone mullioned windows.

In the Jean Lescarts House on Rue Neuve, documents, furniture and works of art present thematically various aspects of the history of Mons. Great importance is given to the famous folk pageants such as the battle between Saint George and the Lumeçon (dragon) and to the procession of the Golden Car.

(Right)
In 1905 the lawyer Léon Losseau hired Paul Saintenoy to modernize his house on rue de Nimy in the Art Nouveau style launched by Victor Horta and Henry Van de Velde. The interior is the work of the Parisian architect Sauvage. The house is now a cultural center.

As early as 1905 the Losseau house was lit by electricity, run off a private generator, whereas the rest of Mons had only gas, acetylene or oil lighting.

(Oben)
Das Folkloremuseum Maison Jean Lescarts in der Rue Neuve ist in den ehemaligen Krankensälen des Klosters der Töchter Unserer Lieben Frau untergebracht. Das kleine, 1636, d.h. in einer Zeit der Not, errichtete Gebäude zeigt, was die Architektur in Mons im 16. Jh. auszeichnete: warmer, roter Backstein und Fensterkreuze aus Stein.

Kunstwerke, Möbel und ausgestellte Dokumentation wechseln je nach dem Aspekt der Geschichte von Mons, dem die Ausstellung gewidmet ist. Der tief in der Folklore verwurzelte Kampf Sankt Georgs mit dem Drachen Lumeçon und die Prozession des Goldenen Prunkwagens wurden immer besonders hervorgehoben.

(Rechts)
1905 modernisierte P. Saintenoy das Haus des Rechtsanwalts L. Losseau in der Rue de Nimy im Geiste des von Victor Horta und Henry van de Velde propagierten Jugendstils. Der Pariser Architekt Sauvage übernahm die Innenausstattung.

1905, als man in Mons noch überall Gas-, Karbid- bzw. Petroleumlampen benutzte, hatte das Haus schon elektrische Beleuchtung, die durch einen eigenen Generator erzeugt wurde.

In 1562 verwierf Louiza de Bouzanton het hotel van de heren van Beaumont en opende er een weeshuis. Zelfs na de verbouwing van het pand in de 17de eeuw bleef het de naam van Bergense weldoenster dragen.

De „Bonne Maison de Bouzanton" (Rue Legrand) is bijna even oud als het belfort. Het binnenplein van dit barokgebouw lijkt nogal erg op dat van het Plantin-Moretus museum in Antwerpen.

In 1562 Louise de Bouzanton bought the former mansion of the lords of Beaumont to use as an orphanage. In the 17th century the house was replaced by the buildings we see today in the Rue Legrand, which keep the name of the benevolent lady of Mons.

Of roughly the same period as the belfry, the "Good Home of Bouzanton" is a fine example of private baroque architecture. The inner courtyard has been compared with that of the Plantin-Moretus Museum in Antwerp.

En 1562, Louise de Bouzanton acheta l'ancien hôtel des seigneurs de Beaumont pour y installer un hospice pour orphelins. Au XVIIᵉ siècle, ce bâtiment fut remplacé par l'actuel ensemble (rue Legrand) qui a gardé le nom de la bienfaitrice montoise.

Quasi contemporaine du beffroi, la «Bonne Maison de Bouzanton», est un bel exemple de style baroque privé. On a parfois comparé sa cour intérieure à celle de la maison Plantin-Moretus à Anvers.

1562 verwandelte Louise de Bouzanton einen alten Herrensitz in ein Waisenhaus. Die heutigen Gebäude entstanden erst im 17. Jh., doch sie tragen noch immer den Namen der Wohltäterin.

Die «Bonne Maison de Bouzanton» (Rue Legrand) ist ein barocker Privatbau, der fast zur gleichen Zeit wie das Rathaus entstand. Man hat den Innenhof mit dem des Hauses Plantin-Moretus in Antwerpen verglichen.

De kapel Ste-Marguerite ligt op het voormalige kerkhof van de Ste-Waudrukerk, dat binnen de stad lag en derhalve door keizer Jozef II werd gesloten. Kanunnik Puissant restaureerde deze romaanse, eenbeukige kapel uit de eerste helft van de 13de eeuw. Hij werd er in 1934 begraven en ook een deel van zijn collecties vond er een onderdak, zodat de kerk nu een museum is.

The chapel of Saint Margaret stands in the former cemetery surrounding the church of Saint Waudru. The cemetry was closed by Emperor Joseph II because it was within the city. This Romanesque building, dating from the first half of the 13th century, has a single nave. It was restored by Canon Puissant, who was buried there in 1934. The chapel is now a museum which displays parts of the collections patiently amassed by Canon Puissant.

Dans l'ancien cimetière de Sainte-Waudru, que l'empereur Joseph II fit désaffecter parce qu'il était situé dans la ville, la chapelle Sainte-Marguerite date de la première moitié du XIIIe siècle. Edifice roman à nef unique, elle a été restaurée par le chanoine Puissant qui y fut inhumé en 1934.

L'intérieur de la chapelle est désormais un musée constitué d'une partie des collections patiemment réunies par le chanoine Puissant.

Auf dem alten Friedhof der Ste-Waudrukirche, den Kaiser Joseph II. außer Betrieb setzen ließ, weil er mitten in der Stadt lag, steht die zwischen 1200 und 1250 gebaute Kapelle Ste-Marguerite. Der 1934 dort begrabene Kanonikus Puissant hatte das einschiffige, romanische Gotteshaus restauriert. Heute ist es ein Museum, in dem Puissants Sammlungen zu sehen sind.

Ath

Nadat Charles de Grave, gouverneur van de stad en de kastelenij Ath, weer eens had vastgesteld dat het oude stadhuis op instorten stond, vroeg hij aan de raadsleden de plannen van Wenzel Cobergher voor een nieuwbouw (1614) goed te keuren.

De grote pui met dubbele trap wordt door de bewoners van Ath „bretèche" (= erker, uitbouw) genoemd.

On April 7, 1614, Master Charles de Grave, Governor of the town and the castellany of Ath, brought to the attention of his councillors something quite obvious to all: the "House of Peace" was in a disgraceful state. He proposed that it be rebuilt, following the plans of Wenceslas Cobergher.

The large double-ramped perron is called *"eul bertèque"* — the embattlements — by the people of Ath who remember its original function.

Le 7 avril 1614, messire Charles de Grave, gouverneur de la ville et de la châtellenie d'Ath, rappela aux conseillers ce que chacun d'eux pouvait constater: la «maison de paix» menaçait ruine. Et il proposa une reconstruction selon les plans de Wenceslas Cobergher.

Le grand perron auquel on accède par une double rampe, est appelé «*eul bertèque*» — la bretèche — par les Athois, ce qui rappelle clairement sa destination primitive.

Am 7. April 1614 wiederholte Ch. de Grave, adliger Stadtkommandant und Burgvogt von Ath, vor dem Stadtrat, was alle wußten: Das baufällige Rathaus mußte neu gebaut werden. Diesen Neubau entwarf Wenzel Cobergher.

Die von zwei Seiten zugängliche Freitreppe wird von den Einwohnern Aths «bretèche» genannt, aber sie erinnert kaum an die Erker mittelalterlicher Burgen.

Tournai

De torens van de „Gatenbrug", pont des Trous, zijn overblijfsels van de stadsmuur van Doornik en werden in 1281 (toren op de linkeroever) en in 1304 (toren op de rechteroever) opgericht. De brug zelf met haar drie bogen en haar weergang dateert van 1329, maar na het bombardement van 1940 werden de pijlers verhoogd om de brug aan de eisen van de moderne scheepvaart aan te passen.

Vooral 's avonds, als het tegen de prachtig verlichte vijf torens van de kathedraal op de achtergrond afsteekt, lijkt dit middeleeuwse verdedigingswerk bijzonder indrukwekkend.

The towers of the "Pont des Trous" are remnants of the fortifications of Tournai. The tower on the left bank dates from 1281 and that on the right bank from 1304. The two were linked in 1329 by three arches bearing a curtain wall. In order to facilitate traffic on the Scheldt, the towers and piers were made higher following the destruction of 1940.

In the evening, when the five bell towers of the cathedral in the background are illuminated, this example of mediaeval military architecture is still an imposing sight.

Les tours du Pont des Trous sont un vestige de l'enceinte fortifiée de Tournai. Celle de la rive gauche fut érigée en 1281, celle de la rive droite en 1304. Les deux furent réunies en 1329 par trois arches surmontées d'une courtine. Après la destruction en 1940, soucieux de faciliter la circulation fluviale sur l'Escaut, on suréleva les tours et les piles.

La nuit, lorsque se profilent à l'arrière-plan les cinq clochers de la cathédrale illuminée, ce témoignage de l'architecture militaire du moyen âge apparaît encore imposant.

Die Türme des Pont des Trous — der auf dem linken Ufer ist von 1281, der auf dem rechten von 1304 — waren Teile der Stadtmauern Tournais. Die dreibogige Brücke mit Wehrgang entstand 1329, wurde jedoch 1940 zerstört, dann mit höheren Pfeilern wieder aufgebaut, um größeren Schiffen die Durchfahrt zu ermöglichen .

Nachts mit den fünf beleuchteten Türmen der Kathedrale im Hintergrund ist die mittelalterliche Verteidigungsanlage am eindrucksvollsten.

▽

De achterkant van het stadhuis van Doornik ziet uit op een park met een 19de-eeuws prieeltje waar het prettig moet zijn om op zomerse avonden in de open lucht naar romantische muziek te luisteren.

L'arrière des bâtiments de l'hôtel de ville de Tournai donne sur le parc et la charmante gloriette du XIXᵉ siècle. Les jours d'été, on aimerait écouter de la musique romantique dans ce cadre de verdure.

The rear of the City Hall buildings in Tournai overlook a park with a charming 19th century bandstand, making one long to listen to romantic music on a fine summer's day in this leafy setting.

Hinter dem Rathaus von Tournai liegt ein Pavillon aus dem 19. Jh., der zauberhaft schön ist, wenn an Sommerabenden romantische Musik in ihm erklingt.

Het abtskwartier van de benedictijnenabdij van Doornik werd in 1763 naar ontwerp van L.-B. Dewez, hofarchitect van Karel van Lorreinen, gebouwd. Het bijzonder gave lijnenspel op de gevel wordt als het ware onderstreept door de majestueuze pilasters en de met bloemfestoenen bekroonde vazen. Tijdens de Franse Revolutie werden de monniken verdreven. In 1809 betrokken de burgemeester en de stadsraad de ondertussen leeggeplunderde abdij. Ook nu nog doen de uitstekend gerestaureerde, door koning Boudewijn en koningin Fabiola plechtig geopende gebouwen dienst als stadhuis.

The Abbot's Palace of Tournai was built in 1763 following plans designed by the court architect of Charles of Lorraine, Laurent-Benoît Dewez. The strikingly pure lines of the façade are adorned with handsome details such as the grand pilasters and the richly garlanded vases. In 1809 the mayor and councillors of the city took over the Benedictine abbey, emptied of its goods and its monks by the French Revolution. Their successors are still there but now occupy well-appointed offices inaugurated by King Baudouin and Queen Fabiola.

Le palais abbatial de Tournai fut érigé en 1763 d'après les plans de Laurent-Benoît Dewez, architecte de la cour de Charles de Lorraine. La façade, d'une grande pureté de lignes, se pare de détails avenants comme les pilastres grandioses et les vases couverts de somptueuses guirlandes. Dès 1809, le maire de la ville et ses conseillers prirent possession de l'abbaye bénédictine, vidée de ses biens et de ses moines par la Révolution. Leurs successeurs y sont toujours mais occupent des locaux admirablement aménagés, qui furent inaugurés par le roi Baudouin et la reine Fabiola.

L.-B. Dewez, ein am Hof Karls von Lothringen tätiger Baumeister, entwarf den Abtspalast von Tournai 1763. Wuchtige Pilaster und mit prächtigen Girlanden behängte Vasen unterstreichen den ausgesprochenen Linearismus der Fassade. Nach der Aufhebung der Abtei im Zuge der Französischen Revolution zog der Stadtrat 1809 in die ehemalige Benediktinerabtei ein. Seit der ausgezeichneten Restaurierung mit anschließender Eröffnung durch König Balduin und Königin Fabiola sind auch die Innenräume wieder vorzüglich eingerichtet.

(Blz. 165 en 166)

De geschiedenis van de kathedraal van Doornik, het archetype van de romaanse kunst in de Scheldevallei, begint in 1171. De bezoeker wordt vooral getroffen door de vijf torens die de viering en de aan weerszijden halfronde dwarsbeuk bekronen resp. omsluiten. Ze zijn 83 m hoog. De vieringtoren is het oudst; de twee voor het koor zijn zuiver romaans; het bovenste gedeelte van de twee torens die het dichtst bij het langhuis staan, vertoont reeds gotische kenmerken.

Het gotische koor (1242-1555) met zijn zeven traveeën, zijn uit zeven vakken bestaande absis en zijn vijf straalkapellen is precies even lang als het romaanse langhuis. Het is een haast autonoom gebouw van bijna volstrekt Franse allure.

(Pages 165 et 166)

Archétype de l'art roman scaldien, la cathédrale de Tournai fut commencée en 1171. Ce qui frappe d'abord le regard, c'est le puissant faisceau des cinq tours — les chéonq clotiers — qui couronnent la croisée du transept et s'élèvent à quatre-vingt-trois mètres de haut. Celle du centre, la plus ancienne, repose sur les piliers de la croisée. Des quatre clochers latéraux, ceux qui précèdent le chœur, sont entièrement romans, tandis que ceux qui précèdent la nef ont des étages déjà gothiques.

Avec ses sept travées, son abside à sept pans et ses cinq chapelles rayonnantes, le chœur gothique (1242-1555) de la cathédrale a la même longueur que la nef romane. Il forme un édifice quasi indépendant, fortement inspiré de l'architecture de l'Ile-de-France.

(Pages 165 and 166)

The cathedral of Tournai, the archetype of the Romanesque style of the Scheldt region, was begun in 1171. One is struck first by the massive group of five towers that crown the transept crossing, rising to 83 meters. Of the four lateral bell towers, those in front of the choir are pure Romanesque while those before the nave have Gothic elements in the upper storeys.

The Gothic choir (1242-1555) of the cathedral is composed of six bays, a seven-sided apse and five radiating chapels and is the same length as the Romanesque nave. It is almost an independent building and was strongly influenced by the architecture of the Ile-de-France.

(S. 165 und 166)

Der Bau der Kathedrale von Tournai, des Archetypus der Romanik im Scheldegebiet, begann 1171. Vor allem die Gruppe der fünf 83 m hohen Türme, die das an beiden Enden halbkreisförmige Querschiff krönen, ist bemerkenswert. Der mittlere und älteste ist ein Vierungsturm; die zwei seitlichen zum Chor hin sind ganz romanisch, die zwei zum Langhaus hin haben oben bereits gotische Stockwerke.

Der gotische Chor (1242-1555) ist so lang wie das romanische Langhaus. Mit seinen sieben Travéen, seiner in sieben Mauerflächen geteilten Apsis und seinen fünf Kapellen bildet er ein fast selbständiges Gebäude und zeigt zur Genüge, wie stark der Einfluß der Ile-de-France war.

△

Aan het nauwe straatje Réduit de Sion in Doornik staat een gebouw met twee puntgevels dat na de Tweede Wereldoorlog uitstekend is gerestaureerd. Het huisvest het rijke folkloremuseum.

Au Réduit de Sion, une maison tournaisienne à double pignon, parfaitement restaurée après la Seconde Guerre mondiale, abrite le riche musée du Folklore.

At the Réduit de Sion, a double-gabled Tournai house, perfectly restored after the Second World War, is the very fine Tournai Folk Museum.

An der engen Straße Réduit de Sion in Tournai steht das an Exponaten reiche Folkloremuseum, ein nach 1945 ausgezeichnet restauriertes Haus mit zwei Giebeln.

In 1667 begon Lodewijk XIV zijn veroveringsoorlog en viel de Lage Landen met 50.000 soldaten binnen. Het verdrag van Aken (1668) kende hem het recht toe zich Doornik toe te eigenen. Vier jaar later begonnen de jezuïeten met de bouw van hun college in Lodewijk-XIV-stijl. De twee weelderig versierde nissen aan de poort trekken de aandacht. In één daarvan staat een standbeeld van de apostel Petrus, die een sleutel omknelt, hetgeen goed past bij de tegenwoordige bestemming van het gebouw, dat nu een priesterseminarie is.

Louis XIV began his wars of conquest in 1667 and a tidal wave of 50,000 soldiers swept across the Low Countries. The Sun King gained Tournai under the terms of the treaty of Aix-la-Chapelle in 1668. Four years later the Jesuits had their college built in the Louis XIV style. In the entrance courtyard are two richly decorated niches. One of them contains a statue of Saint Peter, firmly clasping his key to his chest, a fitting symbol for the seminary which now occupies the old college.

Depuis 1667, Louis XIV menait ses guerres de conquête. Une marée de cinquante mille hommes avait déferlé sur les Pays-Bas. En 1668, le traité d'Aix-la-Chapelle permit au Roi Soleil de garder Tournai. Quatre ans plus tard, les jésuites y firent construire, en style Louis XIV, le bâtiment de leur collège. La cour d'entrée est ornée de deux niches au décor opulent. Dans l'une d'entre elles, une statue représente saint Pierre serrant énergiquement sa clef sur sa poitrine. Cela convient parfaitement au séminaire épiscopal qui occupe actuellement l'ancien collège.

1667 drang der eroberungslustige Ludwig XIV. mit einem 50.000 Mann starken Heer in die Niederlande ein. 1668 billigte der Vertrag von Aachen die Annexion Tournais. Vier Jahre später bauten die Jesuiten dort ihre Schule im Stil Louis XIV. An der Pforte prangen zwei üppig geschmückte Nischen. In einer steht der Apostelfürst Petrus, der den Schlüssel kraftvoll umklammert hält. Kaum eine andere Statue dürfte sich besser für den Eingang des heutigen diözesanen Priesterseminars eignen .

Kortrijk

(Hierboven)

Handel en industrie zijn in Kortrijk nu alomtegenwoordig, maar het belfort op de Grote Markt, het laatste overblijfsel van de bescheiden lakenhalle (1307), herinnert eraan dat de lakennijverheid er al in de Middeleeuwen bloeide. Toen het stadhuis in 1519 werd gebouwd, had de vlasnijverheid de wind in de zeilen en had het in het Leiewater gerode vlas het laken al grotendeels van de markt gedreven. Op de achtergrond rijst de 75 m hoge toren van de St-Martinuskerk (15de eeuw) omhoog.

(Hiertegenover, rechts)

De Broeltorens zijn overblijfsels van de oude verdedigingswerken van Kortrijk, die in 1684 gesloopt werden. Ze dienden uiteraard om de brug over de Leie te verdedigen. De huidige brug met drie gedrukte bogen dateert van na de Eerste Wereldoorlog.

(Vorige dubbele bladzijde) Het begijnhof.

(Above)

Kortrijk today is a bustling industrial and commercial center but the belfry on the main square, sole vestige of the small cloth hall of 1307, testifies that its prosperity dates back to the flowering of the cloth industry. When the town hall was built in 1519 linen was replacing wool and the flax retted in the waters of the Leie had become of prime importance. In the background stands the 75-meter tower of the 15th century church of Saint Martin.

(Opposite, right)

The towers of the "Broel" are a vestige of the old walls of Kortrijk, demolished in 1684. They guarded the bridge over the Leie. The present bridge with its three flattened arches was rebuilt after the First World War.

(Preceding double page) The Béguinage.

(Ci-dessus)

Courtrai est toute à son présent industriel et commercial mais, sur sa grand-place, le beffroi, dernier vestige de la petite halle aux draps (1307), rappelle que sa prospérité remonte à l'épanouissement de son activité drapière. Lorsque fut construit en 1519 l'hôtel de ville, la toile avait remplacé le drap; le lin roui dans les eaux de la Lys régnait déjà en maître. A l'arrière-plan, la tour de l'église Saint-Martin (XVᵉ siècle) haute de septante-cinq mètres.

(Ci-contre, à droite)

Les tours du «Broel» constituent un vestige des anciennes fortifications de Courtrai, détruites en 1684. Elles assuraient la défense du pont sur la Lys. L'actuel pont à trois arches surbaissées a été reconstruit après la Première Guerre mondiale.

(Double page précédente) Le béguinage.

(Oben)

Wie der Belfried, ein Überbleibsel der Tuchhalle (1307), zeigt, ist Kortrijk keine junge Handels- und Industriestadt. Jahrhunderte früher blühte hier der Tuchhandel. Als das Rathaus 1519 gebaut wurde, hatte das Leintuch aus Flachs die wollenen Stoffe schon vielerorts vom Markt verdrängt und war der mit Hilfe des Leiewassers geröstete Flachs sehr gefragt. Der Turm der St.-Martinskirche (15. Jh.) im Hintergrund ist 75 m hoch.

(Rechts)

Die «Broeltorens» sind übriggebliebene Türme des 1684 zerstörten Verteidigungsgürtels um Kortrijk. Sie dienten der Verteidigung der Brücke über der Leie. Die heutige Brücke mit ihren drei flachen Bögen wurde erst nach 1918 gebaut.

(Vorige Doppelseite) Der Beginenhof.

Ieper

De tegelijk zeer rijzige en zeer langwerpige Lakenhalle van Ieper werd in de tweede helft van de 13de eeuw opgetrokken. Daar op de Ieperlee varende schepen de wol aanbrachten en het blauwe laken wegvoerden, bleef de bouwmeester niets anders over dan langs de oever en in de lengte te bouwen.

In het midden van de 132 m lange halle rijst het belfort op, dat door vier slanke torentjes is geflankeerd.

Het «Nieuwwerk» aan de oostzijde met de kapel voor het stadsbestuur is van witte steen en vertoont een bonte afwisseling van platte zuilen, krulvormige versieringen, spitse bogen en gotische kruisramen. Het dateert van 1622. De bevallige galerij in de onderbouw doet aan die van het dogenpaleis in Venetië denken.

Rien de plus raide et de plus horizontal que les grandes halles d'Ypres, édifiées pendant la seconde moitié du XIIIᵉ siècle. L'architecte n'avait pas eu le choix, son bâtiment devait s'allonger sur la rive de l'Yperlée, par où passaient les bateaux chargés de laine et emportant du drap bleu.

Au milieu des halles qui se développent sur cent trente-deux mètres de longueur, quatre tourelles pointues montent la garde autour du beffroi.

A l'est, le *Nieuwwerk*, chapelle privée des échevins, tranche par la blancheur de sa pierre et le mélange déconcertant de pilastres et de volutes avec des arcades et des croisillons gothiques. Elle fut ajoutée en 1622. Comme au palais des Doges de Venise, le corps du bâtiment est posé sur une gracieuse arcade.

There is nothing stiffer nor more horizontal than the great cloth market of Ypres built in the second half of the 13th century. The architect had no say in the matter as the building had to run along the banks of the Ieperlee where boats arrived laden with wool and departed with blue cloth.

Four pointed turrets encircle the belfry perched in the middle of the 132 meter-long cloth market.

On the east, the pale stone of the *Nieuwwerk*, the private chapel of the magistrates, built in 1622, makes a disconcerting contrast with its mixture of pilasters, volutes, arcades and Gothic lattice work. Like the Palace of the Doges in Venice, the main building is poised on a graceful arcade.

Der strenge Horizontalismus der in der zweiten Hälfte des 13. Jh. gebauten großen Hallen Yperns ist unübertroffen. Wollte man sie das Ufer der Yperlee entlang bauen, auf der die Schiffe Wolle anfuhren und blau-graues Tuch an Bord nahmen, dann war dies die einzige Lösung.

In der Mitte der 132 m langen Hallen flankieren vier spitze Türmchen den Belfried der Stadt.

Im nach Osten hin anschließenden «Nieuwwerk» (Neubau) mit der privaten Kapelle der Schöffen besticht die Verwendung weißer Steine, während das Nebeneinander von Pilastern, geschweiften Formen, Arkaden und Fensterkreuzen eher befremdet. Wie im Dogenpalast von Venedig erhebt sich das eigentliche, 1622 hinzugefügte Gebäude über einer durchaus reizvollen Arkade.

Op 24 juli 1929 werd de Menensepoort in Ieper in aanwezigheid van koning Albert I onthuld. Op de muren van dit monumentale gedenkteken, dat door de Londense architekt R. Blomfield werd ontworpen, staan de namen van de 54.896 Britse officieren, onderofficieren en soldaten gebeiteld, die hier tijdens de Eerste Wereldoorlog sneuvelden. Boven de triomfboog houdt een leeuw wacht en prijken de woorden: „To the Armies of the British Empire who stood here from 1914 to 1918 and to those of their dead who have no known grave."

Nog elke avond wordt de ontroerende „Last Post" er geblazen. Men heeft terecht geschreven dat er hele legers zouden opstaan, indien de klaroen allen die in en om Ieper zijn gesneuveld uit de dood zou opwekken.

(Hiertegenover)
De toren van de St-Martinuskathedraal en het belfort op de achtergrond en het „Ypres Reservoir Cemetery" ervoor.

Le 24 juillet 1929, le roi Albert Iᵉʳ présida à Ypres à l'inauguration de la Porte de Menin. Sur les murs de cet imposant mémorial, œuvre de l'architecte londonien Reginald Blomfield, sont gravés les noms de 54.896 officiers, sous-officiers et soldats britanniques morts durant la Première Guerre mondiale. Sous le lion qui domine l'arc de triomphe, la dédicace précise *«To the Armies of the British Empire who stood here from 1914 to 1918 and to those of their dead who have no known grave.»*

Chaque soir, le déchirant Last Post est sonné sous la voûte. On a pu dire que si les morts, depuis les innombrables tombes alignées dans la ville et ses alentours, répondaient à l'appel du clairon, on verrait surgir des armées entières.

(Ci-contre)
La tour de l'église Saint-Martin et le beffroi se profilent à l'arrière-plan du *«Ypres Reservoir Cemetery»*.

On July 24, 1929, King Albert I inaugurated the Menin Gate in Ypres. The walls of this imposing memorial, designed by the London architect Reginald Blomfield, are engraved with the names of 54,896 British and Empire officers, non-commissioned officers and soldiers who died in World War I. Under the lion on the triumphal arch the dedication states *"To the Armies of the British Empire who stood here from 1914 to 1918 and to those of their dead who have no known grave."*

Every evening the haunting *Last Post* is sounded under the vault. If the dead, buried in the countless graves in and around the city, responded to the bugle call, entire armies would reappear.

(Opposite)
The tower of Saint Martin's church and of the belfry rise in the background of the «Ypres Reservoir Cemetery».

Am 24. Juli 1929 wurde in Anwesenheit König Alberts I. das Erinnerungsmal an der Menensepoort in Ypern eingeweiht. Der Londoner Architekt R. Blomfield ließ die Namen der 54.896 britischen Offiziere, Unteroffiziere und Soldaten, die während des Ersten Weltkriegs den Tod fanden, in die Mauer meißeln. Unter dem Löwen des Triumphbogens steht: «Den Truppen des britischen Weltreichs, die von 1914 bis 1918 hier kämpften, und denen ihrer Toten, die kein Grab fanden, zum Gedenken.»

Noch jeden Abend verhallen die Klänge des Last Post unter dem Gewölbe. Wenn sie die unzähligen Toten, die in Ypern und Umgebung begraben liegen,wieder zum Leben erweckten, zögen, wie man geschrieben hat, ganze Heereszüge herauf.

(Rechts)
Der Turm der St.-Martinskirche und der Belfried im Hintergrund des «Ypres Reservoir Cemetery».

In 1892 kwam archivaris Arthur Merghelynck in het bezit van het patriciërshuis dat zijn overgrootvader Frans-Ignatius, penningmeester van het Ieperse stadsbestuur, in 1774 op de hoek van de Rijsselstraat had laten bouwen.

Enkele reminiscensen aan de Lodewijk-XV-stijl daargelaten, is de voorgevel van het hoofdgebouw in Lodewijk-XVI-stijl; het balkonhek wordt aan de ijzersmid Swaeghe uit Ieper toegeschreven. De geelachtige, bakstenen achtermuren sluiten een belendend geplaveid pleintje af, waarin op een voetstuk een vaas troont die naar een ontwerp is vervaardigd dat Pieter-Paul Rubens voor de Kapellekerk in Brussel had gemaakt. De ovale vensters van de keuken en de kamers voor het dienstpersoneel verbreken enigszins de eenheid van stijl.

En 1892, l'archiviste Arthur Merghelynck acquit l'hôtel de maître que son arrière-grand-père François-Ignace, trésorier de la ville d'Ypres, avait fait construire au coin de la rue de Lille en 1774.

La façade du corps de logis est de style Louis XVI avec des réminiscences Louis XV; le balcon en fer forgé est attribué au ferronnier Yprois Swaeghe. A l'arrière, les bâtiments en brique jaune donnent sur une cour pavée où se dresse sur son piédestal un vase sculpté, d'après un projet de Pierre-Paul Rubens pour l'église de la Chapelle à Bruxelles. Inattendues apparaissent les fenêtres rondes des communs.

In 1892 the archivist Arthur Merghelynck acquired the mansion built on the corner of the Rijselstraat in 1774 by his great-grandfather, François Ignace, city treasurer of Ypres.

The façade of the main building is in the Louis XVI style with touches of Louis XV. The balcony is attributed to Swaeghe, a local artisan in wrought iron. In the rear the yellow-brick buildings give on a courtyard where a sculpted vase, based on the plans made for one for the church of la Chapelle in Brussels by Peter-Paul Rubens, stands on a pedestal. The round windows of the out-buildings are most unusual.

1892 erwarb der Archivar A. Merghelynck diesen Herrensitz, den sein Urgroßvater Frans Ignatius, der zugleich Schatzmeister Yperns war, hatte bauen lassen.

Die Fassade des Hauptgebäudes im Stil Louis XVI enthält stellenweise Reminiszenzen an den Louis XV. Der schmiedeeiserne Balkon wurde von Swaeghe aus Ypern hergestellt. Um den gepflasterten Hof an der hinteren Seite stehen Mauern aus gelblichem Backstein, und auf ihm steht auf einem Sockel eine Vase nach einem Entwurf von P.-P. Rubens für die Kapellenkirche in Brüssel. Die runden Fenster der Gesindekammern passen kaum zum Ganzen.

In 1894 stelde A. Merghelynck het huis met zijn collecties open voor het publiek en vermaakte het bij testament aan de Koninklijke Vlaamse Academie voor Taal- en Letterkunde, die pas in 1908 in het bezit van deze nalatenschap kwam.

In 1915 werd het gebouw gebombardeerd, maar de voordien naar het Petit Palais in Parijs overgebrachte collecties bleven gelukkig onbeschadigd. Pas na de restauratie van 1932-33 konden ze naar hun vroegere standplaats terugkeren. Nadat de Academie het pand ter beschikking van de bevoegde minister had gesteld, werd het museum Merghelynck in 1956 plechtig geopend.

Zalen, boudoirs, eetkamers, rooksalon, slaapkamers, alles in dit hotel-museum weerspiegelt de verfijnde wooncultuur van de gegoede burgerij in de 18de eeuw.

In 1894 Arthur Merghelynck opened his house and his collections to the public, later willing them to the Royal Academy of Flemish Language and Literature, which became the owner in 1908.

In 1915 the house was destroyed in a bombardment. Luckily, the collections had been transferred to the Petit Palais in Paris. The building was perfectly reconstructed in 1932-33 and the collections were reinstalled. The Royal Academy offered it to ministry officials and the Merghelynck Museum was officially reopened in 1956.

Salons, boudoirs, small dining rooms, smoking room, bedrooms — each chamber of the Merghelynck mansion is testimony to the cultivated taste of the wealthy middle class of the 18th century.

En 1894, Arthur Merghelynck ouvrit sa maison et ses collections au public et, par testament, il les légua à l'Académie royale de langue et de Littérature néerlandaise, qui en devint propriétaire en 1908.

En 1915, l'hôtel fut détruit par un bombardement. Fort heureusement, ses collections avaient été transférées à Paris, au Petit Palais. Elles reprirent leur place après la parfaite reconstruction de l'immeuble en 1932-1933. L'Académie royale l'ayant mis à la disposition des autorités ministérielles, le musée Merghelynck fut officiellement réouvert en 1956.

Salons, boudoirs, petites salles à manger, fumoir, chambres, chaque pièce de l'hôtel Merghelynck évoque le style de vie raffiné de la bourgeoisie fortunée au XVIIIᵉ siècle.

A. Merghelynck vermachte der Flämischen Akademie für Flämische Sprache, und Literatur die seit 1894 für das Publikum zugangliche Wohnstätte. Seit 1908 gehört sie ihr.

1915 wurde das Hotel bei einem Bombenangriff zerstört. Die glücklicherweise im Petit Palais in Paris befindlichen Sammlungen kehrten erst nach der Renovierung von 1932-33 zurück. Das Museum wurde erst 1956 offiziell eröffnet, da die Akademie den Ressortministern das Gebäude zur Verfügung gestellt hatte.

Empfangszimmer, Boudoirs, kleine Eßzimmer, Rauchzimmer, Schlafzimmer, alles spiegelt hier den verfeinerten Lebensstil des gehobenen Bürgertums im 18. Jh. wider.

Poperinge

◁

Reeds in 1147 was Poperinge, het onbetwiste centrum van de hopteelt in België, niet zomaar een stad, het was lid van de Vlaamse Hanze in Londen. Ofschoon de geallieerden er hun hoofdkwartier hadden gevestigd, bleef het tijdens de Eerste Wereldoorlog bijna helemaal gespaard.

De hoge toren van de O.-L.-Vrouwkerk (15de eeuw) beheerst het stadsbeeld. Het neogotische stadhuis dateert uit de 19de eeuw.

Poperinge, the tranquil capital of the Belgian hop-growing region, was considered a city as early as 1147, being a partner in the Flemish Hanse in London. It escaped destruction in World War I, even though it was the seat of Allied Headquarters.

The tall, 15th century tower of the church of Our Lady dominates the town whose city hall was built in the neo-Gothic style of the 19th century.

Paisible capitale de la culture houblonnière belge, Poperinge était déjà une ville en 1147 et faisait partie de la Hanse flamande de Londres. Elle échappa aux destructions de la Première Guerre mondiale, tout en étant le siège des états-majors alliés.

La haute tour de l'église Notre-Dame, érigée au XVe siècle, domine le bourg dont l'hôtel de ville a été édifié au XIXe siècle dans le style néogothique.

Poperinge, unumstritten das Zentrum des Hopfenbaus in Belgien, war schon 1147 eine Stadt, die Mitglied der flämischen Hanse in London war. 1914-18 befand sich hier das Hauptquartier der Alliierten, doch wurde die Stadt kaum zerstört.

Der hohe Turm der Onze-Lieve-Vrouwkerk (15. Jh.) beherrscht das Stadtbild; das neugotische Rathaus wurde im 19. Jh. gebaut.

△

Rond het zgn. „Weeuwhof" in Poperinge hangt de tijdeloze stilte die alle volkomen, gave bouwwerken onzichtbaar omhult. "Weeuwhof" staat natuurlijk voor „weduwenhof"; de huisjes die zich rond de tuin en de fontein scharen, waren voor de weduwen van Poperinge bestemd. Het is dus geenszins toevallig dat het geheel qua stijl en aanleg aan de begijnhoven herinnert.

Among the old houses which give Poperinge its timeless atmosphere is the enclave of the "Weeuwhof", of a rare architectural purity, formerly reserved for the widows of the town. It is not surprising that these little houses, grouped in a garden around the pillar of a fountain, have the style and setting of a béguinage.

Parmi les maisons anciennes qui situent Poperinge dans une atmosphère hors du temps, l'enclos du «Weeuwhof» est d'une rare pureté architecturale. Il était jadis réservé aux veuves de la ville. Ce n'est donc pas par hasard que, groupées dans un jardin, autour du pilier d'une fontaine, ces petites maisons ont le style et la disposition d'un béguinage.

Die umfriedeten Häuser des «Weeuwhof» in Poperinge haben wie jedes völlig geglückte Bauwerk etwas Zeitloses. Der Name bedeutet Witwenhof, die Häuser waren für die Witwen der Stadt bestimmt. Es ist also gar kein Zufall, daß die um Garten und Brunnen gescharten Häuser an einen Beginenhof erinnern.

Veurne

(Voorafgaande dubbele bladzijde)

„In Veurne leert men meer in detail en duidelijker de inwerkingen te onderscheiden die het complexe karakter van de bouwkunst in deze streek in de hand hebben gewerkt. Bourgondië, Spanje en Oostenrijk volgen op elkaar, beïnvloeden elkaar, maar spreken telkens met een Vlaams accent", schreef R.M. Rilke.

Niettegenstaande de verwoesting tijdens de twee wereldoorlogen hebben de voornaamste bouwwerken op de Grote Markt van Veurne hun authentieke kenmerken bewaard. Dit geldt o.a. voor het in 1628 voltooide belfort *(rechts)* en de onvoltooide St-Walburgakerk *(links)*, waarvan de gevel aan de westzijde over een park uitziet waarin nog delen van een oud portaal overeind staan.

(Preceding double page)

"In Veurne", remarked Rainer Maria Rilke, "one learns to distinguish clearly, in all their charm, the many invasions which have complicated the architecture of this country so curiously. Burgundy, Spain and the Hapsburgs have succeeded each other, combining and recombining, but always with a Flemish accent".

Despite the ravages of two World Wars, Veurne has preserved the original monuments on its main square, most notably the belfry of 1628 *(right)* and the uncompleted church of Saint Walburga *(left)* whose western façade shades a garden containing the remains of a portal.

(Double page précédente)

«A Furnes, notait Rainer Maria Rilke, on apprend à distinguer plus nettement et dans leur enchantement, les incursions qui ont su si étrangement compliquer les architectures de ce pays. La Bourgogne, l'Espagne et les Habsbourgs se suivent et se pénètrent et apparaissent toujours de nouveau avec un accent flamand.»

Malgré les dévastations des deux guerres mondiales, Furnes a gardé les principaux monuments de sa grand-place dans leur authenticité, notamment le beffroi de 1628 *(à droite)* et l'église inachevée de Sainte-Walburge *(à gauche)*, dont la façade occidentale ombrage un jardin où subsistent les vestiges d'un portail.

(Vorausgehende Doppelseite)

«In Furnes lernt man, einzelner und übersichtlicher die Einschläge unterscheiden, die die Architekturen dieses Landes so verwirrend komplizieren konnten. Burgund und Spanien und Habsburg folgen und durchdringen sich und erscheinen doch immer wie in flämischer Aussprache», schrieb Rainer Maria Rilke.

Die wichtigsten Gebäude am Marktplatz von Veurne haben die zwei Weltkriege und ihre Zerstörungen heil überstanden, vor allem der 1628 gebaute Belfried *(rechts)* und die nie fertiggestellte St.-Walburgakirche *(links)*, an deren Westfassade ein Garten mit Teilen eines alten Portals anschließt.

◁△

De grote, 16de- en 17de-eeuwse zalen van het stadhuis van Veurne hebben hun voorkomen gaaf bewaard. In de Albertzaal — 1914 het hoofdkwartier van koning Albert I — is vooral het snijwerk van de twee deuren opmerkelijk (1621). Aan een muur hangt een „Laatste Oordeel" in de trant van Jeroen Bosch. .

Het stadhuis is een fraai staaltje van Vlaamse renaissancekunst. Het sierlijke, blauwstenen bordes heeft de vorm van een arcade met Ionische zuilen en vergulde putti op de hoekversterkingen. Het maaswerk van de opengewerkte, stenen borstwering heeft een nogal duidelijk zichtbare Moorse allure.

The huge 16th and 17th century halls in the town hall of Veurne have remained in their original state. The one which served as the office of King Albert I has two magnificent sculpted wooden doors (1621). On a wall hangs a *Last Judgment* in the style of Hieronymus Bosch.

The façade of the Town Hall, a masterpiece of the Flemish Renaissance, is preceded by a delightful perron in bluestone. The spandrels between the Ionic columns of the arcades are decorated with gilded putti. Fretwork stone tracery, of Moorish inspiration, forms the parapets.

En l'hôtel de ville de Furnes, les vastes salles des XVIᵉ et XVIIᵉ siècles sont demeurées en leur état ancien. Celle qui servit de bureau au roi Albert Ier en 1914 a deux magnifiques portes en bois sculpté (1621). A l'un des murs est accroché un tableau représentant le *Jugement dernier* à la manière de Jérôme Bosch.

Chef-d'œuvre de la Renaissance flamande, la façade de l'hôtel de ville est précédée d'un ravissant perron en pierre bleue. Les sculpteurs l'ont réalisé par des arcades à colonnes ioniques dont les écoinçons sont ornés de putti dorés. Des entrelacs de pierre ajourés, inspirés de l'art mauresque, forment les parapets.

Die geräumigen Säle des Rathauses von Veurne sind noch wie im 16. und 17. Jh. Im Albertsaal — dem Hauptquartier König Alberts I. im Kriegsjahr 1914 — sind vor allem die zwei geschnitzten Holztüren bewundernswert (1621). An einer Wand hängt ein «Jüngstes Gericht» im Stil des Hieronymus Bosch.

Die Fassade des Rathauses mit der überaus reizenden Loggia aus blauem Stein gehört zum Besten, was die Renaissance in Flandern hervorgebracht hat. Die ionischen Säulen der Arkade tragen Zwickel, die mit vergoldeten Putten geschmückt sind. Die Brüstung besteht aus netzartig ausgebrochenem Stein und erinnert an Mauresken.

Oostende

Als men de hal van het spoorwegstation uitkomt, staat men onmiddellijk voor een havendok, waarin 's avonds de spiegelbeelden van twee reusachtige gebouwen (19de eeuw) heen en weer schuiven. Leopold II, die met een speciale trein naar Oostende placht te komen, wilde van het stadje een internationaal befaamde badplaats maken.

En sortant du grand hall de la gare d'Ostende on arrive d'emblée devant un bassin du port où, la nuit, se mirent les deux bâtiments monumentaux (XIXᵉ siècle). Au temps de Léopold II, un train spécial amenait régulièrement le souverain dans la ville balnéaire, à laquelle il avait donné un prestige international.

When leaving the concourse of Ostend station one arrives directly in front of a docking basin where two huge 19th century buildings are reflected at night. Special trains carried Leopold II regularly to the seaside town, which he had made an internationally known resort.

Verläßt man die große Halle des Bahnhofs von Ostende, dann steht man unvermittelt einem Hafenbecken gegenüber, auf dessen Wasser abends oft die Spiegelungen zweier großer Gebäude (19. Jh.) gespenstig herumgeistern. Leopold II., der oft mit einen Sonderzug nach Ostende kam, wollte die Stadt in einen international bekannten Badeort verwandeln.

(Voorafgaande dubbele bladzijde)
Vanaf 1870 was het de bedoeling van Leopold II de uitbreiding van de haven van Oostende dankzij de scheepvaartlijn Oostende-Dover te bevorderen en tevens van de bescheiden badplaats een tweede Brighton te maken. Hij droeg o.a. aan Charles Girault de bouw van een 360 m lange wandelgalerij op.

(Preceding double page)
In the 1870's Leopold II strove to develop the port of Ostend, the connection to Dover, and also to transform the modest seaside resort into one rivalling Brighton. A noteworthy example of his efforts is the 360-meter covered promenade he had built. It was the pride and joy of his architect, Charles Girault.

(Double page précédente)
A partir des années 1870, Léopold II s'attacha non seulement à l'agrandissement du port d'Ostende assurant la liaison avec Douvres, mais aussi à la transformation de la modeste station balnéaire en une ville d'eau comparable à Brighton. Il fit notamment construire un portique-promenoir de trois cent soixante mètres. Ce fut la fierté de son architecte, Charles Girault.

(Vorausgehende Doppelseite)
Ab 1870 setzte sich Leopold II. für die Vergrößerung des Hafens von Ostende ein. Er wollte nicht nur die Verkehrslinie Ostende-Dover verbessern, sondern auch den bescheidenen Badeort zumindest in ein zweites Brighton verwandeln. Nicht ohne Stolz baute Ch. Girault im Auftrag des Könings eine 360 m lange Wandelgalerie.

Brugge

△
Het begijnhof van Brugge met zijn tuin, die aan de besloten tuin uit het Hooglied herinnert, werd ten tijde van gravin Margaretha van Constantinopel een onafhankelijke parochie (1245). Zijn bloeiperiode duurde tot in de 18de eeuw. Na de Franse Revolutie herleefde het enigszins. Toen de laatste begijn in 1930 overleed, namen benedictinessen haar plaats in.

The Béguinage of Bruges, built as an independent parish by Countess Margaret of Constantinople in 1245, encloses a secret garden of the type celebrated in *The Song of Songs*. It was highly prosperous until the 18th century and then, after the vicissitudes of the French Revolution, continued to exist until the death of the last béguine in 1930, when it was taken over by a Benedictine community.

Rappelant le jardin clos que célèbre le *Cantique des Cantiques*, le béguinage de Bruges, érigé en paroisse indépendante par la comtesse Marguerite de Constantinople (1245), connut une rayonnante prospérité jusqu'au XVIIIe siècle. Après les vicissitudes de la Révolution Française, il survécut jusqu'à la mort de la dernière béguine en 1930. A cette date, une communauté bénédictine s'y établit.

Der Beginenhof ist gleichsam der im Hohelied besungene Garten der Seele. Die Gräfin Margaretha von Konstantinopel verlieh dem Beginenhof in Brügge 1245 den Rang einer unabhängigen Pfarre. Seine Blütezeit währte bis ins 18. Jh., ja, er überlebte sogar die Französische Revolution. 1930 nach dem Tode der letzten Begine hielten Benediktinerinnen ihren Einzug in den Hof.

△
De hallen en het belfort namen in het leven van de stadsgemeente een spilpositie in. Zoals de donjon van de burcht was het belfort een uitkijktoren. Zodra de stevige onderbouw voldoende gevorderd was (1288), werd er permanent wacht gehouden. De wakers moesten desgevallend brandalarm blazen en de aantocht melden van gewapende lieden en van al wat argwaan wekte.

All municipal life revolved around the markets and the belfry, which served, as did the lord's keep, as a watch-tower. In 1288, barely six years after the construction of the massive base, watchmen lived in the tower. They kept an eye out for fires, the approach of armed people or anything suspect that might appear.

Toute la vie communale se concentrait aux halles et au beffroi. Celui-ci, à l'instar du donjon du seigneur, servait au guet. Dès 1288 — six ans à peine après la construction de la base massive — des veilleurs habitaient la tour. Ils étaient chargés d'observer d'éventuels débuts d'incendie, l'approche de gens armés ou tout mouvement anormal surgissant à l'horizon.

In mittelalterlichen Städten spielte das Leben sich um die Markthallen und den Belfried ab. Wie der Bergfried der Burgen diente auch letzterer zur Bewachung. Ab 1288, d.h. nur sechs Jahre nach der Vollendung des Unterbaus, wohnten Wächter auf dem Turm. Sie schlugen Alarm, wenn in der Stadt ein Brand ausbrach oder wenn sie in der Ferne bewaffnete bzw. verdächtige Männer oder suspekte Machenschaften bemerkten.

Het Burgplein van Brugge behoorde toe aan de graven van Vlaanderen die er hun steen hadden. Nu is het het stadhuis dat de aandacht trekt. In 1376 werd de eerste steen ervan door Lodewijk van Male gelegd. Links staat de door Jan Mone ontworpen overgangsgevel van de Oude Civiele Griffie.

(Hiertegenover)
De gewelven van de schepenzaal in het stadhuis met hun neerhangende gewelfzwikken dateren van 1402. Kort nadien werden de gewelfsleutels met beeldhouwwerk verfraaid. Op de twaalf grote wandschilderingen, waarvan de eerste tijdens de restauratiewerkzaamheden van 1895 werd ontworpen, werden belangrijke gebeurtenissen uit de geschiedenis van Brugge afgebeeld.

The Burgplein, which formerly belonged to the Count of Flanders, whose *steen* (castle) stood there, centers today on the City Hall, the first stone of which was laid by Louis of Male in 1376. On the left of the building stands the transitional façade of the old municipal registry, built by Jean Mone.

(Opposite)
Inside the city hall, the timber vaulting with pendentives of the Aldermen's Hall dates from 1402. It is slightly earlier than the sculpted keystones. Twelve large paintings decorate the walls. Begun in 1895 when restoration was undertaken they depict important episodes in the history of Bruges.

Ancien territoire du comte de Flandre, qui y avait son *steen*, la place du Burg est aujourd'hui centrée sur l'hôtel de ville dont la première pierre fut posée par Louis de Male en 1376. A gauche de l'édifice, Jean Mone a posé la façade de transition de l'ancien greffe civil.

(Ci-contre)
A l'intérieur de l'hôtel de ville, la voûte à pendentifs en bardeaux de la salle des échevins date de 1402. Elle précède de peu la sculpture des clefs de voûte. Douze grandes peintures décorent les murs. Commencées en 1895 pendant les travaux de restauration, elles illustrent les grands moments de l'histoire de Bruges.

Das Burgplein, ehemaliges Besitztum der Grafen von Flandern, deren Burg dort stand, ist jetzt ein völlig auf das Rathaus ausgerichteter Platz. 1376 legte L. van Male den Grundstein zum Rathaus. Links davon steht der Übergangsgiebel der früheren zivilen Gerichtskanzlei, den J. Mone baute.

(Rechts)
Das Pendentifgewölbe mit Abhänglingen im Schöffensaal des Rathauses wurde 1402 fertiggestellt. Kurz darauf wurden die Knäufe, die die Schlußsteine ersetzen, verziert. Zwölf große Gemälde schmücken die Mauern. Sie wurden 1895 während der Restaurierungsarbeiten begonnen und zeigen die Sternstunden von Brügges Geschichte.

(Links)

Het huis Boechoute (1480), op de linkerhoek van de St.-Amandstraat en de Markt, heeft een bakstenen siergevel die aan weerszijden met witte stenen is afgezet. In het huis Cranenburg op de rechterhoek werd Maximiliaan van Oostenrijk vanaf 5 februari 1488 elf weken lang vastgehouden door de opstandige Bruggelingen, die hun privileges bedreigd achtten.

De bovenste twee verdiepingen zijn er vooral om esthetische redenen, namelijk om het dak te verdoezelen.

(Hierbeneden)

De Spiegelrei en de Lange Rei.

(Left)

Situated at the corner of the main square and St.-Amandstraat, the curtain wall façade of the Bouchoute house (1480) is in brick, of course, though white stone has been used at the corners. Maximilian of Austria was imprisoned in the Cranenburg across the street on February 5, 1488 following a revolt by the people of Bruges, who feared losing their liberties.

In fact, the two upper stories have a purely decorative function as they only exist to hide the roof.

(Below)

The Spiegelrei and the Lange Rei.

(A gauche)

Au coin de la grand-place et de la Sint-Amandstraat, la façade-écran de la maison Bouchoute (1480) est, bien sûr, en brique mais la pierre blanche a été utilisée aux angles. En face de celle-ci, au Cranenburg, fut incarcéré Maximilien d'Autriche le 5 février 1488, à la suite d'une révolte des Brugeois craignant pour leurs privilèges.

En fait, les deux étages supérieurs n'ont qu'un objectif esthétique; ils cachent la toiture de la maison.

(Ci-dessous)

Le Spiegelrei *(quai du Miroir)* et le Lange Rei *(Long quai)*.

(Links)

An der Ecke des Marktplatzes und der St.-Amandstraße steht das Haus Bouchoute (1480), dessen Ziergiebel mit einer Borte aus weißem Haustein abgesetzt ist. An der Ecke gegenüber steht Haus Cranenburg, in dem die um ihre Privilegien besorgten Brügger Maximilian von Österreich nach ihrem Aufstand vom 5. Februar 1488 einkerkerten.

In ästhetischer Hinsicht sind die zwei oberen Stockwerke nur dazu da, das Dach zu verbergen.

(Unten)

Spiegelrei und Lange Rei, zwei Kanalstraßen in Brügge.

(Volgende dubbele bladzijde)

De Steenhouwersdijk — zo heette de dijk al in de 14de eeuw — verbond het Braembergplein met de Molenbrug. In de huizen erlangs woonden echter „scepers" d.w.z. kleermakers, geen steenhouwers (maar misschien wel een familie Steenhauwere).

Na 1330 werden de houten bruggen door bruggen van steen vervangen. Het waren ontmoetingsplaatsen waar soms minnelijke schikkingen getroffen, soms minnebanden aangeknoopt werden.

(Next two pages)

The Steenhouwersdijk, so named since the 14th century, links the Braemberg square to the Mill bridge. Despite the name of the quay, the houses along the canal did not belong to stonecutters, but to cloth cutters.

In 1330 the Bruges authorities began replacing the old wooden bridges with stone ones. Even in winter bridges were often used as meeting places to settle delicate matters or resolve serious problems.

(Double page suivante)

Ainsi appelé depuis XIVᵉ siècle, le Steenhouwersdijk reliait la place de Braemberg au Pont du Moulin. Les maisons qui bordent le canal n'étaient pas celles des tailleurs de pierre, comme le fait croire la dénomination du quai, mais celles des tailleurs de tissus.

C'est surtout à partir de 1330 que les autorités brugeoises remplacèrent les anciens ponts de bois par des ponts de pierre. Même en hiver, ils servaient souvent de lieux de réunion pour régler des affaires délicates ou trancher de graves questions.

(Nächste Doppelseite)

Bereits im 14. Jh. gab es zwischen der Mühlenbrücke (Molenbrug) und dem Braembergplatz eine Steenhouwersdijk genannte Gracht. Hier wohnten jedoch keine Steinhauer, sondern Mitglieder der Schneiderzunft und wahrscheinlich eine Familie Steenhauwere.

Ab 1330 wurden die Holzbrücken durch Brücken aus Stein ersetzt. Auch im Winter wurde auf ihnen mancher Streit beigelegt und manches Stelldichein gegeben.

Oudenaarde

△

In Oudenaarde deed het onafhankelijkheidsstreven zich minder gelden dan in vele andere Vlaamse steden. De stad kon geen leger bekostigen om zich o.a. tegen het machtige Gent te verdedigen; ze moest daarvoor een beroep doen op de garnizoenen van haar leenheer. Het prachtige stadhuis is dan ook minder een uiting van burgertrots of vrijheidsdrang ten overstaan van de leenheer. Bouwmeester J. van Pede en beeldhouwer P. van der Schelden schiepen het pronkstuk tussen 1527 en 1550, d.w.z. in de periode toen de tapijtweefkunst in volle bloei stond. Enkele jaren daarvoor was Karel V er overigens op de jonge, hupse Jeanne van der Gheinst verliefd geraakt, een relatie die de geboorte van een meisje tot gevolg had gehad, die als Margaretha van Parma, landvoogdes der Nederlanden onder Pilips II, de geschiedenis zou ingaan.

Audenarde ne se signala guère dans les fastes de l'autonomie communale. N'étant pas assez argentée pour armer des milices et assurer elle-même sa défense, elle se contenta le plus souvent d'abriter les garnisons de son seigneur. Pourtant Audenarde a été dotée d'un hôtel de ville d'une richesse telle qu'on pourrait le confondre avec une manifestation d'orgueil bourgeois face à la puissance du prince. Il est vrai qu'on le construisit de 1527 à 1550, au temps où le tissage des tapis prospérait dans la ville. Au temps aussi où Charles Quint y venait voir la belle et accorte Jeanne van der Gheenst dont il avait eu une fille, la future Marguerite de Parme, gouvernante des Pays-Bas sous Philippe II.

◁

Oudenaarde did not distinguish itself during the glorious period of municipal autonomy. Not wealthy enough to arm a militia and assume its own defence, it was most often protected by garrisons of its lord. However, Oudenaarde possesses a Town Hall of such opulence that one could mistake it for a manifestation of municipal pride in opposition to princely power. It was built from 1527 to 1550, the period when tapestry weaving made the city prosperous. It was at this time that Charles the Fifth came to visit the beautiful and gracious Johanna van der Gheenst, by whom he had a daughter who would be known as Margaret of Austria, duchess of Parma, governess of the Netherlands under Philip II.

Dem Streben nach kommunaler Unabhängigkeit waren in Oudenaarde recht enge Grenzen gesetzt. Eine eigene Stadtmiliz konnte es sich nicht leisten; für seine Verteidigung war es auf die Truppen des Feudalherrn angewiesen, die dort in Garnison lagen. Davon merkt man kaum etwas, wenn man vor dem prachtvollen Rathaus der Stadt steht, das man für ein stolzes Wahrzeichen bürgerlicher Unabhängigkeit von der Macht der Herrschenden zu halten geneigt wäre. Es wurde zwischen 1527 und 1550 vom Baumeister H. van Pede und vom Bildhauer P. van der Schelden gebaut, d.h. als die Herstellung von Wandteppichen der Stadt zu großem Reichtum verhalf. Damals kam auch Karl V. nach Oudenaarde, um dort die schöne, adrette J. van der Gheenst zu treffen, die ihm eine Tochter schenken sollte, die später den Namen Margaretha von Parma trug und unter Philipp II. Statthalterin der Niederlande wurde.

Dendermonde

△

Boven het stadhuis van Dendermonde, destijds de Lakenhalle, tekent de zeer gave, ranke silhouet van het belfort (1378) zich scherp af. In september 1914 ging het stadhuis in vlammen op; tijdens de restauratiewerkzaamheden van 1920 werd de opmerkelijke rechthoekige vorm gehandhaafd.

Boven op de hoge toren van het Gerechtshof (1924), links van het stadhuis, troont het bronzen Ros Beiaard.

The town hall of Dendermonde, standing at the foot of the slim, almost geometric belfry of 1378, was nearly completely destroyed in September, 1914. Reconstruction of this old cloth hall was begun in 1920, keeping the rectangular plan and saddle-backed roof.

The tower of the Law Courts (1924) on the left of the town hall bears a statue of the horse Bayard.

Au pied du beffroi (1378) qui a la svelte beauté d'une épure, l'hôtel de ville de Termonde fut presque totalement détruit en septembre 1914. Entreprise dès 1920, la restauration de cette ancienne halle aux draps maintint la silhouette rectangulaire, coiffée du toit en bâtière.

À gauche de l'hôtel de ville, la haute tour du palais de Justice (1924) porte à son sommet une représentation du cheval Bayard.

Am Fuße des Bergfrieds (1378), dessen feste Konturen sich am Himmel abzeichnen, liegt das Rathaus von Dendermonde, das im September 1914 in Flammen aufging. Als man es 1920 restaurierte, behielt man die rechteckige Form der früheren Tuchhalle mit einem Satteldach bei.

Auf dem hohen Turm des Gerichtshofes (1924) neben dem Rathaus thront Roß Bayard, das Roß der vier Haimonskinder.

Aalst

△

Kort voor het einde van het Hollandse bewind werden de gemeentelijke diensten in Aalst van het schepenhuis naar een gebouw in rococostijl overgeheveld, dat de Gentse bouwmeester Roelandt, een grote bewonderaar van de Franse kunst, had ontworpen.

Op het binnenplein springt het contrast tussen de witte middentravee en de donkerder bakstenen op de zijvlakken in het oog. Het smeedijzeren balkonhek, de zonnewijzer boven het ronde venster dat door asymmetrische motieven in rocaille is omsloten, zijn typische kenmerken van de Lodewijk-XV-stijl.

When the Dutch rule ended, the municipal services of Aalst moved from the magistrate's offices into a rococo building designed by a Ghent architect, Roelandt, who was greatly influenced by French models.

A white central bay in the inner courtyard contrasts with the flanking dark bricks. The details are Louis XV also: a wrought-iron balcony, and, at the summit, a sundial over a bulls-eye window, surrounded by asymmetrical shell motifs.

A la fin du régime hollandais, les services communaux d'Alost ont quitté la maison scabinale pour un bâtiment rococo dû à l'architecte gantois Roelandt, qui s'était largement inspiré des modèles français.

Dans la cour intérieure, la blancheur de la travée centrale contraste avec la brique sombre des côtés. Le décor Louis XV également: balcon en fer forgé et, au sommet, un cadran solaire qui surmonte un œil-de-bœuf englobé dans des motifs asymétriques en coquille.

Am Ende der holländischen Periode verließ die Stadtverwaltung das damalige Schöffenhaus und bezog einen Bau im Rokokostil, den der für französische Kunst schwärmende Genter Baumeister Roelandt errichtet hatte.

Im Innenhof beeindruckt vor allem der Gegensatz zwischen der weißen Travée und den sie einrahmenden dunkleren aus Backstein. Das schmiedeeiserne Balkongitter und die Sonnenuhr über dem mit asymmetrischen Rocaillemotiven geschmückten Rundfenster gehören zur Ornamentik des Stils Louis XV.

Aalst, lang geleden de hoofdplaats van keizerlijk Vlaanderen, heeft het oudste, ten dele nog bewaard gebleven schepenhuis der Lage Landen. In de 15de eeuw werd het verbouwd en vergroot, in 1543-1545 werd het Gebiedshuisje of de Bretesk in laat-gotische stijl met Brabantse inslag herbouwd. Bovenaan tussen het bladwerk en de pinakels van de balustrade staan sind de 19de eeuw vijf beelden, o.a. keizer Karel V, de schilder Pieter Coecke en de dichter Cornelius de Schrijver — twee beroemde Aalstenaren — en Dirk van Aalst, in de volksmond "het kind van Aalst" genoemd.

The Aldermen's House in Aalst is the oldest surviving one in the former Low Countries. Its «Gebiedshuisje», a bretesse or battlemented loggia, was rebuilt in 1554 in a Brabantine variation of flamboyant Gothic. The richly foliated balustrade is studded with pinnacles. In the 19th century statues of Emperor Charles the fifth and such illustrious local sons as the artist Pieter Coecke, the poet Cornelius de Schryver et Dirk van Alst were placed on it.

La «Maison scabinale» d'Alost - la plus ancienne qui ait été conservée dans les anciens Pays-Bas - fut dotée d'une bretèche, la «Gebiedshuisje», reconstruite en 1544 en style gothique flamboyant d'inspiration brabançonne. Sa balustrade au décor de feuillage très fourni est jalonnée de pinacles et ornée, depuis le 19e siècle, des statues de l'empereur Charles Quint et de personnages qui ont illustré la cité: le peintre Pieter Coecke, le poète Cornelius de Schryver et Dirk van Alst.

Aalst, früher der Hauptort des kaiserlichen Teils Flanderns, besitzt das älteste, zum Teil noch erhalten gebliebene Schöffenhaus des Landes. Es wurde im 15. Jh. umgebaut und vergrößert. 1543-1544 wurde das vorspringende "Gebietshäuschen" an den spätgotischen Stil mit für Brabant typischen Eigenarten angepaßt.

Oben zwischen dem Blattwerk und den Fialen thronen seit dem 19. Jh. fünf Statuen, u.a. Kaiser Karl V., die in Aalst geborenen Maler bzw. Dichter Pieter Coecke und Cornelius de Schrijver sowie Dirk van Aalst, der im Volksmund das "Kind von Aalst" heißt.

Mechelen

(Hier tegenover)

In het begin van de 14de eeuw waren de Mechelenaren voorne-mens een ruime lakenhalle met een belfort in het midden te bouwen zoals die van Brugge en Ieper. Jammer genoeg hadden ze de offervaardigheid van hun medeburgers overschat. Slechts de twee benedenverdiepingen met de fraaie arcades als versiering aan de bovenkant en de onderbouw van het belfort kwamen tot stand. In de 16de eeuw probeerde men de onafgewerkte toestand van het gebouw door middel van een paviljoendak en twee achthoekige torentjes te verdoezelen.

Het laat-gotische paleis van de Grote Raad, het huidige stadhuis, is annex aan de Lakenhalle. Het werd in 1529 door Rombout Keldermans ontworpen. Ook hier werd alleen de benedenverdieping voltooid, want de Grote Raad verhuisde naar het Schepenhuis en daarna naar het paleis van Margaretha van Oostenrijk. In 1910 werd het paleis dan toch naar het oorspronkelijk ontwerp afgebouwd.

(Rechts)
Alsof het de bedoeling was de ontwikkeling van de bouwkunst voor de bezoeker te ontvouwen, laat de Grote Markt gebouwen van de 16de tot en met de 18de eeuw, d.w.z. van de flamboyante gotiek tot barok en rococo, voor de ogen voorbijtrekken.

De voorgevel van het huis „In den Boer à la Mode" (links) werd in 1905 naar archiefbeelden her-opgebouwd. Deze geslaagde restauratie sluit harmonisch aan bij de drie huizen met puntgevels en het gotische koor van de kathedraal.

(Ci-contre)
Au début du XIVe siècle, les Malinois se proposèrent de construire de vastes halles aux draps avec un beffroi médian comme à Bruges et à Ypres. Ils avaient malheureusement vu trop grand et surestimé leurs capacités d'entente civile. Du beau projet, seul fut achevé le rez-de-chaussée, un premier étage joliment orné d'arcatures et l'amorce de la tour du beffroi. Le XVIe siècle donna l'illusion de l'achèvement par l'ajout d'une toiture en pavillon et de deux tourelles octogonales.

Les halles aux draps sont flanquées du palais du Grand Conseil, aujourd'hui hôtel de ville. De style gothique tardif, il fut commencé en 1529 selon les plans de Rombaut Keldermans. Seul le rez-de-chaussée fut construit, le Grand Conseil ayant décidé de se loger dans la maison des Echevins, puis dans le palais de Marguerite d'Autriche. En 1910, l'édifice fut enfin achevé en s'inspirant des plans primitifs.

(A droite)
La vaste place du Marché de Malines offre le décor urbain de ses édifices des XVIe, XVIIe et XVIIIe siècles dont les façades reflètent la succession du gothique tardif, du triomphe baroque et de l'arrivée du rococo, comme pour illustrer une histoire de l'architecture.

La façade rococo de la maison «In den Boer à la Mode» (à gauche) a été reconstruite en 1905, d'après des photographies d'archives. C'est une réussite qui complète le décor formé par les trois maisons à pignons et le chœur gothique de la cathédrale.

(Above)
At the beginning of the 14th century the people of Mechelen decided to build a huge cloth hall with a central belfry like those of Bruges and Ypres. Unfortunately, their ambitions were too grandiose and they overestimated their capacity for civic harmony. Of the grand project, only the ground floor, a first storey prettily decorated with blind arcades, and the beginnings of the belfry were built. The 16th century created an illusion of completion by adding a pavilion roof and two octagonal turrets.

The Cloth Hall is flanked by the late Gothic palace of the High Council, today the City Hall, built in 1529 by Rombout Keldennans. Only the ground floor was completed, as the High Council decided first to use the Magistrates House and then the palace of Margaret of Austria. The edifice was finally completed in 1910, following the original plans.

(Right)
The spacious market square of Mechelen presents the evolution of urban styles in the 16th, 17th and 18th centuries. The façades in late Gothic, triumphant baroque and early rococo are an illustrated guide to the history of architecture.

The rococo façade of "In den Boer à la Mode" (left), was reconstructed in 1905 following photos in the archives. It successfully completes the decor formed by three gabled houses and the Gothic choir of Saint Rombaut's cathedral.

(Oben)
Zu Beginn des 14. Jh. wollte Mechelen es beim Bau einer großen Tuchhalle mit zentralem Bergfried mindestens Brügge und Ypern gleichtun und überschätzte die Opferbereitschaft seiner Bürger. Nur das Erdgeschoß, die erste Etage mit schönem Blendbogenwerk und der Unterteil des Turms wurden vollendet. Im 16. Jh. versuchte man, diesen unbefriedigenden Zustand mit einer pavillonartigen Bedachung und zwei oktogonalen Türmchen zu kaschieren.

Neben der Tuchhalle steht der spätgotische Große Rat, das heutige Rathaus, dessen Bau nach Plänen von R. Keldermans 1529 in Angriff genommen wurde. Auch hier kam nur das Erdgeschoß zustande, denn der Große Rat zog ins Schöffenhaus, dann in den Palast Margarethas von Österreich ein. Erst 1910 wurde das Gebäude nach dem ursprünglichen Plan vollendet.

(Rechts)
Als ob er uns die Entwicklung der Baukunst ganz konkret vorführen wolle, zeigt der Marktplatz Fassa-den vom 16. bis 18. Jh. in spätgotischem, im Barock- und im Rokokostil.

Der vordere Giebel des Hauses «In den Boer à la Mode» (links) wurde nach Archivbildern neu erbaut. Diese gelungene Restaurierung bildet mit den drei Spitzgiebeln und dem gotischen Chor der Kathedrale ein harmonisches Ganzes.

De bloeiperiode van Mechelen valt samen met de tijd toen Margaretha van Oostenrijk eerst regentes dan landvoogdes was (1519-1530). Deze tante van Karel V droeg aan Rombout Keldermans en Guyot de Beaugrand de bouw van haar paleis — nu het gerechtshof — op. Door de soms te flamboyante gotiek schemert hier en daar de sobere helderheid van de renaissance. Hier onthaalde de landvoogdes de rederijkers Jehan Lemaire de Belges en J. Molinet, de humanisten Erasmus en Thomas More, de schilders Jean Gossaert en Fernand van Orley, de musici Josquin des Prés en Pierre de La Rue.

Malines connu son apogée sous la régence puis le gouvernement de Marguerite d'Autriche (1519-1530). La tante de Charles Quint y fit édifier par les architectes Rombaut Keldermans et Guyot de Beaugrand son palais — l'actuel palais de Justice — dans un style où les fruits trop mûrs du gothique s'effacent devant les premières fleurs de la Renaissance. Elle y recevait l'historiographe Jehan Lemaire de Belges et Jean Molinet, le dernier rhétoriqueur, les humanistes Erasme et Thomas More, les peintres Jean Gossaert et Bernard van Orley, les musiciens Josquin des Prés et Pierre de La Rue.

Mechelen reached its peak of glory under the regency and then the governorship of Margaret of Austria (1519-30), when the aunt of Charles the Fifth had her palace built there. Now the Law Courts, the building conceived by the architects Rombout Keldermans and Guyot de Beaugrand is an example of overblown Gothic giving away to the first flowering of the Renaissance. In her palace Margaret received the chronicler Jehan Lemaire de Belges, the last of the rhetoricians, Jean Molinet, the humanists Erasmus and Thomas More, the painters Jean Gossaert and Bernard van Orley and the musicians Josquin des Prés and Pierre de La Rue.

Mechelen erlebte seine Blütezeit, als Margarethe von Österreich Regentin, bzw. Statthalterin der Niederlande war (1519-1530). Die Tante Karls V. ließ sich von den Baumeistern R. Keldermans und G. de Beaugrand einen Palast — das heutige Gerichtsgebäude — errichten. Die überreif gewordene Gotik räumt darin das Feld vor den ersten Blüten der Renaissance. Die Statthalterin empfing hier die Meistersinger J. Lemaire de Belges und J. Molinet, die Humanisten Erasmus und Thomas Morus, die Maler J. Gossaert und B. van Orley sowie die Musiker Josquin des Prés und P. de La Rue.

Het hotel van Jeronimus van Busleyden werd in 1508 en waarschijnlijk onder leiding van Antoon Keldermans gebouwd. Van 1619 tot 1914 werd het als bank van lening gebruikt. Na de brand van 1915 werd het tussen 1930 en 1938 grondig gerestaureerd en daarna door koning Leopold III plechtig als stedelijk museum geopend.

De puntgevels, een typisch kenmerk van de Brabantse gotiek, en de renaissancistisch aandoende galerij getuigen van het haast onuitputtelijke combinatievermogen dat de burgerlijke bouwkunst van het toenmalige Mechelen zo aantrekkelijk maakt. Maar was het echt raadzaam de balustrade van de toren tijdens de restauratiewerkzaamheden door een peervormige spits te ontsieren?

The mansion belonging to Jeronimus van Busleyden, attributed to the architect Antoon Keldermans, was completed in 1508. From 1619 until the First World War it was the municipal pawnshop. Destroyed by fire in 1915 and completely rebuilt between 1930 and 1938, it was inaugurated as a municipal museum by King Leopold III.

Allying gables in the pervasive Brabantine Gothic style with a Renaissance gallery, the van Busleyden mansion is testimony to the quality and richness of private architecture in 16th century Mechelen. However, it is curious that the restorer added a pyramidal spire to the tower which would normally be terminated by a balustrade.

Attribué à l'architecte Antoon Keldermans, l'hôtel de Jeronimus van Busleyden fut achevé en 1508. De 1619 jusqu'à la Première Guerre mondiale, il fit office de mont-de-piété. Ravagé par un incendie en 1915 et entièrement restauré de 1930 à 1938, il fut inauguré comme musée communal par le roi Léopold III.

Mêlant les pignons caractéristiques du gothique brabançon persistant et l'inspiration Renaissance de la galerie, l'hôtel de Busleyden témoigne de la qualité et de la richesse de l'architecture privée à Malines au XVIe siècle. Mais pourquoi le restaurateur a-t-il refait la flèche piriforme de la tour qui devrait normalement se terminer à la balustrade?

Der Bau des Hotels von J. van Busleyden wurde 1508 wohl unter der Leitung von A. Keldermans beendet. Von 1619 bis 1914 war es ein Leihhaus. Nach dem Brand von 1915 wurde es nach 1930 völlig restauriert. 1938 eröffnete König Leopold III. dort das Gemeindemuseum.

Unter den für die Brabanter Gotik charakteristischen abgetreppten Giebeln befindet sich eine Galerie wie in Renaissancebauten. Das Ganze zeugt vom Formenreichtum der profanen Architektur im Mechelen des 16. Jh. Doch warum hat man dem Gebäude einen birnenförmigen Turm aufgesetzt und es nicht, wie es sich gehört hätte, mit einer Balustrade abgeschlossen?

Het uit de 18de eeuw daterende Hof van Cadix bestaat uit vier witgekalkte vleugels die rond een binnenkoer zijn gebouwd. Tot 1830 was het een seminarie, daarna een school voor arme kinderen; nu is het een klooster van de zusters van Overijse-Mechelen (Frederik de Merodestraat 41).

The Cadix mansion, at 41 Frederik de Merodestraat, dating from the 18th century consists of four white-painted wings around an inner courtyard. A seminary occupied it until 1830, followed by a school for poor children run by the Sisters of Charity and then by the Sisters of Overijse-Mechelen, who use it as their convent.

Complexe de quatre ailes peintes en blanc qui entourent une cour intérieure, la «maison de Cadix» date du XVIIIᵉ siècle. Les séminaristes l'occupèrent jusqu'en 1830, puis se succédèrent les Sœurs de la Charité, qui en firent une école pour enfants pauvres, et les Sœurs d'Overijse-Malines, qui y ont fixé leur couvent (Frederik de Merodestraat 41).

Das Haus Cadix besteht aus vier weißgetünchten Flügeln, die im 18. Jh. um einen Binnenhof herum gebaut wurden. Es war bis 1830 ein Priesterseminar, dann eine kirchliche Schule für arme Kinder; nun ist es das Kloster der Schwestern von Overijse-Mechelen (Frederik de Merodestraat 41).

Lier

Het stadhuis van Lier (1740) verschilt helemaal van het in de 14de eeuw gebouwde schepenhuis. Het werd ontworpen door Jan-Pieter van Baurscheit d.J., de voorvechter van het rococo in het Antwerpse. Het risaliet in het midden, de zuilen die aan weerskanten van de ingang een balkon schragen, de gedrukte vensterbogen van gehouwen steen, alles draagt de stempel van de Antwerpse meester. Het geheel heeft iets majestueus dat de ijdelheid van de opdrachtgevers zeker en vast gestreeld heeft.

De rococotrap (1775) in de hal is van de hand van de meestertimmerman W. van Everbroeck. Een nogal woelig „Gevecht van de draak en de arend" van de Lierenaar L. van Boeckel (1857-1944) staat naast de trapopgang.

The Town Hall of Lier (1740) has nothing in common with the *domus scabinorum* of the 14th century. It is the work of the Antwerp master of the rococo style, Jan Pieter Baurscheit the Younger. The slightly projecting central part with double columns at the entrance supporting a balcony and the flattened arches in cut stone framing the windows are characteristic of his work, which produced the stateliness desired by the city fathers.

In the vestibule, at the foot of the rococo stairs done in 1775 by the sculptor W. van Everbroeck, stands the animated "Combat of the Eagle and the Dragon" by the local artist L. van Boeckel (1857-1944).

L'hôtel de ville de Lierre (1740) n'a plus rien de commun avec la *domus scabinorum* du XIVᵉ siècle. C'est l'œuvre du maître rococo anversois Jean-Pierre van Baurscheit le Jeune. Cela se reconnaît à la partie centrale du monument, qui se trouve en saillie, aux deux colonnes de l'entrée qui supportent le balcon, et aux arcs surbaissés qui constituent l'encadrement en pierre de taille des fenêtres. L'effet produit ne manque pas de la majesté que souhaitaient les édiles.

Dans le vestibule, le départ de l'escalier rosoco, réalisé en 1775 par le sculpteur W. van Everbroeck, voisine avec le tumultueux « Combat de l'aigle et du dragon », une œuvre de l'artiste local L. Van Boeckel (1857-1944).

Das Rathaus von Lier (1740), das der Antwerpener Meister des Rokoko J.-P. van Baurscheit d.J. baute, hat nichts gemein mit dem Haus der Schöffen aus dem 14. Jh. Das zeigt vor allem der vorspringende Risalit in der Mitte mit seinen zwei Säulen am Eingang, die den Balkon tragen, und mit seinen flachbögigen Fenstereinfassungen aus behauenem Stein. Das Ganze erweckt einen majestätischen Eindruck, der den Stadtvätern behagt haben dürfte.

Im Vorraum steht der recht schwülstige «Kampf des Adlers mit dem Drachen» von L. van Boeckel (1857-1944) aus Lier neben dem Aufgang der Treppe im Rokokostil (1775) von W. van Everbroeck.

Het in de 17de eeuw opgetrokken, een eeuw later omgebouwde pand „De Fortuin" diende achtereenvolgens als graanopslagplaats, kolenbergplaats, limonadefabriek en gemeentelijke opslagplaats, vooraleer het in 1965 tot een restaurant werd omgebouwd. De nieuwe, grote muuropeningen, de beschilderde luiken en het mooie uitzicht op de Nete zorgen ervoor dat de bezoeker gelooft dat „De Fortuin" altijd een restaurant is geweest.

Erected in the 17th century and remodelled in the 18th, the "De Fortuin" house was used in turn as a granary, a coal depot, a soft-drink factory and a municipal shop until it was renovated in 1965 and became a restaurant. The new bay windows and painted shutters give the façade on the Nete an elegance which belies its old, humble vocations.

Erigée au XVIIᵉ siècle et transformée au XVIIIᵉ siècle, la maison « De Fortuin » servit successivement d'entrepôt de grain, de remise de charbon, de fabrique de limonade et de magasin communal avant d'être restaurée en 1965 et de devenir un restaurant. Les baies nouvelles et les volets peints donnent à la façade sur la Nèthe une élégance qui contredit heureusement les destinations premières de la maison.

Das im 17. Jh. errichtete Haus « De Fortuin » war nacheinander Getreidekammer, Kohlehandlung, Limonadefabrik und Stadtdepot. Seit der Restaurierung von 1965 ist es eine Gaststätte. Beim Anblick der breiten Fenster, der frisch gestrichenen Fensterläden und der vorbeifließenden Nete vergißt man die früheren Verwendungen des Gebäudes völlig.

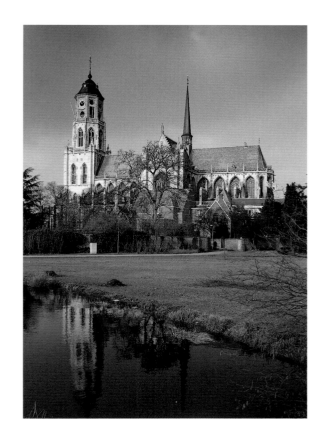

Een hele reeks bouwmeesters — Herman Mijs, Herman en Domien de Waghemaker, Rombout Keldermans — waren bij de bouw van de gotische St.-Gummaruskerk betrokken, die in verscheidene bouwfazen is ontstaan: beginfaze vanaf 1377, voltooiing van de beuken in de 15de eeuw en in 1754 voltooiing van de 60 m hoge toren, die de vorm van een peperbus heeft.

In de kerk valt een hele collectie van prachtige glas-in-lood-ramen uit de periode 1450-1550 te bewonderen.

Plusieurs architectes — Herman Mijs, Herman et Domien de Waghemaker, Rombaut Keldermans — ont œuvré à la construction de la collégiale gothique Saint-Gommaire. Les travaux débutèrent en 1377 et se poursuivirent au XVe siècle. Achevée en 1754, la tour de soixante mètres de haut a la forme très particulière d'un poivrier.

La collégiale de Lierre contient un ensemble exceptionnel de vitraux anciens qui vont de 1450 au milieu du XVIe siècle.

A number of architects such as Herman Mijs, Herman and Domien de Waghemaker and Rombout Keldermans worked on the Gothic collegiate church of Saint Gummarus. Work began in 1377 and continued into the 15th century. The sixty-meter tower, finished in 1754, takes the unusual form of a pepperpot.

The collegiate church of Lier possesses an exceptional series of old, stained glass windows dating from 1450 to the mid-16th century.

H. Mijs, und D. de Waghemaker, R. Keldermans und andere Baumeister waren an der Entstehung der gotischen Stiftskirche St.-Gummarus in Lier beteiligt. Die 1377 begonnenen Bauarbeiten wurden im 15. Jh. fortgesetzt, doch der 60 m hohe, oben zwiebelförmige Turm wurde erst 1754 vollendet.

Besonders sehenswert sind die zahlreichen alten Kirchenfenster (1450-1550).

Omstreeks 1690 werd de langs de Kleine Nete gelegen Kalvarieberg bij het begijnhof van Lier gevoegd, dat al sedert de 13de eeuw bestond. Zoals elders omringen de huisjes met hun wit gekalkte muren een tuin, maar hier leidt een pad tot voor een piëta van witte steen onder een blauw baldakijn. De huisjes van de begijntjes van weleer worden nu door particulieren, vooral door Lierse kunstenaars, bewoond.

Around 1690 the *Kalvarieberg* close to the Little Nete was joined to the 13th century béguinage of Lier. Little whitewashed houses surround the traditional garden; a path leads to a white stone pieta under a blue painted baldachin (1840). The béguinage houses, many of which are now occupied by artists, have become private dwellings.

Vers 1690 le *Kalvarieberg*, situé près de la Petite Nèthe, fut rattaché au béguinage de Lierre fondé au XIIIᵉ siècle. De petites maisons blanchies à la chaux y entourent le traditionnel jardin où un sentier conduit à la pietà sculptée en pierre blanche (1840) sous un baldaquin peint en bleu. Les maisons des béguines sont désormais occupées par des particuliers, parmi lesquels de nombreux artistes.

Dem seit dem 13. Jh. bestehenden Beginenhof von Lier wurde gegen 1690 der Kalvarieberg unweit der Kleinen Nete angegliedert. Die gekalten, schneeweißen Häuschen stehen um den üblichen Garten, durch den ein Pfad zur Pietà aus weißem Stein führt, die ein blau getünchter Baldachin überragt. Nun wohnen hier Privatleute, vor allem Künstler.

De Zimmertoren, oorspronkelijk d.w.z. in de 14de eeuw Corneliustoren genoemd, maakte deel uit van de verdedigingsgordel rond Lier. Behalve de onderbouw was hij bouwvallig geworden, toen hij na heel wat wisselvalligheden in 1928 werd gerestaureerd om onderdak te bieden aan de „jubelklok" van L. Zimmer.

Zimmer bouwde zijn astronomisch uurwerk om de tijd op alle mogelijke manieren te meten. Op liefst 70 wijzerplaten kan de bezoeker de ware tijd, de middelbare tijd, de tekens van de dierenriem, de dag van de week, de watergetijden, de seizoenen, de zonsverduisteringen, de verschijning van kometen en dies meer aflezen. Automaten waarvoor figuren uit romans van o.a. Ernest Claes en Felix Timmermans model stonden, zorgen voor een vleugje humor in dit precisie-instrument.

The Cornelius Tower built in the 14th century was part of the defensive walls of Lier. It had many different functions over the years and, except for its base, was in a lamentable state when it was rebuilt in 1928 to house Louis Zimmer's astronomical clock.

Built to measure time in all its aspects, the machine has seventy dials displaying true time and local mean time, the signs of the zodiac and the days of the week, eclipse cycles, the passage of comets, tide tables and the seasons. Amusing automatons, inspired by the novels of Ernest Claes and Felix Timmermans, animate this marvel of precision.

Bâtie au XIVᵉ siècle, la tour Cornelius faisait partie de l'enceinte défensive de Lierre. Elle connut, par la suite, diverses destinations et, sauf à la base, se trouvait en piteux état lorsqu'en 1928, on la reconstruisit pour y loger l'horloge astronomique de Louis Zimmer.

Fabriquée pour mesurer le temps sous tous les aspects, la machine a septante cadrans qui indiquent l'heure et le temps moyens, le signe du zodiaque et le jour de la semaine, le flux des marées et le jeu des saisons, le cycle des éclipses et le passage des comètes. D'amusants automates, inspirés des romans d'Ernest Claes et de Felix Timmermans, animent cette merveille de précision.

Der im 15. Jh. gebaute Corneliusturm gehörte zur Stadtmauer von Lier. Später diente er verschiedenen Zwecken, doch man hielt nur die unteren Stockwerke instand, bevor 1928 die astronomische Uhr von Louis Zimmer in den Turm eingefügt wurde.

Die Uhr soll die Zeit in all ihren Aspekten messen. Siebzig Zifferblätter zeigen die genaue Zeit, die mittlere Sonnenzeit, das Tierkreiszeichen, den Wochentag, die Gezeiten und Jahreszeiten, die Aufeinanderfolge der Eklipsen und die Bahn der Kometen an. Automaten, die Romanhelden von E. Claes und F. Timmermans nachgebildet sind, sorgen für humorvolle Abwechslung.

Antwerpen

Voor evenementen zoals „Eurosail" komen de zeilboten weer voor anker liggen zoals vroeger. En wat een prachtig stadsgezicht op de andere oever! Hoe verstrekkend de veranderingen ook mogen zijn, nog altijd steekt de O.-L.-Vrouwetoren boven de daken uit en nodigt ons uit de stad, ooit de metropool van West-Europa, te lomen bezichtigen.

Aux fêtes de l'«Eurosail», les grands voiliers s'amarrent comme jadis à la rade. Et c'est une vue prestigieuse qui se déploie sur l'autre rive. Certes, le spectacle s'est modifié de siècle en siècle mais c'est toujours la flèche de Notre-Dame qui, par dessus les toits, nous fait signe et nous invite à franchir le fleuve pour pénétrer dans l'ancienne Métropole de l'Occident.

During the *"Eurosail"* festival sailboats moor in the roads as they did in bygone days, facing the majestic skyline on the far bank. It has changed, of course, over the centuries but, as always, the spire of Our Lady's church rises above the roofs, beckoning an invitation to cross the river and visit the former metropolis of the West.

Für Veranstaltungen wie «Eurosail» liegen die Segelschiffe wieder vor Anker wie ehemals. Und wie majestätisch das gegenüberliegende Ufer sich vor uns ausdehnt! Möge die Skyline sich auch sehr verändert haben, der Turm der Liebfrauenkirche ragt noch immer darin empor und lädt zum Besuch der einstigen Metropole des Abendlands ein.

(Hier tegenover)

Om er rotsvast op te kunnen vertrouwen dat hun stadhuis het mooiste van de Lage Landen zou worden, raadpleegden de Antwerpenaren een kosmopolitisch panel vooraanstaande bouwmeesters uit de 16de eeuw. Velen van deze deskundigen zetelden in de bouwcommissie die van december 1560 tot maart 1561 in de Scheldestad vergaderde. Uiteindelijk werd de uitwerking van de definitieve plannen en het algemene toezicht over de werkzaamheden toevertrouwd aan Cornelis Floris.

Dit allemaal verklaart niet alleen de uitmuntendheid van het bouwwerk, maar ook de typische, harmonieuze mengeling van stijlelementen. Op het eerste gezicht lijkt het gebouw een renaissancepaleis waarvan de verdiepingen door middel van Dorische en Ionische zuilen met elkaar verbonden zijn met daarboven een open galerij die door een kroonlijst is afgesloten. Bij nader toezien geraakt men echter getroffen door het eerder Noordeuropese verticalisme dat er o.a. in de mooie kruisramen in slaagt het Italiaanse horizontalisme te temperen.

(Rechter bladzijde)

In het stadhuis gingen de Franse revolutionairen in 1794 als wildemannen tekeer: al wat waardevol was werd geplunderd, de rest werd in een vreugdevuur verbrand. De in 1824 ingezette restauratiewerkzaamheden werden dan ook pas na de Omwenteling van 1830 onder leiding van de Antwerpse schilder H. Leys beëindigd. In de zalen op de eerste verdieping prijken trouwens enkele fresco's van zijn hand. Het voormalige binnenhof — nu de grote hal — werd met een glazen dak bekapt.

(Ci-contre)

Pour être assurés qu'ils auraient le plus fastueux hôtel de ville de tous les Pays-Bas, les Anversois n'hésitèrent pas à consulter quelques-uns des meilleurs artistes du XVIe siècle. Plusieurs de ces «experts» se retrouvèrent au sein d'une commission de construction qui se réunit dans la métropole, de décembre 1560 à mars 1561. Ils discutèrent donc ferme et longuement aux frais de la ville. Finalement, Corneille Floris fut chargé d'élaborer les plans définitifs et de surveiller les travaux.

Ces circonstances expliquent non seulement la splendeur du bâtiment mais aussi le mélange harmonieux des styles qui le caractérise. A première vue, il ressemble à un palais de la Renaissance italienne: étages inférieurs reliés aux étages supérieurs par des piliers doriques et ioniques, galerie ouverte sous la corniche. Mais à y regarder de plus près, on perçoit une verticalité nordique qui compense — notamment par les fenêtres à croisées — l'horizontalité italienne.

(Page de droite)

En 1794, les révolutionnaires français ravagèrent l'intérieur de l'hôtel de ville, dérobant ce qui avait de la valeur et faisant du reste un grand feu de joie sur le Meir. La restauration commença en 1824 mais ne s'acheva qu'après la révolution de 1830 sous la direction d'Henri Leys. Quelques grandes fresques du peintre anversois ornent d'ailleurs les salles du premier étage. Quant à la salle des pas perdus, ancienne cour intérieure, elle a reçu la protection d'une vaste verrière.

(Above)

The citizens of Antwerp did not hesitate to consult some of the best 16th century artists to ensure that they would have the most splendid City Hall in all the Netherlands. Some of these «experts» formed part of the building committee which met in the metropolis from December 1560 to March, 1561. They debated fiercely and at length at the city's expense. Finally, Cornelis Floris was appointed to draw up the plans and supervise the works.

These events explain not only the splendor of the building but also the harmonious marriage of styles which give it its character. At first sight it resembles an Italian Renaissance palace: lower storeys linked by Ionic and Doric columns to the upper storeys, an open gallery under a cornice. On closer examination, a northern verticality can be seen to counterbalance the Italian horizontality, particularly in the cruciform window insets.

(Right)

In 1794 French revolutionaries sacked the City Hall, carrying off anything valuable and burning the rest in a bonfire on the Meir. Restoration began in 1824 but was only completed under Henri Leys after the 1830 revolution. Several large frescoes by this local artist adorn the walls of the first storey. The lobby, formerly an inner court, is now protected by a glass roof.

(Oben)

Damit ihr Rathaus alle anderen in den Niederlanden übertreffe, ließen die Antwerpener sich erst von zahlreichen damals berühmten Baumeistern beraten. Mehrere dieser Fachleute wurden zu Mitgliedern der Baukommission ernannt, die von Dezember 1560 bis März 1561 in Antwerpen tagte. Dann erteilten die Stadtväter Cornelius Floris den Auftrag, den endgültigen Plan auszuarbeiten und über dessen Ausführung zu wachen.
Sowohl die Pracht des Bauwerkes als auch dessen heterogene, doch sorgfältig aufeinander abgestimmte Stilmerkmale sind also durchaus erklärlich. Wie in einem Palazzo aus der Renaissancezeit sind die Stockwerke durch dorische und ionische Säulen gegliedert und unter dem Gesims durch eine offene Galerie mit einem Giebeldreieck abgeschlossen. Doch bei genauerem Hinsehen merkt man, daß nordischer Vertikalismus u.a. in den Fensterkreuzen und Horizontalismus italienischer Provenienz hier einander die Waage halten.

(Rechts)

Wie Wilde ließen sich die französischen Revolutionäre am Rathaus aus: Was sie nicht raubten, verbrannten sie in einem großen Freudenfeuer auf dem Meir. Die Restaurierung von 1824 kam erst nach 1830 unter Leitung von H. Leys zum Abschluß. Große Fresken dieses Malers schmücken die Säle im ersten Stock. Der Innenhof wurde in eine Wartehalle mit Glasdach verwandelt.

Het huis «De Grote Witte Arend» (Reyndersstr. 18) was ooit het luxueuze verblijf van een vermeende Italiaanse prins. Onder de 17de-eeuwse arcadebogen hebben nu in de zomer concerten plaats, terwijl het hoekhuis nu een rustig restaurant is.

La maison «*de Grote Witte Arend*» (Reyndersstraat 18) fut la demeure d'un prince qui se prétendait italien. Sous les arcades du XVIIe siècle, des concerts sont organisés en été et la jolie maison qui fait angle abrite un restaurant rustique.

The house called "de Grote Witte Arend" (Reyndersstraat 18) was the residence of a prince who claimed to be Italian. Concerts are held in summer under the 18th century arcades and the pretty house on the corner is a rustic restaurant.

Das Haus «De Grote Witte Arend» (Reyndersstr. 18) gehörte einem sog. italienischen Prinzen. Unter den Arkaden werden im Sommer Konzerte abgehalten; das Haus an der Straßenecke ist eine rustikal eingerichtete Gaststätte.

Toen hij op het einde van de 19de eeuw hotel Delbeke (Keizer-straat) had verworven, probeerde baron Delbeke er de 17de-eeuwse, barokke stijlelementen beter te doen uitkomen. De bas-reliëfs van de toegangspoort naar de straat toe werden gerestaureerd en een laagje fijn goud moest een nieuwe luister bijzetten aan de versieringen van de deurvleugels en aan de impost met zeepaardjes en ruiters, die aan A. Quellien wordt toegeschreven.

De voorgevel van het hoofdgebouw dateert van 1649. Vooral de drie italianiserende arcadebogen met gebeeldhouwde hoekstenen doen aan bepaalde ontwerpen van P.-P. Rubens denken.

When Baron Auguste Delbeke acquired a house in the Keizerstraat at the end of the 19th century, he wished to emphasize its 17th century baroque style. He had the low reliefs of the entry porch on the street side restored. The decoration of the double doors was enhanced with gold as well as the impost with its seahorses and their riders, attributed to Artus Quellinus;

The main façade dates from 1649. So italianate are its three arcades with sculpted spandrels that it could have been designed by Peter Paul Rubens.

Lorsqu'il acquit une maison dans la Keizerstraat, à la fin du XIXe siècle, le baron Auguste Delbeke voulut accentuer son style baroque du XVIIe siècle. Il fit restaurer les bas-reliefs du porche d'entrée de la façade à rue. Le décor des deux battants de la porte fut rehaussé à l'or fin, ainsi que l'imposte, dont les chevaux marins et leurs cavaliers sont attribués à Artus Quellin.

La façade du corps de logis date de 1649. Avec ses trois arcades aux écoinçons sculptés, elle aurait pu être dessinée par Pierre-Paul Rubens, tant est manifeste son italianisme.

Als der Baron A. Delbeke am Ende des 19. Jh. ein Haus in der Keizerstraat erworben hatte, wollte er dessen barocke Stilzüge besser zum Zuge kommen lassen. Die Flachreliefs des Portals zur Straße hin wurden restauriert, die Verzierungen der beiden Türflügel sowie die A. Quellinus zugeschriebenen Seepferdchen, die den Kämpfer schmücken, neu mit Gold belegt.

In der Fassade des Hauptgebäudes (1649) mit dreifacher Arkade und Skulpturen auf den Zwickeln ist der italienische Einfluß so deutlich, daß es sich um einem Entwurf von P.-P. Rubens handeln könnte.

Zoals blijkt uit vermaningen afkomstig van de waakzame geestelijke overheid, stelden de zusters van het St-Elizabethgasthuis (Lange Gasthuisstr. 45) zich in de 13de eeuw soms bloot aan berispingen. Zo werd hun verweten dat ze zich als dames van adellijke afkomst kleedden of zelfs dat ze hun schoothondjes tijdens de godsdienstige plechtigheden in de kapel vertroetelden...

Wat er ook van zij, het schip van de gotische kapel dateert uit de 14de, het koor uit de 15de eeuw. Later werd de Brabantse gotiek dan nog een barok hoofdaltaar opgezadeld.

The nuns of Saint Elizabeth's Hospital (Lange Gasthuisstraat 45) did not always enjoy a good reputation. At the end of the 13th century they were reproached for dressing like grand ladies and taking their lap dogs to holy services. There is evidence that the ecclesiastical authorities reacted appropriately to these accusations.

The nave of the Gothic chapel of the dates from the 14th century but the choir is of the 15th. Despite its Brabantine Gothic character, it coexists harmoniously with the baroque high altar.

Les religieuses du *Sint-Elizabethgasthuis* (Lange Gasthuisstraat 45) n'eurent pas toujours bonne réputation. A la fin du XIIIe siècle, on leur reprochait de s'habiller comme de grandes dames et d'assister aux offices avec leur petit chien de compagnie sur les genoux. Nous le savons parce que les autorités ecclésiastiques réagirent comme il convenait...

La nef de la chapelle gothique du couvent date du XIVe siècle mais le chœur est du siècle suivant. Son style gothique brabançon s'accommode de la présence d'un maître autel baroque.

Das Gehabe der Schwestern des St.-Elisabethkrankenhauses (Lange Gasthuisstr. 45) wurde wiederholt beanstandet. Aus Schriftstücken geht hervor, daß ihnen am Ende des 13. Jh. vorgeworfen wurde, sich wie Edelfrauen zu kleiden und sich während der Gottesdienste zu sehr um ihre Schoßhündchen zu kümmern. Die Maßnahmen der geistlichen Obrigkeit waren entsprechend...

Das gotische Schiff der Kapelle wurde im 13., das Chor im 14. Jh. gebaut. Der Brabanter Gotik wurde hier ein barocker Hauptaltar aufoktroyiert.

In 1745 bouwde architect Jan-Pieter Baurscheit d.J. op de Meir een patriciërshuis. De huidige naam Huis Osterrieth herinnert aan de familie die er in de 19de eeuw woonde.

De restauratiewerkzaamheden, die dankzij de ruggesteun van een bank werden uitgevoerd, zijn vooral te danken aan de bezielende inzet van M. Naessens, die er ook een opmerkelijke collectie meubels, schilderijen, beeldhouwwerken, wandtapijten, gravures en oude boeken ondergebracht heeft.

Sur le Meir, l'architecte Jean-Pierre Baurscheit le Jeune construisit, en 1745, une maison patricienne. La famille Osterrieth occupa l'immeuble au XIXᵉ siècle et lui donna son nom.

Maurits Naessens fut l'âme non seulement de la restauration, réalisée sous l'égide d'une banque, mais aussi de l'aménagement intérieur et du rassemblement d'une remarquable collection de meubles, tableaux, sculptures, tapisseries, gravures et livres anciens.

The architect Jan Pieter van Baurscheit the Younger designed a patrician mansion built on the Meir in 1745. The Osterrieth family who lived here in the 19th century gave the house its name.

Maurice Naessens, who was commissioned to restore it by a bank, was also the guiding spirit behind the interior fittings and the acquisition of a remarkable collection of furniture, pictures, sculpture, tapestries, engravings and old books.

1745 baute J.-P. van Baurscheit d.J. ein Patrizierhaus am Meir. Das Haus trägt den Namen der Osterrieths, die es im 19. Jh. bewohnten.

Mit Hilfe einer Bank restaurierte M. Naessens das Haus liebevoll und legte großen Wert aus die Innenausstattung mit einer Sammlung schöner Möbel, Gemälde, Skulpturen, Wandteppiche, Stiche und alter Buchausgaben.

Blijkens een oorkonde van 1338 bezat een zekere Pauwel Rosier een huis in de toen al — en ook nu nog — naar hem genoemde straat. Het patriciërshuis nummer 23 werd echter pas in de 17de eeuw gebouwd. Bob Claes heeft het pand met zeer veel smaak omgebouwd tot een hotel, eigenlijk tot een antihotel, want de intieme, verfijnde sfeer die nu in de zalen en ontvangkamers heerst, is precies het tegenovergestelde van de luxe die in de meeste internationale hotels ten toon wordt gespreid. Elk van de tien kamers is in een bepaalde stijl ingericht, van de Lodewijk-XV-stijl tot de snuisterijen van de belle époque, zelfs tot de art deco.

D'après un acte de 1338, un certain Pauwel Rosier possédait une maison dans la rue qui portait son nom, et le garde jusqu'à nos jours. Au numéro 23, une demeure patricienne y fut construite au XVIIe siècle. Admirablement aménagé par Bob Claes en un hôtel qui se veut un «anti-hôtel» par son caractère raffiné et intime, le «Rosier» dispose de salles et de salons dont le luxe est aux antipodes de celui des grands palaces. Les dix chambres ont chacune leur style propre, depuis le Louis XV jusqu'à l'Art Déco, en passant par la Belle Epoque.

According to a deed of 1338, a certain Pauwel Rosier owned a house in the street which then bore his name, as it still does. A patrician dwelling was built there at number 23 in the 17th century. Admirably converted by Bob Claes into a hotel which, by its refined and intimate character, is the antithesis of the usual hotel, "De Rosier" boasts luxurious halls and salons. The ten bedrooms each have their own particular style, ranging from Louis XV to Art Deco, passing by way of the Belle Époque.

Ein Aktenstück von 1338 weist einen gewissen P. Rosier als Besitzer eines Hauses in der damals wie heute nach ihm benannten Straße aus. Das heutige Patrizierhaus Nummer 23 entstand im 17. Jh. Das jetzt von B. Claes vorzüglich eingerichtete Hotel will durch die verfeinerte, intime Atmosphäre, die u.a. in den Sälen und Empfangszimmern herrscht, den gleißenden Luxus der großen Allerweltshotels in den Schatten stellen und entlarven. Jedes Zimmer hat seinen eigenen Stil; die Skala reicht vom Louis XV über die Belle Epoque bis zum Art déco.

Aan het gebouwencomplex dat de lakenhandelaar C. Ysenbouts in 1551 in de Venusstraat liet optrekken, voegde in de 18de eeuw de toenmalige heer des huizes een patio toe, die twee eeuwen later tot een wintertuin werd verbouwd. In de hoekversieringen van de drie arcades en rond het raam onder de geveldriehoek krioelt het van rococo-ornamenten. De glazen overkapping dateert uit de 19de eeuw.

In 1551 the draper Corneel Ysenbouts commissioned a set of buildings on the Venusstraat. An 18th century owner added an elegant Louis XV patio, transformed into a winter garden two hundred years later. Rococo dominates from the spandrels of the three arches to the frame of the window under the pediment. The glass roof is 19th century.

A l'ensemble de bâtiments que le marchand de draps Corneel Ysenbouts se fit construire en 1551 dans la Venusstraat, le propriétaire du XVIIIe siècle ajouta un élégant patio de style Louis XV, transformé en jardin d'hiver deux cents ans plus tard. Le décor rocaille domine depuis les écoinçons des trois arcades jusqu'au pourtour de la fenêtre sous le fronton. La toiture en verre a été posée au XIXe siècle.

Zum Gebäudekomplex, den der Tuchhändler C. Ysenbouts 1551 in der Venusstraat errichten ließ, fügte im 18. Jh. der damalige Besitzer einen reizenden Patio im Stil Louis XV hinzu, der hundert Jahre später zu einem Wintergarten umfunktioniert wurde. Besonders tritt das Rokoko auf den Zwickeln der Arkade und in der Einfassung des Fensters unter dem Giebel zu Tage. Das Glasdach stammt aus dem 19. Jahrhundert.

Sedert de 16de eeuw weet eigenlijk niemand of de Meir, de slagader van de Scheldestad, een straat of een plein is. In 1531 werd de nieuwe Handelsbeurs er plechtig
geopend, zodat de handelsbedrijvigheid, die toen nog niet door strenge reglementering-
en aan banden was gelegd, er alsmaar tieriger groeide. In de 17de en de 18de eeuw
werden aan weerszijden patriciërshuizen gebouwd, waarvan enkele de tand des tijds
hebben getrotseerd, terwijl de andere ondertussen zijn verdwenen of vervangen door
handelshuizen waarin o.a. zeehandelaarszaken en grote warenhuizen zijn gevestigd.

Depuis le XVIᵉ siècle, le Meir, dont on ne sait s'il est une rue ou une place, est le cœur
de la métropole. La nouvelle Bourse, inaugurée en 1531, y débouchait, apportant la fréné-
sie des affaires que facilitait l'absence d'une réglementation excessive. Aux XVIIᵉ et
XVIIIᵉ siècles, il s'entoura de maisons patriciennes. Quelques-unes ont échappé à la
destruction, d'autres ont disparu au profit d'immeubles commerciaux, où sont notamment établis des agences maritimes et des grands magasins.

The Meir, which can be either a street or a square, has been the heart of the
metropolis since the 16th century. The new Stock Exchange, opened in 1531, was built
there bringing the hubbub of business, which at that time was not strictly controlled. In
the 17th and 18th centuries it was surrounded by patrician houses. Only a few have
escaped subsequent destruction, the others being demolished and replaced by commercial buildings housing department stores and maritime agents.

Seit dem 16. Jh. ist der Meir das Herz Antwerpens, doch niemand weiß mit Sicherheit,
ob es ein Platz oder eine Staße ist. Als 1531 die neue Börse eröffnet wurde, hielt die
Hektik der Spekulationsgechäfte ihren Einzug, vor allem da deren Reglementierung
noch in den Kinderschuhen steckte. Im 17. und 18. Jh. wurden Patrizierhäuser gebaut,
die zum Teil noch bestehen, zum Teil Handelsgebäuden für Schiffahrtsagenturen und
großen Handelshäusern weichen mußten.

In de 19de eeuw maakten de neostijlen — de neogotiek, de neorenaissance, enz., maar vooral het neoclassicisme — overal in West-Europa en dus ook in België opgang. Rond 1890 maakte de art-nouveaustijl een einde aan die toestand. In Berchem, een deelgemeente van Antwerpen, ontstond in de Cogels-Osylei en in de aangrenzende straten een unieke en gaaf bewaarde reeks huizen die een goed beeld geven van deze evolutie. 19de-eeuwse stijlen zoals de neogotiek en bouwwijzen uit de 20ste eeuw tot en met de art-decostijl spreiden er hun fantasievolle versieringen ten toon.

A l'instar de celles d'Europe occidentale, l'architecture belge du XIXe siècle reprit les thèmes du gothique et de la Renaissance, tout en maintenant une prédilection pour le néoclassicisme. Vers 1890, l'Art Nouveau fit souffler un vent nouveau. A Berchem, commune de l'entité d'Anvers, la Cogels-Osylei et toutes les rues voisines présentent un ensemble, parfaitement conservé, remarquablement représentatif de cette évolution. Les maisons y conjuguent les styles des XIXe et XXe siècles, depuis le néogothique jusqu'à l'Art déco faisant étalage de ses motifs artistiquement disposés.

Like the rest of Western Europe, 19th century Belgian architecture adopted the old Classic and Renaissance themes, though basically favoring the neoclassical style. A fresh breath of air was provided by Art Nouveau around 1890. The Cogels-Osylei and its neighbouring streets in Berchem, part of greater Antwerp, present a perfectly preserved example of this architectural eclecticism. Houses of both the 19th and 20th centuries, ranging from neo-Gothic to Art Deco, are to be found.

Im 19. Jh. grassierte in Belgien wie in ganz Westeuropa der Historizismus, der auf Gotik, Renaissance usw. zurückgriff, aber den Neoklassizismus bevorzugte. Erst nach 1890 erfolgte der Durchbruch des Jugendstils. In der zu Antwerpen gehörenden Gemeinde Berchem entstand damals in der Cogels-Osylei und in ihrer Umgebung eine Reihe sehr repäsentativer, oft sehr kunstvoll angeordneter Häuser, in denen die Stilarten des 19. und 20. Jh. von der Neugotik bis zum Art déco (um 1930) in ihrer ganzen Vielfalt durchgespielt werden.

Het eerste station van Antwerpen was een bescheiden houten barak. Op haar plaats staat nu het Centraal Station, dat in 1898 plechtig werd geopend. Het hoofdkenmerk — en dat geldt ook voor de tweelingbroer van het station, dat van Milaan — is de schildvormige muur van glas die in een metalen skelet is ingevoegd. Zoals in de meeste neobarokke gebouwen is men ook hier nogal kwistig omgesprongen met marmer van allerlei kleuren. De koepel zweeft 60 m boven de mozaïekvloer.

Remplaçant une modeste station de bois, la gare centrale d'Anvers fut inaugurée avec éclat en 1898. Tout comme la gare de Milan, qui lui ressemble d'une manière frappante, celle d'Anvers réalise audacieusement le mariage d'une structure métallique et d'un bouclier de verre. L'architecture néobaroque de ce monument utilise généreusement des marbres de différentes couleurs, et pose une coupole à soixante mètres des mosaïques du sol.

The central station of Antwerp, which replaced a modest wooden stucture, was inaugurated with great pomp in 1898. Like the strikingly similar station of Milan, Antwerp is an audacious combination of a metal skeleton and glass shielding. The neo-baroque architecture of this building employs generously marble of various colours and supports a dome rising sixty meters above the mosaic floor.

An die Stelle einer bescheidenen Holzbaracke trat der 1898 feierlich eröffnete Zentrale Bahnhof Antwerpens. Wie bei seinem Zwillingsbruder, dem Mailänder Bahnhof, gelang das Kunststück, eine große Mauer aus Glas wie einen geöffneten Fächer in einen Rahmen aus Metall einzuspannen. Großzügig verwendete man wie in vielen neubarocken Bauten Marmor für die Dekoration. Die Kuppel schwebt in 60 m über dem Mosaikfußboden.

Sint-Niklaas

Sint-Niklaas, de hoofdplaats van het Land van Waas, gaat er terecht prat op dat het het meest uitgebreide marktplein van Blegië heeft. Sedert 1513 wordt er elke donderdag markt gehouden, maar ook andere grootschalige evenmenten hebben er plaats, o.a. het jaarlijkse oplaten van montgolfières.

Het drie en een halve hectare grote plein wordt door het in 1876 gebouwde neogotische stadhuis beheerst, waarvan men de pseudo-middeleeuwse architectuur vergeet, zodra 's avonds de vijfendertig klokken van de beiaard beginnen te luiden.

Saint-Nicolas, capitale du Pays de Waas, peut se targuer de posséder la plus vaste grand-place de Belgique. Son marché s'y tient le jeudi depuis 1513. Elle permet aussi des manifestations exigeant de grands espaces comme le lâcher annuel de montgolfières.

Dominant les trois hectares et demi de la place, l'hôtel de ville voudrait faire médiéval. Mais son style gothique est de 1876. Après tout, on l'oublie les soirs où chantent les trente-cinq cloches de son carillon.

Sint-Niklaas, capital of the Waasland, boasts the largest square in Belgium. A market has been held there every Thursday since 1513. Events demanding a lot of space, such as the annual hot-air balloon flights, also are held here.

The mock mediaeval town hall dominates the nine acre square. Neo-Gothic, it dates from 1876, which one can forgive when the 35 bells of its carillon chime in the evening.

Zurecht rühmt sich St-Niklaas im Land von Waas, den größten Mazrktplatz von ganz Belgien zu besitzen. Seit 1513 wird hier jeden Donnerstag Markt gehalten, und auch für das jährliche Auflassen von Luftballons ist Raum in Hülle und Fülle.

Den 3,5 ha großen Platz beherrscht ein Rathaus, das mittelalterich aussehen möchte, dessen Gotik jedoch 1876 entstand. Aber das vergißt man, wenn abends die 35 Glocken des Glockenspiels bimmeln und bammeln wie von überall her.

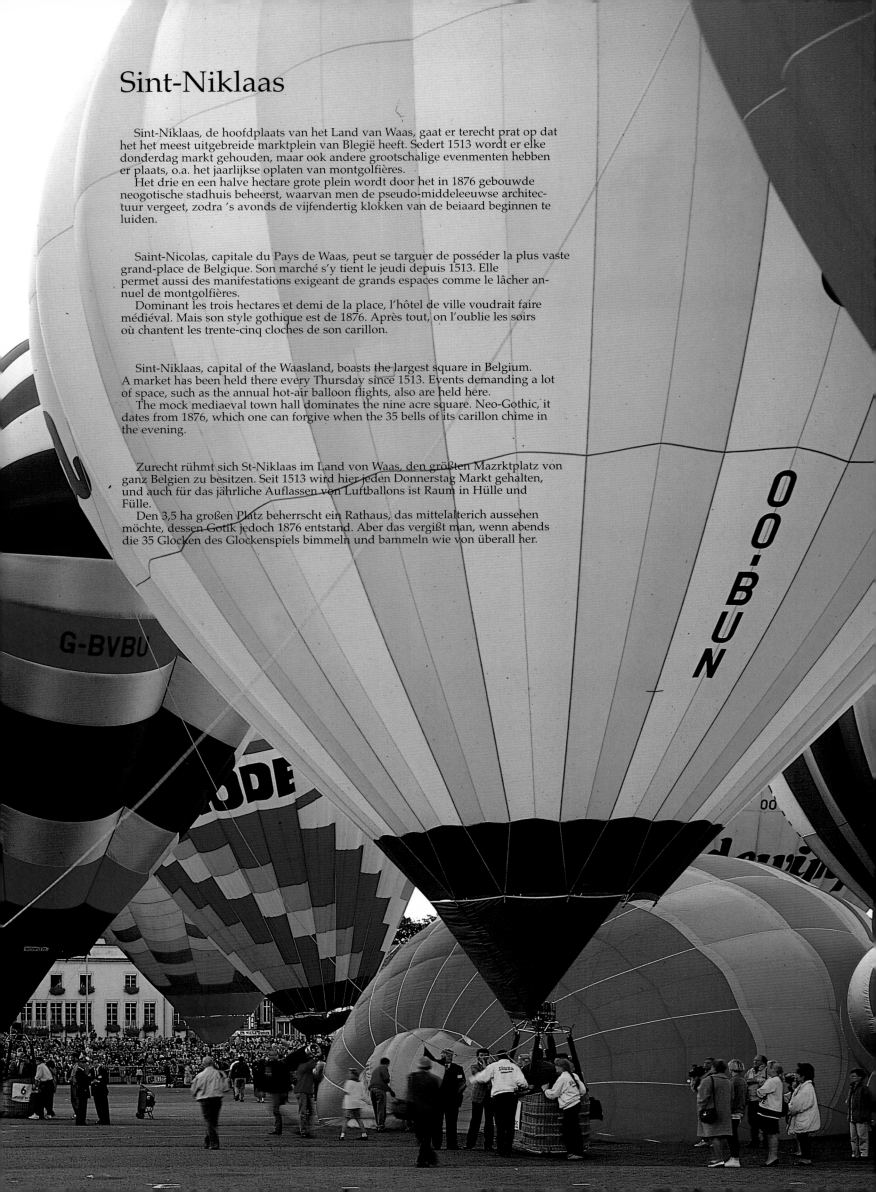

◁

Er is alle reden om te geloven dat tussen 1866 en 1877 een vrijmetselaarsloge in „kasteel Moeland" in Sint-Niklaas gehuisvest was. De nogal vreemde wandschilderingen in de vroegere eetzaal zijn vol niet mis te verstane vingerwijzingen. Andere aanwijzingen zijn : de kleurensymboliek op het halfverheven beeldwerk, de faraonische motieven van de XXste dynastie, de kopie van reliëfs van Philae en de tempels van Karnak, Dendrah en Edfoe.

In 1888 kwam het kasteel — nu het St-Antoonklooster-rusthuis — in het bezit van een vrouwenorde.

Tout porte à croire que le «château Moeland» de Saint-Nicolas abrita une loge de la Franc-Maçonnerie entre 1866 et 1877. Ce qui explique que son ancienne salle à manger a reçu un surprenant décor : les bas-reliefs couverts de couleurs symboliques représentent des thèmes pharaoniques de la XXᵉ dynastie, des copies de reliefs de l'île de Philae, des temples de Karnak, Dendrah et Edfou.

Décor assurément surprenant dans une maison de repos habitée depuis 1888 par les Sœurs de la Charité.

It is believed that the "Moeland Castle" of Sint-Niklaas was a Masonic lodge from 1866 to 1877, which would explain the astonishing decor of the former dining room. Symbolic colours are used in low reliefs depicting Pharaonic themes of the XXth dynasty, copies of reliefs from the Isle of Philae, of the temples of Karnak, Dandarah and Edfu.

This decor is all the more surprising as the "castle" has been a rest home, run by the Sisters of Charity, since 1888.

Es gibt guten Grund anzunehmen, daß «Schloß Moeland» in Sint-Niklaas von 1866 bis 1877 einer Freimaurerloge gehörte. Die Wandgemälde im früheren Eßsaal legen diese Vermutung nahe. Die mit symbolischen Farben bemalten Flachreliefs sind zum Teil Kopien von auf der Insel Pilae gefundenen Reliefs; auch Themen aus dem Umkreis der Pharaone der XX. Dynastie sowie die Tempel von Karnak, Dendrah und Edfu sind darauf abgebildet.

Nun ist das Schloß, in das 1888 eine Schwesternkongragation einzog, das St.-Antonskloster-Altersheim.

△

De Cipierage — een voormalige gevangenis — en het Oud Parochiehuis op de Grote Markt van Sint-Niklaas werden terzelfder tijd en met de medewerking van dezelfde architect, L. Faid'herbe, gebouwd. De Cipierage (1662) is een renaisancegebouw. Het madonnabeeld op de façade is een kopie; het oorspronkelijk stuk staat in het stedelijk museum. De dubbele trap van de pui is in 1763 aan het geheel toegevoegd.

Zoals uit de voluten van het fronton valt af te lezen is het Oud Parochiehuis (1664) daarentegen in barokstijl. De zoals in de Cipierage veel recentere trap (1776) en het portaal zijn asymmetrisch.

Sur la grand-place de Saint-Nicolas, l'ancienne prison *Cipierage* et l'ancienne *Maison paroissiale* sont quasi contemporaines. Elles ont aussi en commun d'avoir eu comme architecte-conseil Luc Faid'herbe. La *Cipierage* (1662) appartient encore au style Renaissance. La madone qui orne la façade est une copie de l'original de Luc Faid'herbe, conservé au musée communal. L'escalier à double volée qui mène au perron a été ajouté en 1763.

En revanche, la *Maison paroissiale* (1664) est d'un style baroque nettement avoué dans les volutes du fronton. Asymétrique comme le porche, l'escalier a été, comme celui de la *Cipierage*, réalisé tardivement en 1776.

The old *Cipierage* prison and the old *Parish House* are of the same period and by the same architect, Luc Faid'herbe. The *Cipierage* (1662) is still in the Renaissance style. The Madonna on the façade is a copy of the original by Luc Faid'herbe, now in the municipal museum. The double-ramped staircase leading to the perron was added in 1763.

The *Parish House* (1664) is, on the other hand, baroque as is clearly indicated by the volutes of the pediment. The staircase, as asymmetric as the porch, is also a late addition (1776) like that of the *Cipierage*.

Das frühere Gerfängnis Cipierage und das frühere ¨Pfarrzentrum «Oude Parochiehuis» wurden fast gleichzeitig und unter Mitwirkung desselben Baumeisters, L. Faid'herbe, errichtet. Cipierage (1662) ist noch ein Renaisancegebäude. Das Original der Madonna von Faid'herbe auf dem Vorgiebel steht im Museum der Stadt. Die zweiläufige Freitreppe wurde 1763 hinzugefügt.

Das geschweifte Fronton des Pfarrzentrums (1664) ist barock. Die asymmetrische Treppe ist wie die des Cipierage aus dem späten 18. Jh.

Gent

△

In Gent was de Korenlei de hoofdader voor de voedselverzorging. Op de Korenlei tegenover de Graslei werd het graan door de binnenschippers ontscheept, vooral door de onvrije schippers, wier gildehuis (1740) op de kaai staat.

▷

In 1767 belastte E.-I. d'Haene-Steenhuyse bouwmeester Symoens met de bouw van een palazzo-achtig stadspaleis dat een graaf waardig moest zijn. De Gentenaar P.-N. van Reysschoot, een in mythologische taferelen gespecialiseerd schilder, nam de versiering van het interieur op zich.

Tijdens de „Honderd Dagen" van Napoleon stelde de heer des huizes het hotel ter beschikking van Lodewijk XVIII, die er in maartjuni 1815 verbleef. Commentaar van de koning: „Dit onderkomen was al bij al verkieslijker dan alle andere die ik sinds mijn vertrek uit Frankrijk had gevonden."

△

Most of the provisions for the people of Ghent arrived by water on the Leie. At the Grain Quay *(Korenlei)*, which faces the Herb Quay, sacks of wheat were unloaded by the Tied Boatmen who had their guild hall (1740) on the quay.

In 1767 Count Emmanuel-Ignace d'Haene-Steenhuyse commissioned the master-mason Symoens to construct an Italian style palazzo, compatible with the importance of the family, in the Veldstraat. The interior decor was done by the Ghent artist Pieter-Norbert van Reysschoot, who specialized in mythological themes.

During the Hundred Days of Napoleon, Jean-Baptiste d'Haene-Steenhuyse lent his Ghent mansion to Louis XVIII, who stayed there from March to June, 1815. The King declared later that "Taking everything into consideration, this was the best of all the houses I stayed in during my absence from France."

△

Le ravitaillement de la population de Gand s'opérait en majeure partie par la Lys. Au Quai aux Grains *(Korenlei)* qui fait face au Quai aux Herbes *(Graslei)*, les sacs de froment étaient débarqués par les bateliers, singulièrement les bateliers non francs qui avaient leur maison corporative (1740) sur le quai.

▷

En 1767, le comte Emmanuel-Ignace d'Haene-Steenhuyse confia au maître maçon Symoens la construction, dans la rue des Champs, d'un *palazzo* à l'italienne, digne de l'importance de la famille. La décoration intérieure est due au peintre gantois Pierre-Norbert van Reysschoot, qui affectionnait les thèmes mythologiques.

Pendant la Campagne des Cent Jours de Napoléon, Jean-Baptiste d'Haene-Steenhuyse mit son hôtel gantois à la disposition de Louis XVIII, qui y vécut de mars à juin 1815. Le roi déclarera plus tard: «Tout bien considéré, ce logement était préférable à tous ceux que j'avais habité pendant ma sortie de France.»

△

Für Gent war die Leie sehr wichtig für die Lebensmittelversorgung. Der Gereidekai (Korenlei) lag dem Graskai (Graslei) gegenüber. Meistens luden «unfreie» Schiffer das Korn ab. Ihr Zunfthaus stand an dem Kai.

▷

1767 ließ sich der Graf E.-I. d'Haene-Steenhuyse vom Baumeister Symoens in der Veldstraat ein palazzoartiges, dem Rang seiner Familie entsprenchedes Haus bauen. Der Genter P.-N. van Reysschoot, der gern mythologische Szenen malte, übernahm die Gestaltung des Anterieurs.

Während der «Hundert Tage» Napoleons stellte J.-B. d'Haene-Steenhuyse Ludwig XVIII. sein Genter Hotel zur Verfügung. Dieser bewohnte es von März bis Juni 1815. Später erklärte er: «Alles in allem hatte ich dieses Hotel lieber als alle, die ich seit meiner Flucht aus Frankreich bewohnt hatte.»

◁

De gebroeders J.-B. en A. vanden Meersche lieten hun pand uit de 14de eeuw op de Nederpolder ombouwen tot een prachtige patriciërswoning. Omstreeks 1762 liet hun neef Emmanuel de muurschilderingen in het trappenhuis uitvoeren door N. Heylebroeck. De mooie, aan de houtsnijder F. Allaert toegechreven eiken trap is typisch voor de Gentse stijl, die het Franse rococo op een Vlaamsbarokke wijze herinterpreteert.

Het gebouw is al meer dan een eeuw het moederhuis van de Zusters van de Kindsheid Jesu.

△

De met galerijen omgeven "Achtersikkel" (Biezekapelstr.) wordt door een ronde toren uit de 15de eeuw beheerst. In de „Achtersikkel" — en ook in de „Grote Sikkel" — is nu het muziekconservatorium gehuisvest.

◁

The brothers Jean-Baptiste and Alexandre vanden Meersche converted an old dwelling of the Nederpolder, dating from the 14th century, into an opulent patrician residence. Their nephew, Emmanuel, commissioned the murals decorating the stairwell from the artist Norbert Heylebroeck around 1762. The sumptuous oak staircase, attributed to the sculptor Frans Allaert, is typical of a Ghent style blending French rococo with Flemish baroque.

The vanden Meersche mansion has been occupied by the Sisters of the Holy Child for more than a century.

△

Surrounded by arcaded galeries, the *Achtersikkel* — the "backward sickle" — is dominated by its tall, round, late-15th century tower (Biezekapelstraat). The buildings of the "Sickle" are now occupied by the Conservatory of Music.

◁

D'une vieille demeure du Nederpolder dont les origines remontaient au XIVᵉ siècle, les frères Jean-Baptiste et Alexandre vanden Meersche firent un opulent hôtel patricien pour lequel leur neveu Emmanuel commanda, vers 1762, les peintures murales de Norbert Heylebroeck qui ornent la cage d'escalier. Attribué au sculpteur Frans Allaert, le somptueux escalier de chêne est caractéristique d'un style gantois, qui emprunte à la France le décor rocaille mais l'interprète selon les leçons du baroque flamand.

Depuis plus d'un siècle, l'hôtel vanden Meersche est occupé par les sœurs de l'Enfance de Jésus.

△

Entouré de galeries à arcades, l'«*Achtersikkel*» («Arrière Faucille») est dominé par sa haute tour ronde de la fin du XVᵉ siècle (Biezekapelstraat). L'ensemble des bâtiments de la «Faucille» est aujourd'hui occupé par le Conservatoire de Musique.

◁

Die Gebrüder J.-B. und A. vanden Meersche verwandelten ein aus dem 14. Jh. stammendes Haus auf dem Nederpolder in einen prachtvollen herrschaftlichen Wohnsitz, dessen Treppenhaus ihr Neffe Emmanuel um das Jahr 1762 durch N. Heylebroeck mit Wandmalereien schmücken ließ. Die F. Allaert zugeschriebene Prunktreppe aus Eichenholz ist für den Genter Stil typisch, der Elemente des französischen Rokoko mit flämisch-barocken Formen vermählt.

Schon über ein Jahrhundert gehört das Hotel den Schwestern der Kindheit Jesu.

△

Der von Arkaden umgebene Achtersikkel (Biezekapelstr.), über dem ein Rundturm aus dem 15. Jh. emporragt, wurde zusammen mit dem Sikkel in ein Musikkonservatorium umfunktioniert.

(Hierboven)

In de overvloedig versierde gevel van het gildehuis der Vrije Schippers (1531), krioelen laat-gotische en renaissance ornamenten door elkaar. De gevel versmalt niet trapsgewijs maar is met krulversiering afgezet.

(Volgende drie pagina's)

Wie op de St-Michielsbrug boven de Leie staat, wordt deelgenoot van de eeuwenoude dialoog tussen aan God gewijde en van burgertrots getuigende torens. Hij ziet eveneens de kade waar lang geleden goederen uit heel wat verre landen werden ontscheept. De St-Nicolaaskerk — de heilige gold ook als schutspatroon van de kleinhandelaars en de kooplieden — werd in de 13de eeuw vlak bij de eerste haven van Gent gebouwd. De laatste twee verdiepingen van de kruisingtoren dateren van omstreeks 1250. Het indrukwekkende belfort (1313-1321) is 91 m hoog, d.w.z., één meter hoger dan de toren van de kathedraal. Is het overdreven hier van burgertrots te gewagen?

(Above)

On the richly ornamented façade of the *Guild Hall of the Free Boatmen* (1531), the debut of the Renaissance style triumphs over Late Gothic, step gables giving way to volutes.

(Next triple page)

As seen from Saint Michael's bridge over the Leie, the towers of God and of man continue their age-old dialogue beyond the quays, where high seas ships formerly unloaded their cargo. The church of Saint Nicholas, patron of merchants and shopkeepers, was built right next to the original port of Ghent in the 13th century. The two upper storeys of the lantern tower date from around 1250. The massive tower of the belfry, built between 1313 and 1321, is 91 meters high, one meter more than that of the cathedral, which may be an assertion of civic pride.

(Ci-dessus)

Sur la riche façade de la *maison des Francs Bateliers* (1531), les décors du début de la Renaissance rivalisent avec les structures du gothique finissant. Plus de gradins au pignon mais déjà des volutes.

(Triple page suivante)

Vues du pont Saint-Michel sur la Lys, les tours de Dieu et la tour des hommes poursuivent un dialogue séculaire par-delà les quais où les navires de haute mer débarquaient jadis leurs cargaisons. Dédiée au patron des merciers et des commerçants, l'église Saint-Nicolas avait, d'ailleurs, été édifiée au XIIIᵉ siècle, à proximité immédiate du port primitif de Gand. Les deux étages supérieurs de sa tour lanterne datent d'environ 1250. Quant à la puissante tour du beffroi, construite de 1313 à 1321, elle est haute de nonante et un mètres, un mètre de plus que celle de la cathédrale. Signe d'orgueil des bourgeois?

(Oben)

Auf der üppig verzierten Fassade des Hauses der freien Schiffer geben sich der letzte Abglanz der Flamboyantgotik und die Vorboten der Renaissance ein Stelldichein. Den Treppengiebel hat schon ein mit Voluten geschleifter ersetzt.

(Nächste drei Seiten)

Von der St.-Michelbrücke über der Leie aus sieht man jenseits der Kaie, auf denen früher Schiffsladungen aus fernen Ländern gelöscht wurden, die Gott geweihten Türme im stummen Dialog mit dem, der bürgerliches Selbstbewußtsein verkörpert. Die dem Schutzpatron der Kaufleute und Kleinhändler geweihte St.-Nikolauskirche wurde im 13. Jh. in der Nähe des ursprünglichen Genter Hafens gebaut. Die letzten Stockwerke des Vierungsturms wurden um 1250 beendet. Der zwischen 1313 und 1331 errichtete Belfried ist 91 m hoch, d.h. einen Meter höher als der Turm der Kathedrale. Zeugt dies von bürgerlicher Dünkelhaftigkeit?

(Blz. 242 tot 245)

In hotel Verhaegen (1768) houden Lodewijk-XV- en Lodewijk-XVI-stijl elkaar in evenwicht. De ingangspartij van het bijgebouw is monumentaal: de pilasters zijn van lijstwerk voorzien en het gewelfde fronton is met stucwerk in rococostijl versierd.

In het interieur vindt men de overgangsstijl van de buitenkant terug: oorspronkelijk lambrizeerwerk, stucplafonds, marmeren schoorsteenmantels. Muren en sopraportes zijn met landschappen beschilderd door P.-N. van Reysschoot, de beste en meest produktieve van een dynastie schilders die zes generaties omvat.

(Pages 242 à 245)

Construit en 1768 dans le style de transition Louis XV à Louis XVI, la maison Verhaegen possède une annexe dotée d'une entrée monumentale. Celle-ci est entourée de pilastres profilés et sommée d'un oculus sous un fronton courbe, largement décoré de stucs rococo.

L'intérieur de l'hôtel Verhaegen est du même style de transition que la façade: lambris d'origine, plafonds stuqués et cheminée de marbre. Les murs et dessus de portes de la salle à manger sont décorés de paysages signés Pierre-Norbert van Reysschoot, le plus talentueux et le plus fécond d'une dynastie de six peintres gantois.

(Pages 242 to 245)

Built in 1768 in a transitional Louis XV - Louis XVI style, the Verhaegen mansion has an annex with a monumental entry, flanked by ornamental pilasters and crowned by a curved pediment, richly ornamented in rococo stucco work, with a bulls-eye window.

The interior of the Verhaegen mansion echoes the same transitional style of the façade: panelling, stuccoed ceilings and a marble mantelpiece. The walls and door headings of the dining room are decorated with landscapes signed by Pieter-Norbert van Reysschoot, the most talented and productive of a Ghent dynasty of six painters.

(S. 242 bis 245)

Neben dem 1768 in einem Übergangsstil zwischen dem Louis XV und dem Louis XVI gebauten Hotel Verhaegen steht ein Anbau mit einem monumentalen Portal, das an beiden Seiten durch ornamentierte Pilaster eingerahmt ist, während oben ein geschwungener Giebel mit Stuckverzierungen im Rokokostil über dem Ochsenauge und dem Eingang zu schweben scheint.

Den Übergangsstil der Fassade findet man auch im Hotel Verhaegen wieder: Täfelung aus dem 18. Jh., Stuckarbeiten an der Decke, Kamin aus Marmor. An den Wänden und über den Türen des Eßzimmers hängen Landschaften von P.-N. van Reysschoot, dem begabtesten und schöpferischsten Sproß einer Genter Malerdynastie, die sich über sechs Generationen erstreckt.

(Blz. 246 tot 249)

In 1755 liet H. Falligan uit Doornik, bankier en tevens heer van Aubuisson, op de Kouter in Gent een stadspaleis in rococostijl bouwen. De drie middentraveeën worden door machtige Corinthische zuilen afgebakend. Ze schragen een driehoeksgevel met standbeelden van Diana en Apollo ervoor. De traveeën aan weerszijden zijn met een gewelfde gevel bekroond, waarin een weelderig versierd rond venster prijkt.

Het interieur, de „Cercle Littéraire", bevat ontvangkamers met prachtige ingelegde dekvloeren, stucplafonds en stucornament rond de spiegels. Het rococo hier is meer Frans dan Gents. Sommige schilderijen zijn van de hand van de toen beroemde A. Heins.

(Pages 246 à 249)

En 1755, le riche banquier tournaisien Hector Falligan, seigneur d'Aubuisson, se fit construire sur le Kouter à Gand une vaste demeure de style rococo. Les trois travées centrales de la façade sont flanquées de colossales colonnes corinthiennes et couronnées d'un fronton triangulaire, que précèdent les statues d'Apollon et de Diane. Chacune des travées latérales s'achève par un fronton courbe que perce un oculus richement orné.

L'intérieur de l'hôtel Falligan, aujourd'hui le club «Cercle Littéraire» comporte de nombreux salons parquetés avec raffinement et décorés de peintures attribuées à des peintres de renom tel Arnaud Heins. Les stucs des plafonds et les encadrements de miroirs sont d'un style rococo plus français que gantois.

(Pages 246 to 249)

In 1755 Hector Falligan, a wealthy Tournai banker and lord of Aubuisson, had a spacious residence built in the rococo style on the Kouter in Ghent. The three central bays of the façade are flanked by tall Corinthian columns and are crowned by a pediment with the statues of Apollo and Diana. Each of the lateral bays terminates in a curved pediment pierced by a richly ornamented bulls-eye window.

The interior of the Falligan mansion, now the "Cercle Littéraire" club, boasts a number of salons with fine parquet floors and pictures attributed to such well-known painters as Arnaud Heins. The stucco decoration of the ceilings and mirror frames is in a rococo owing more to France than to Ghent.

(S. 246 bis 249)

1755 ließ sich H. Falligan, ein wohlhabender Bankier aus Tournai und Herr von Aubuisson, einen Wohnsitz im Rokokostil auf dem Kouter in Gent bauen. Die drei Travéen des Risalits in der Mitte stehen zwischen wuchtigen korinthischen Säulen und sind mit einem Giebeldreieck gekrönt, vor dem Apollo und Diana Wache halten. Die seitlichen Travéen enden oben mit einem geschwungen Giebel, in dem sich ein reich geschmücktes Ochsenauge befindet.

Der «Cercle Littéraire» im Hotel Falligan besteht aus verschiedenen Räumen mit schönem Parkettboden. Das Rokoko der Stuckarbeiten an der Decke und der Umrahmungen der Spiegel ist mehr französisch als einheimisch. An den Wänden Gemälde u.a. von A. Heins.

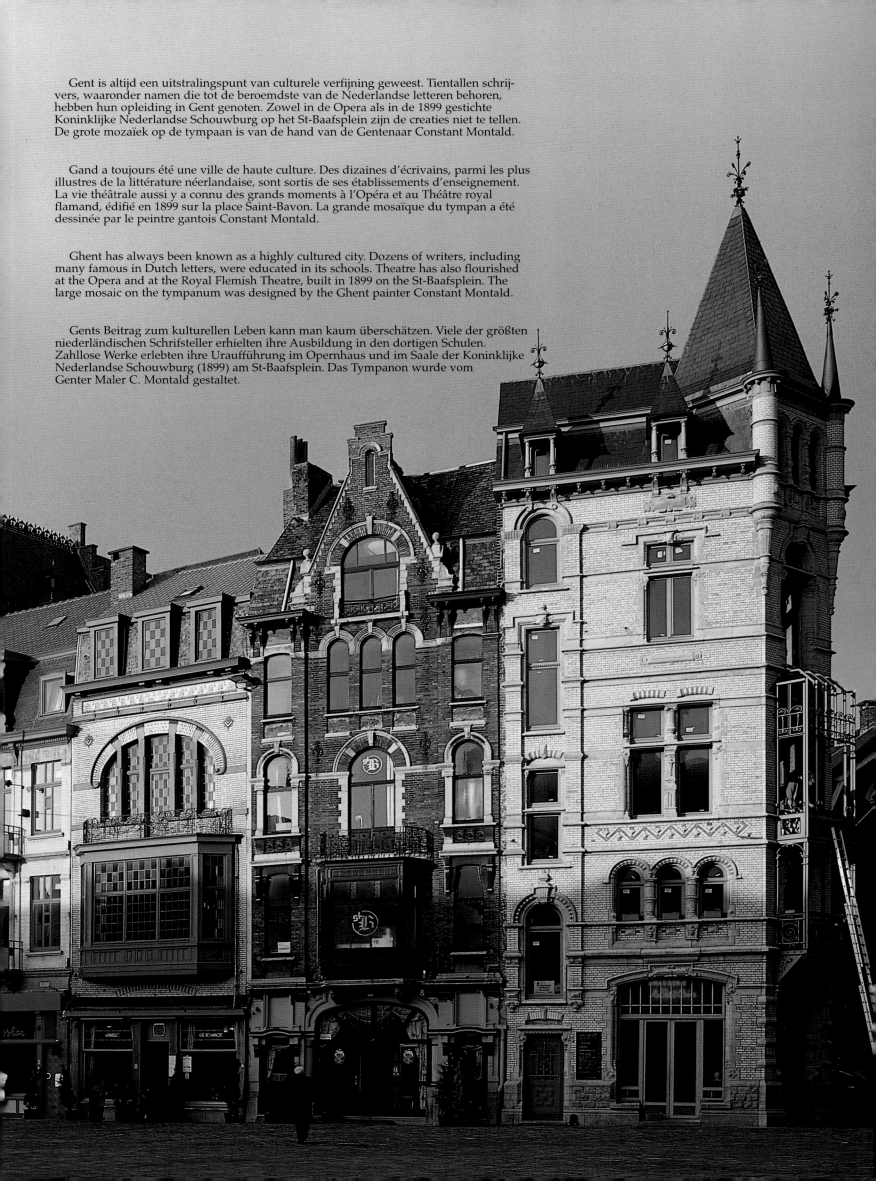

Gent is altijd een uitstralingspunt van culturele verfijning geweest. Tientallen schrijvers, waaronder namen die tot de beroemdste van de Nederlandse letteren behoren, hebben hun opleiding in Gent genoten. Zowel in de Opera als in de 1899 gestichte Koninklijke Nederlandse Schouwburg op het St-Baafsplein zijn de creaties niet te tellen. De grote mozaïek op de tympaan is van de hand van de Gentenaar Constant Montald.

Gand a toujours été une ville de haute culture. Des dizaines d'écrivains, parmi les plus illustres de la littérature néerlandaise, sont sortis de ses établissements d'enseignement. La vie théâtrale aussi y a connu des grands moments à l'Opéra et au Théâtre royal flamand, édifié en 1899 sur la place Saint-Bavon. La grande mosaïque du tympan a été dessinée par le peintre gantois Constant Montald.

Ghent has always been known as a highly cultured city. Dozens of writers, including many famous in Dutch letters, were educated in its schools. Theatre has also flourished at the Opera and at the Royal Flemish Theatre, built in 1899 on the St-Baafsplein. The large mosaic on the tympanum was designed by the Ghent painter Constant Montald.

Gents Beitrag zum kulturellen Leben kann man kaum überschätzen. Viele der größten niederländischen Schrifsteller erhielten ihre Ausbildung in den dortigen Schulen. Zahllose Werke erlebten ihre Uraufführung im Opernhaus und im Saale der Koninklijke Nederlandse Schouwburg (1899) am St-Baafsplein. Das Tympanon wurde vom Genter Maler C. Montald gestaltet.

REPERTORIUM

De in dit boek afgebeelde gebouwen die niet toegankelijk zijn voor het publiek zijn niet in dit repertorium opgenomen.
De begijnhoven maken deel uit van het publieke domein en worden eveneens niet vermeld.

Aalst, voormalig Schepenhuis.
Op werkdagen open van 10-12 en van 13.30-18 u., in het weekend en op feestdagen van 10-11.30 en van 14-19 uur.

Aalst, Stadhuis.
Vrije toegang tot het binnenplein.

Antwerpen, "De Grote Witte Arend".
Het binnenplein is het terras van een café-restaurant.

Antwerpen, Hotel Delbeke.
Van di. tot za. toegankelijk van 10 tot 17 uur (03/231.70.94).

Antwerpen, Maagdenhuis.
Op werkdagen open van 10 tot 17 u., in het weekend van 13 tot 17 uur.

Antwerpen, O.-L.-Vrouwkathedraal.
Op werkdagen open van 10 tot 17 u., op za.van 10 tot 15, op zo. van 13 tot 16 uur (03/232.01.03).

Antwerpen, Rubenshuis, Museum Plantin-Moretus.
Behalve op ma. open van 10 tot 17 uur (03/232.01.03).

Antwerpen, Sint-Elisabethgasthuis.
Toegankelijk op aanvraag (03/223.56.10).

Antwerpen, Stadhuis.
Open van ma. tot woe. en op vr. van 9 tot 15 uur; gesloten op do., in het weekend en op feestdagen (03/232.01.03).

Bastenaken, St-Pieterskerk.
Open van 7.30 tot 19 uur (061/21.33.33).

Bergen, "Bonne Maison de Bouzanton".
Publiek domein (toegang via de A. Legrandstraat).

Bergen, Folkloremuseum Maison J. Lescarts, museum kanunnik Puissant, kapel Ste-Marguerite.
Behalve op ma. open van 12 tot 18 uur (065/33.55.80).

Bergen, "Maison Losseau".
Bezichtiging van de salons in art-nouveaustijl na schriftelijke aanvraag (Maison Losseau, rue de Nimy 37, 7000 Mons, tel. 065/31.84.09).

Brugge, Belfort.
Beklimming van het belfort: april-sept. van 9.30 tot 17 uur; okt.-maart van 9.30 tot 12.30 en van 13.30 tot 17 uur (050/44.86.86).

Brugge, Museum van het Brugse Vrije.
Elke morgen open van 9.30 tot 12.30, in de namiddag apr.-sept. van 13.15 tot 17 u., okt.-maart van 14 tot 17 uur (050/44.86.86).

Brugge, Stadhuis.
Toegang tot de gotische zaal: apr.-sept. van 9.30 tot 17 uur, okt.-maart van 9.30 tot 12.30 en van 14 tot 17 uur (050/44.86.86).

Brussel, Brussels Parlement, Lombardstraat.
De ontvangzalen zijn toegankelijk na schriftelijk verzoek gericht aan het Algemeen Secretariaat van de Raad van Brussel Hoofdstedelijk Gewest, 1005 Brussel (02/551.20.20).

Brussel, Hortamuseum.
Behalve op ma. en feestdagen open van 14 tot 17.30 uur. Groepen op afspraak (02/537.16.92).

Brussel, voormalig hotel Hannon.
Beheerd door de v.z.w. Contretype (02/538.42.20).Van di. tot zo. open van 13 tot 18 uur behalve op feestdagen. Gesloten van 15.06 tot 15.07 en van 26.12 tot 31.12.

Brussel, voormalig hotel van Eetvelde.
Niet toegankelijk tenzij ter gelegenheid van bepaalde thematische rondleidingen door culturele verenigingen.

Brussel, Koninklijk Paleis.
Geopend einde juli - einde augustus volgens een elk jaar opnieuw vastgelegd tijdschema (02/551.20.20).

Brussel, Koninklijke Protestantse Kapel.
Toegankelijk na afspraak (02/513.23.25).

Brussel, Kruidtuin.
De oude serres staan elke dag open van 9 tot 22 uur.

Brussel, Paleis van Karel van Lorreinen.
In het thans wegens werkzaamheden gesloten gebouw wordt in 1998 het "Museum van de 18de eeuw" geopend, waarvan de openingsuren nog niet vastliggen. (02/519.53.54 of 519.53.71).

Brussel, Sint-Jacob op Coudenberg.
Van di. tot za. open van 10 tot 18 u., op zo. van 8.30 tot 12 uur (02/511.78.36).

Brussel, Stadhuis.
Rondleidingen in het Nederlands op di. en woe. om 13.45, op zon- en feestdagen om 11.30 uur.
Op aanvraag toegankelijk voor groepen van max. 30 personen op werkdagen van 9 tot 17 , in het weekend en op feestdagen van 10 tot 12 uur (02/279.43.65).

Dendermonde, Oude Lakenhalle.
Op werkdagen open van 10 tot 12 en van 14 tot 16 (op zon- en feestdagen tot 16.30) uur.
Van Pasen tot sept. en in de schoolvakantie ook open op za. van 10 of 12 en van 14 tot 16.30 uur (052/21.39.56).

RÉPERTOIRE

Les édifices illustrés dans ce livre mais inaccessibles au public ne sont pas mentionnés dans le présent Répertoire.
Les béguinages, voies publiques accessibles en permanence, en sont également exclus.

Alost, ancienne Maison des échevins.
Du lun. au ven., ouverte de 10 à 12h et de 13 h 30 à 18h. Les week-ends et jours fériés, de 10 à 11 h 30 et de 14 à 19 h.

Alost, hôtel de ville
La cour est accessible en permanence.

Anvers, cathédrale Notre-Dame.
Du lun. au ven., ouverte de 10 à 17 h. Le sam. de 10 à 15 h, le dim. de 13 à 16 h. (03/232.01.03).

Anvers, "De Grote Witte Arend".
La cour intérieure est la terrasse d'un café-restaurant.

Anvers, hôtel de ville.
Visitable du lun. au ven. de 9 à 15 h. Fermé les jeu., week-ends et jours fériés. (03/232.01.03).

Anvers, *Maagdenhuis*.
Ouverte en semaine de 10 à 17 h. Les week-ends de 13 à 17 h.

Anvers, Maison Delbeke.
Visitable du mar. au sam. de 10 à 17 h. (03/231.70.94).

Anvers, Musées Rubens et Plantin-Moretus.
Ouverts de 10 à 17 h. Fermés le lun. (03/232.01.03).

Anvers, *Sint-Elisabethgasthuis*.
Accessible sur demande au 03/223.56.10.

Bastogne, église Saint-Pierre.
Ouverte de 7 h 30 à 19 h. (061/21.33.33).

Bruges, beffroi.
Du 01.04 au 30.09, l'ascension est permise de 9 h 30 à 17h; du 1.10 au 31.03, de 9 h30 à 12 h 30 et de 13 h 30 à 17 h. (050/44.86.86).

Bruges, hôtel de ville.
Du 1.04 au 30.09, la salle gothique est accessible de 9 h 30 à 17h; du 1.10 au 31.03, de 9 h 30 à 12 h 30 et de 14 à 17 h. (050/44.86.86).

Bruges, musée du Franc de Bruges.
Ouvert le matin de 9 h 30 à 12 h 30. L'après-midi: du 1.04 au 30.09 de 13 h 15 à 17 h et du 1.10 au 31.03 de 14 à 17 h. (050/44.86.86).

Bruxelles, ancien hôtel Hannon.
Occupé par l'asbl Contretype (02/538.42.20). Ouvert du mar. au dim. de 13 à 18 h sauf les jours fériés. Fermés de mi-juillet à mi-août et entre Noël et Nouvel An.

Bruxelles, ancienne maison van Eetvelde.
Inaccessible. Toutefois, des associations organisent des tours thématiques pouvant comprendre une visite de cette maison.

Bruxelles, "Botanique".
Les anciennes serres sont ouvertes tous les jours de 9 à 22 h.

Bruxelles, chapelle protestante (chapelle royale).
Visites sur rendez-vous (02/513.23.25).

Bruxelles, église Saint-Jacques sur Coudenberg.
Ouverte du mar. au sam. de 10 à 18 h, dim. de 8 h 30 à 12 h. (02/511.78.36).

Bruxelles, hôtel de ville.
Des visites sont organisées en français le mar. à 10 h 45 et 14 h 30, le mer. à 14 h 30, les dim. et jours fériés à 10 h 45.

Accessible sur réservation aux groupes de 30 personnes maximum, du lun. au ven. de 9 à 17 h et les week-ends et jours fériés de 10 à 12 h. (02/279.43.65).

Bruxelles, musée Horta.
Ouvert de 14 à 17 h 30. Les groupes prendront rendez-vous au 02/537.16.92. Fermé les lun. et jours fériés.

Bruxelles, Palais de Charles de Lorraine.
En cours de transformation en un "musée du XVIIIe siècle", il sera accessible dans le courant de 1998 selon des modalités à déterminer. (02/519.53.54 ou 519.53.71).

Bruxelles, Palais Royal.
Le public peut le visiter de fin juillet à fin août, les dates variant chaque année. (02/551.20.20).

Bruxelles, Parlement bruxellois, rue du Lombard.
Les salons de réception sont visitables sur demande écrite adressée au Secrétariat Général du Conseil de la Région de Bruxelles-Capitale, 1005 Bruxelles. (02/549.62.00).

Diest, église Saint-Sulpice.
Ouverte de 14 à 17h, tous les jours à partir du 1.07 jusqu'au 30.08, seulement les dim. et jours fériés du 15.05 au 30.06 et du 31.08 au 15.09. (013/35.32.71).

Diest, ruines de l'église saint-Jean.
Voie publique.

Furnes, église Sainte-Walburge.
Ouverte du 1.05 au 30.09 de 10 à 12 h et de 14 à 18 h. (058/31.21.54).

Furnes, hôtel de ville.
Seulement visites guidées du 1.04 au 30.09, en français de 14 à 16 h 30. (058/31.21.54).

Gand, ancien hôtel Falligan.
Peut exceptionnellement se visiter sur demande écrite adressée au Club Société Littéraire, Kouter 12 à 9000 Gent.

Gand, ancien hôtel vanden Meersche.
La cage d'escalier peut être admirée chaque premier mer. du mois entre 14 et 17 h ou sur rendez-vous (Zusters der Kindsheid Jesu, 09/225.00.21).

Gand, beffroi.
Ascension possible de Pâques au 31.10 de 10 à 12 h et de 14 à 17 h. (09/225.91.05).

Gand, église Saint-Nicolas.
Ouverte tous les jours de 10 à 17 h. (09/225.36.41).

Huy, citadelle.
On peut y pénétrer de Pâques au 15.10, en semaine de 9 à 16 h, les week-ends et jours fériés de 10 à 17 h. En juillet et août, ouverte jusque 19 h. (085/21.29.15).

Liège, Palais des princes-évêques.
Actuellement palais de Justice. Seule la première cour est accessible, en semaine de 7 à 19 h et de 8 à 12 h le week-end. (04/232.51.11).

Liège, église Saint-Jacques.
Du 15.06 au 15.09, ouverte du dim. au ven. de 10 à 12 h et de 14 à 18 h; le sam. de 14 à 16 h 15. Du 16.09 au 14.06, visitable du dim. au ven. de 8 à 12 h et de 17 à 19 h; le sam. de 16 à 18 h.

Liège, musée d'Ansembourg.
Ouvert au public de 13 à 18 h. Fermé les lun. et jours fériés. (04/221.94.36).

Liège, musée d'Armes et musée Curtius.
Ouverts tous les jours sauf le mar., de 10 à 13 h et de 14 à 17 h, le dim. de 10 à 13 h. (04/221.94.00).

Liège, Tour des Joncs.
Voie publique accessible par la Cour des Minimes.

Lierre, collégiale Saint-Gommaire.
Ouverte tous les jours de 9 à 12 h et de 14 à 17 h. De novembre à mars, ferme à 16 h.

Lierre, hôtel de ville.
Les visites se font exclusivement accompagnées d'un guide de la ville, toute l'année sur rendez-vous (03/489.11.11).

Lierre, Tour Zimmer.
Peut se visiter tous les jours, du 1.11 au 31.04 de 9 à 12 h et de 14 à 16 h, du 1.05 au 31.10 de 9 à 12 h et de 13 à 19 h.

Louvain, collégiale Saint-Pierre.
Accessible tous les jours de 10 à 12 h et de 14 à 17 h. Le week-end, seulement l'après-midi.

Louvain, église Saint-Michel.
Des travaux de restauration la rendent actuellement inaccessible.

Louvain, hôtel de ville.
Visites individuelles guidées, en semaine de 11 à 15 h, le week-end à 15 h. Les groupes prendront rendez-vous deux semaines à l'avance (016/21.15.40).

Louvain-Heverlee, abbaye de Park.
Visites guidées uniquement, les dim. et jours fériés à 16 h. Ouverte aux groupes sur rendez-vous. (016/40.36.40).

Malines, *Hof van Busleyden*.
En raisons de travaux de restauration, il demeurera fermé pour plusieurs années.

Malines, hôtel de ville.
Intérieur néo-gothique. Visites individuelles guidées à 14 h, les sam., dim. et jours fériés du 1.04 au 30.09, tous les jours du 1.07 au 31.08. S'adresser à l'info-tourisme sur la grand-place. Les groupes visiteront sur rendez-vous (015/29.76.55) toute l'année entre 8 et 18 h.

Malines, Palais de Marguerite d'Autriche.
Actuellement palais de Justice. La cour Renaissance est accessible tous les jours de 8 à 17 h. (015/29.76.55).

Mons, Bonne Maison de Bouzanton.
Voie publique s'ouvrant dans la rue A. Legrand.

Mons, Maison Jean Lescarts, musée chanoine Puissant et chapelle Sainte-Marguerite.
Ouverts de 12 à 18h. Fermés le lun. (065/33.55.80).

Mons, Maison Losseau.
Les salons Art Nouveau sont accessibles uniquement sur demande écrite à adresser à la Maison Losseau, rue de Nimy 37 à 7000 Mons. (065/31.84.09).

Namur, cathédrale Saint-Aubain.
Ouverte du lun. au sam. de 8 à 17 h, le dim. de 8 à 12 h et de 14 à 18 h 30. (081/22.03.20).

Namur, musée de Groesbeeck-de Croix.
Visites guidées à 10, 11, 14, 15 et 16 h. Fermé le lun. (081/22.21.39).

Nivelles, collégiale Sainte-Gertrude.
Nef ouverte de 9 à 17 h. L'avant-corps est accessible lors de visites guidées sur rendez-vous (067/21.93.58).

Poperinge, Weeuwhof.
Librement accessible.

Saint-Nicolas, Château Moeland.
S'adresser à l'office du tourisme (03/777.26.81).

Saint-Trond, église du béguinage.
Du 1.04 au 31.10, ouverte du mar. au ven. de 10 à 12 h 30 et de 13 h 30 à 17 h, le week-end de 13 h 30 à 17 (fermée le lun.). Du 1.11 au 31.03, accessible uniquement sur rendez-vous (011/68.85.79).

Saint-Trond, Salle impériale.
Visites seulement sur rendez-vous. Contacter l'office du tourisme (011/68.68.72).

Spa, Thermes.
Le hall d'entrée est ouvert de 8 h 30 à 12 h 30 et de 13 h 30 à 17 h. Fermé le dim. (087/77.25.60).

Termonde, ancienne halle aux draps.
Ouverte toute l'année du lun. au ven. de 10 à 12 h et de 14 à 16 h. (jusque 16 h 30 les dim. et jours fériés).
De Pâques au 30.09 ainsi que pendant les congés scolaires, accessible en outre les sam. de 10 à 12 h et de 14 à 16 h 30. (052/21.39.56).

Tongres, cloître roman.
Ouvert au public tous les jours de 11 à 17 h. (012/23.29.61).

Tongres, *Moerenpoort*.
Musée de l'histoire militaire de tongres. Ouvert du 1.05 au 30.09 le week-end de 10 à 17 h, toute l'année sur rendez-vous pour groupes d'une dizaine de personnes. (012/39.02.55).

Tournai, cathédrale Notre-Dame.
Du 1.04 au 31.10, ouverte tous les jours de 9 à 12 h et de 14 à 18 h. Ferme à 16 h du 1.11 au 31.03. (069/22.20.45).

Tournai, séminaire épiscopal.
La cour intérieure est accessible du lun. au ven. de 8 à 19 h (jusque 20 h de septembre à juin) et de 8 à 16 h le sam. Fermé le dim. (069/22.31.67).

Verviers, hôtel de ville.
Les groupes d'une dizaine de personnes au minimum peuvent le visiter sur rendez-vous (087/33.01.13).

Verviers, Société royale de l'Harmonie.
Visitable sur rendez-vous (087/33.10.66). Le parc est librement accessible.

Ypres, halles.
A partir de Pâques 1998, le musée *"In Flanders Fields"* sera ouvert tous les jours d'avril à septembre entre 10 et 18 h. Le reste de l'année, de 10 à 17 h (fermé le lundi). (057/20.07.24).

Ypres, musée Merghelynck.
Les groupes d'entre 10 et 25 participants le visitent sur rendez-vous (057/20.07.24).

Zoutleeuw, église Saint-Léonard.
De Pâques au 30.09, ouverte de 14 à 17 h (fermée le lun.). Fermée le reste de l'année sauf pendant les offices.

Diest, ruïnes van de St-Jan-de-Doperkerk.
Publiek domein.

Diest, St-Sulpitiuskerk.
In juli en augustus elke dag van 14 tot 17 u. open, van 15.05 tot 30.06 en van 31.08 tot 15.09 slechts op zon- en feestdagen open.

Doornik, Bisschoppelijk Seminarie.
Van ma. tot vr. is het binnenhof van 8 tot 19 (van sept. tot juni tot 20) u., op za. van 8 tot 16 uur toegankelijk (069/22.31.67).

Doornik, O.-L.-Vrouwkathedraal.
Vrije toegang elke dag van 9 tot 12 en van 14 tot 18 (nov.-maart tot 16) uur (069/22.20.45).

Gent, Belfort.
Beklimming: van Pasen tot sept. van 10 tot 12 en van 14 tot 17 uur (09/225.91.05).

Gent, voormalig hotel Falligan.
Slechts na schriftelijke aanvraag bij de club Letterkundige Vereniging, Kouter 172, 9000 Gent, bij wijze van uitzondering toegankelijk.

Gent, voormalig hotel vanden Meersche.
De 1ste woensdag van elke maand mag men het trappenhuis van 14 tot 17 uur komen bezichtigen (Zusters der Kindsheid Jesu, 09/225.00.21).

Gent, Sint-Niklaaskerk.
Elke dag open van 10 tot 17 uur (09/225.36.41).

Hoei, de Citadel.
Van Pasen tot 15 oktober op werkdagen van 9 tot 16, in het weekend van 10 tot 17, in juli en augustus tot 19 uur (085/21.29.15).

Ieper, Lakenhalle.
Vanaf Pasen 1998 is het museum "In Flanders Fields" van april tot september van 10 tot 18 uur open, van okt. tot maart behalve op ma. van10 tot 17 uur (057/20.07.24).

Ieper, Museum Merghelynck.
Groepen van 10 tot 25 bezoekers op aanvraag (057/20.07.24).

Leuven, Sint-Michielskerk.
Wegens restauratiewerkzaamheden thans niet toegankelijk.

Leuven, Sint-Pieterskerk.
Open van 10 tot 12 en van 14 tot 17 uur; in het weekend alleen 's namiddags.

Leuven, stadhuis.
Individuele rondleidingen op werkdagen om 11 en 15 u., in het weekend om 15 uur. Groepen dienen zich twee weken voor hun bezoek aan te melden (016/21.15.40).

Leuven-Heverlee, Abdij van Park.
Op zon- en feestdagen rondleidingen om 16 uur; groepen op aanvraag (016/40.36.40).

Lier, collegiale kerk Sint-Gummarus.
Elke dag open van 9 tot 12 en van 14 tot 17 (nov.-maart tot 16) uur.

Lier, stadhuis.
Het hele jaar lang rondleidingen met een officiële gids op afspraak (03/489.11.11).

Lier, Zimmertoren.
Elke dag open van 9 tot 12 u.en in mei-okt. van 13 tot 19, in nov.-april van 14 tot 16 uur.

Luik, Curtiusmuseum en Wapenmuseum.
Behalve op zo. namiddag en op di., open van 10 tot 13 en van 14 tot 17 uur (04/221.94.00).

Luik, kerk Saint-Jacques.
Van 15 juni tot 15 sept. van zo. tot vr. open van 10 tot 12 en van 14 tot 18 u., op za. van 14 tot 16.15 uur; de rest van het jaar: zo.-vr. van 8 tot 12 en van 17 tot 19 u., op za. van 16 tot 18 uur.

Luik, het Musée d'Ansembourg.
Behalve op ma. en feestdagen open van 13 tot 18 uur (04/221.94.36).

Luik, Paleis van de Prinsbisschoppen.
Nu Justitiepaleis. Alleen de eerste binnenplaats is toegankelijk: van 7 tot 19 uur op werkdagen en de hele voormiddag in het weekend (04/232.51.11).

Luik, Wapenmuseum en Curtiusmuseum.
Behalve op di. elke dag van 10 tot 13 u., op ma. en woe.-za. ook van 14 tot 17 uur open (04.221.94.00).

Luik, "Tour des Joncs"
Publiek domein; toegang via de straat "Cours des Minimes".

Mechelen, Hof van Busleyden.
Wegens restauratiewerkzaamheden thans niet toegankelijk.

Mechelen, voormalig paleis van Margareta van Oostenrijk.
Nu justitiepaleis. Vrije toegang tot het binnenhof in renaissancestijl elke dag van 8 tot 17 uur (015/29.76.55).

Mechelen, stadhuis.
In juli en augustus elke dag (andere maanden: alleen in het weekend en op feestdagen) om 14 u. individuele rondleidingen door het neogothisch interieur.

Op aanvraag leidt de Dienst voor Toerisme, Grote Markt, het hele jaar groepen rond (tussen 8 en 18 uur, 015/29.76.55).

Namen, kathedraal Saint-Aubain.
Elke dag van 8 tot 17 uur open, op zo. van 8 tot 12 en van 14 tot 18,30 uur (081/22.03.20).

Namen, Museum de Groesbeeck-de Croix.
Elke dag behalve di. rondleidingen om 10, 11, 14, 15 en 16 uur (081/22.21.39).

Nijvel, collegiale kerk Sainte-Gertrude.
Toegang tot het kerkschip van 9 tot 17 uur; rondleidingen in de uitbouw op aanvraag (067/21.93.58).

Poperinge, Weeuwhof.
Vrije toegang.

Sint-Niklaas, Moelandkasteel.
Zich wenden tot de Dienst voor Toerisme (03/777.26.81).

Sint-Truiden, Begijnhofkerk.
April-okt.: di.-vr.van 9 tot 12.30 en elke dag behalve ma.van 13.30 tot 17 uur; nov.-maart: alleen op aanvraag (011/68.85.79).

Sint-Truiden, "Keizerszaal".
Alleen op aanvraag bij de Dienst voor Toerisme (011/68.68.72).

Spa, Badpaleis.
Behalve op zo. toegang tot de grote voorhal van 8.30 tot 12.30 en van 13.30 tot 17 uur (087/77.25.60).

Tongeren, Moerenpoort.
Toegang tot het Museum van de militaire geschiedenis van Tongeren van mei tot sept. op za. en zo. van 10 tot 17 uur; het hele jaar lang voor groepen na afspraak (012/39.02.55).

Tongeren, Romaans klooster.
Toegang elke dag van 11 tot 17 uur (012/23.29.61).

Verviers, Kon. Harmoniegezelschap / Société Royale d'Harmonie.
Bezichtiging op afspraak (087/33.10.66); vrije toegang tot het park.

Verviers, stadhuis.
Toegang voor groepen van minstens 10 personen op afspraak (087/33.01.13).

Veurne, Sint-Walburgakerk.
Mei-sept.: open van 10 tot 12 en van 14 tot 18 uur (058/31.21.54).

Veurne, stadhuis.
Rondleidingen om 11 en 15 uur (058/31.21.54).

Zoutleeuw, Sint-Leonarduskerk.
Van Pasen tot 30 sept. open van 14 tot 17 uur behalve op ma.; de rest van het jaar alleen tijdens de eredienst.

DIRECTORY

Buildings illustrated in this book which are not listed in the directory are not open to the public. Beguinages, public throughfares open permanently, are also not listed.

Aalst, former Alderman's House.
Open Monday to Friday from 10 to 12 and 1.30 to 6. Weekends and holidays from 10 to 11.30 and 2 to 7.

Aalst, Town Hall.
The courtyard is always open.

Antwerp, Cathedral of Our Lady.
Open Monday to Friday from 10 to 5, Saturdays from 10 to 3 and Sundays from 1 to 4. (03/232.01.03).

Antwerp, "De Grote Witte Arend".
The inner courtyard is the terrace of a café-restaurant.

Antwerp, Delbeke Mansion.
May be visited Tuesday to Saturday from 10 to 5. (03/231.70.94).

Antwerp, Maagdenhuis.
Open weekdays from 10 to 5, weekends from 1 to 5.

Antwerp, Rubens House and Plantin-Moretus Museum.
Open daily except Monday from 10 to 5. (03/232.01.03).

Antwerp, Saint Elizabeth's Hospital.
May be visited by appointment. (03/223.56.10).

Antwerp, Town Hall.
May be visited from Monday to Friday from 9 to 3. closed Thursdays, weekends and holidays. (03/232.01.03).

Bastogne, Saint Peter' Church.
Open from 7.30 to 7. (061/21.33.33).

Bruges, Belfry.
May be mounted from April 1 to September 30 daily from 9.30 to 5; from October 1 to March 31 from 9.30 to 12.30 and 2 to 5. (050/44.86.86).

Bruges, County Hall Museum.
Open morning from 9.30 to 12.30. From April 1 to September 30, afternoons from 1.15 to 5, and from October 1 to March 31 from 2 to 5. (050/44.86.86).

Bruges, Town Hall.
The Gothic Hall is open April to September 30 from 9.30 to 5; from October 1 to March 31 from 9.30 to 12.30 and 2 to 5. (050/44.86.86).

Brussels, "Botanique".
The former greenhouses are open daily from 9 to 10 pm.

Brussels, Brussels Parliament (Rue du Lombard).
The receptions rooms may be visited by sending a written request to the Secrétariat at Général du Conseil de la Région de Bruxelles-Capitale, 1005 Bruxelles. (02/549.62.00).

Brussels, Church of Saint Jacques sur Coudenberg.
Open Tuesday to Saturday from 10 to 6, Sunday from 8.30 to 12. (02/511.78.36).

Brussels, City Hall.
Guided visits in English are offered Tuesdays at 11.30 and 3.15, Wednesdays at 3.15, Sundays and holidays at 12.15. May be visited by appointment by groups of no more than 30 Monday to Friday from 9 to 15, weekends and holidays from 10 to 12. (02/279.43.65).

Brussels, former Hannon Mansion.
Open Tuesday to Sunday from 1 to 6 except on holidays. closed from mid-July to mid-August and between Christmas and New Years. (02/538.42.20).

Brussels, former van Eetvelde Mansion.
Not open to the public except for organisations presenting thematic tours wishing to include this house.

Brussels, Horta Museum.
Open daily except Monday and holidays from 2 to 5.30. Groups must reserve at 02/537.19.62.

Brussels, Palace of Charles of Lorraine.
Presently being made into a "museum of the 18th century" and will be open sometime in 1998, hours to be determined. Information from 02/519.53.54 or 519.53.71.

Brussels, Protestant Chapel (Royal Chapel).
Visits by appointment (02/513.23.25).

Brussels, Royal Palace.
May be visited by the public from the end of July to the end of August, dates vary each year. (02/551.20.20).

Dendermonde, former Cloth Hall.
Open all year Monday to Friday from 10 to 12 and 2 to 4. Open until 4.30 Sundays and holidays.
From Easter until September 30 as well as school holidays is also open Saturday from 10 to 12 and 2 to 4.30. (052/21.39.56).

Diest, Ruins of Saint John's Church.
Public throughfare.

Diest, Saint Sulpicius' Church.
Open from July 1 to August 30 daily from 2 to 5. From May 15 to June 30 and from August 31 to September 15 only on Sundays and holidays. (013/35.32.71).

Ghent, belfry.
May be climbed from Easter to October 31 from 10 to 12 and 2 to 5. (09/225.91.05).

Ghent, former Falligan Mansion.
May be visited rarely by written request to the Club Société Littéraire, Kouter 12, 9000 Gent.

REPERTORIUM

Die im Buch abgebildeten Bauten, die nicht besichtigt werden können, werden hier nicht erwähnt.
Die Beginenhöfe zählen zu den öffentlichen Anlagen, zu denen jeder freien Zutritt hat.

Aalst, das frühere Haus der Schöffen.
Mo.-Fr. von 10 bis 12 und von 13.30 bis 18 Uhr geöffnet, am Sa., So. und an Festtagen von 10 bis 11.30 und von 14 bis 19 Uhr.

Aalst, Rathaus.
Jederzeit freier Zutritt zum Innenhof.

Antwerpen, "De Grote Witte Arend".
Der Innenhof ist die Terrasse eines Gasthauses.

Antwerpen, Hotel Delbeke.
Di.-So. von 10 bis 17 Uhr geöffnet (03/231.70.94)

Antwerpen, Kathedrale O.-L.-Vrouw.
Mo.-Fr. von 10 bis 17, am Sa. von 10 bis 15, am So. von 13 bis 16 Uhr geöffnet (03/232.01.03).

Antwerpen, "Maagdenhuis".
An Werktagen von 10 bis 17, am Wochenende von 13 bis 17 Uhr geöffnet.

Antwerpen, Rathaus.
Mo.- Mi. und am Fr. von 9 bis 15 Uhr geöffnet; am Wochenende und am Do. geschlossen (03/232.01.03).

Antwerpen, Rubenshuis, Museum Plantin-Moretus.
Außer am Mo. von 10 bis 17 Uhr geöffnet (03/232.01.03).

Antwerpen, Krankenhaus St.-Elisabeth.
Besichtigung auf Anfrage (03/223.56.10).

Bastogne, St.-Peterskirche.
Täglich von 7.30 bis 19 Uhr geöffnet (061/21.33.33).

Brügge, Belfried.
Besteigung des Belfrieds: April-Sept. von 9.30 bis 17, Okt.-März von 9.30 bis 12.30 und von 13.30 bis 17 Uhr (050/44.86.86).

Brügge, Rathaus.
Zutritt zum gotischen Saal: April-Sept. von 9.30 bis 17, Okt.-März von 9.30 bis 12.30 und von 14 bis 17 Uhr (050/44.86.86).

Brügge, Museum des Brugse Vrije.
Morgens von 9.30 bis 12.30, nachmittags von 13.15 (April-März von 14) bis 17 Uhr geöffnet (050/44.86.86).

Brüssel, "Botanique".
Zutritt zu den früheren Treibhäusern von 9 bis 22 Uhr.

Brüssel, Brüsseler Parlament (rue du Lombard).
Zutritt zu den Empfangsräumen auf schriftliche Anfrage beim Allgem. Sekretariat des Rates der Region Brüssel Hauptstadt, 1005 Bruxelles (02/549.62.00).

Brüssel, Hortamuseum.
Außer am Mo. und an Feiertagen von 14 bis 17.30 Uhr geöffnet. Voranmeldung von Gruppen auf Tel. 02/537.16.92.

Brüssel, früheres Hotel Hannon.
Di.-So. von 13 bis 18 Uhr geöffnet, doch an Feiertagen, vom 15.Juli bis zum 15. Aug. und vom 25. bis 31. Dez. geschlossen. (02/538.42.20).

Brüssel, früheres Hotel van Eetvelde.
Zutritt nur für anerkannte kulturelle Vereinigungen anläßlich thematischer Führungen.

Brüssel, Kirche St-Jacques sur Coudenberg.
Di.-Sa. von 10 bis 18 Uhr, am So. von 8.30 bis 12 Uhr geöffnet (02/511.78.36).

Brüssel, Königliche protestantische Kapelle.
Besichtigung nur nach Voranmeldung (02/513.23.25).

Brüssel, Königspalast.
Besichtigung möglich Ende Juli-Ende Aug.; die genauen Daten variieren von Jahr zu Jahr (02/551.20.20).

Brüssel, Palast Karls von Lothringen.
1998 wird dort das "Museum des 18. Jh." eröffnet, dessen Öffnungszeiten noch nicht feststehen (02/519.53.54 oder 519.53.71).

Brüssel, Rathaus.
Führungen in deutscher Sprache an Sonn- und Feiertagen und am Di. um 10 Uhr; Gruppen von höchstens 30 Pers. Mo-Fr. von 9 bis 17, an Wochenenden und Feiertagen von 10 bis 12 Uhr auf Anfrage (02/279.43.65).

Dendermonde, frühere Tuchhalle.
Mo.-Fr. 10-12 und 14-16 (an Sonn- und Feiertagen bis 16.30) Uhr. Ostern-Sept. und während der Schulferien auch am Sa.von 10 bis 12 und von 14 bis 16.30 Uhr geöffnet (052/21.39.56).

Diest, Ruinen der Kirche Sint-Jan.
Öffentliche Anlage.

Diest, St.-Sulpitiuskirche.
Juli-August: täglich geöffnet von 14 bis 17 Uhr; 15.05- 30.06 und 31.08-15.09 nur an Sonn- und Feiertagen (013/35.32.71).

Gent, Belfried.
Ostern - Ende Oktober:Besteigung möglich von 10 bis 12 und von 14 bis 17 Uhr (09/225.91.05).

Gent, früheres Hotel Falligan.
Besichtigung ausnahmsweise auf schriftliche Anfrage an Litteraire Club, Kouter 172, 9000 Gent.

Gent, früheres Hotel vanden Meersche.
Besichtigung des Treppenhauses am 1. Mi. des Monats auf Anfrage (Zusters der Kindsheid Jesu, 09/225.00.21).

Gent, Kirche Sint-Nicolaas.
Täglich von 10 bis 17 Uhr geöffnet (09/225.36.41).

Huy, Zitadelle.
Ostern - 15.Okt.: von 9 bis 16 U., am Wochenende und an Feiertagen von 10 bis 17 (in Juli u. Aug. bis 19) Uhr geöffnet (085/21.29.15).

Lier, Rathaus.
Mit Stadtführer ganzjährig auf Anfrage (03/489.11.11).

Lier, Stiftskirche Sankt-Gummarus.
Täglich von 9 bis 12 Uhr und. von 14 bis 17 (Nov.-März bis 16) Uhr geöffnet.

Lier, Zimmerturm.
Morgens von 9 bis 12, nachmittags von 14 bis 16 (Mai-Okt.: von 13 bis 19) Uhr geöffnet.

Löwen, Kirche Sint-Michiel.
Wegen Restaurationsarbeiten z.Z. kein Zutritt.

Löwen, Kirche Sint-Pieter.
Täglich von 14 bis 17, werktags auch von 10 bis 12 Uhr geöffnet.

Löwen, Rathaus.
Individuelle Führungen Mo.-Fr. um 11 und täglich um 15 Uhr. Voranmeldung von Gruppen: 2 Wochen im voraus (016/21.15.40).

Löwen-Heverlee, Abtei von Park.
Nur Führungen; an Sonn- und Feiertagen um 16 Uhr.; Gruppen auch nach Vereinbarung (016/40.36.40).

Lüttich, Curtiusmuseum und Waffenmuseum.
Außer am Di. von 10 bis 13, am Mo., Mi.-Sa. auch von 14 bis 17 U. geöffnet (04/221.94.00).

Lüttich, Kirche Sint-Jacques.
15. Juni-15. Sept.:So.-Fr. von 10 bis 12 und von 14 bis 18 , am Sa. von 14 bis 16.15 Uhr; 16.09-14.04: So.-Fr von 8 bis 12 und von 17 bis 19, am Sa. von 16 bis 18 Uhr geöffnet.

Lüttich, Museum d'Ansembourg.
Außer am Mo. und an Feiertagen von 13 bis 18 Uhr geöffnet (04/221.94.36).

Lüttich, früherer Palast der Fürstbischöfe.
Jetzt Justizpalast. Nur Zutritt zum 1. Innenhof Mo.-Fr. 7-19 U., Sa.So.8-12 Uhr (04/232.51.11).

Lüttich, "Tour des Joncs".
Öffentliche Anlage (Zugangsstraße "Cour des Minimes").

Mechelen, Hof van Busleyden.
Wegen Restaurationsarbeiten ein paar Jahre kein Zutritt.

Mechelen, früherer Palast Margarethas von Österreich.
Jetzt Justizpalast. Zutritt zum Hof in Renaissancestil täglich von 8 bis 17 Uhr (015/29.76.55).

Mechelen, Rathaus.
Individuelle Führungen durch das neogothische Interieur im Juli und August täglich, April-Juni und Okt. am Wochenende und an Feiertagen um 14 Uhr (sich wenden an "Dienst voor Toerisme", Grote Markt). Ganzjährig Führungen für Gruppen auf Anfrage (015/29.76.55).

Mons, "Bonne Maison de Bouzanton".
Öffentliche Anlage (Zugangsstraße Rue A. Legrand).

Mons, Maison J. Lescarts (Folkloremuseum), Museum Kanonikus Puissant, Kapelle Ste-Marguerite.
Außer am Mo. von 12 bis 18 U. geöffnet (065/33.55.80).

Mons, Maison Losseau.
Auf schriftliche Anfrage (Maison Losseau, rue de Nimy 37, 7000 Mons) Zutritt zu den Räumen im Art Nouveaustil (065/31.84.09).

Namur, Kathedrale Saint-Aubain.
Mo.-Sa. 8-17 U., So. 8-12 und 14.30- 18.30 Uhr.

Namur, Museum de Groesbeeck-de Croix.
Außer am Mo. Führungen um 10, 11, 14, 15 und 16 Uhr (081/22.21.39).

Nivelles, Stiftskirche Sainte-Gertrude.
Zutritt zum Kichenschiff von 9 bis 17 Uhr; Besichtigung des Vorbaus auf Anfrage (067/21.93.58).

Poperinge, "Weeuwhof".
Zutritt jederzeit frei.

Sint-Niklaas, Schloß Moeland.
Sich wenden an den "Dienst voor Toerisme" (03/777.26.81).

Sint-Truiden, "Keizerszaal".
Besichtigung nur nach Vereinbarung mit dem "Dienst voor Toerisme" (011/68.85.72).

Sint-Truiden, Kirche des Beginenhofes.
April-Okt. Di.-Fr. von 10 bis 12.30 und von 13.30 bis 17 Uhr, am Wochenende auch von 13.30 bis 17 Uhr geöffnet. Nov.-März: nur auf Anfrage (011/68.85.79).

Spa, Kurhaus.
Außer am So. ist die große Eingangshalle von 8.30 bis 12.30 und von 13.30 bis 17 Uhr geöffnet (087/77.25.60).

Tongeren, romanisches Kloster.
Täglich von 11 bis 17 Uhr geöffnet (012/23.29.61).

Tongeren, Moerenpoort.
Das Museum der militärischen Geschichte Tongerens ist von Mai bis Sept. am Wochenende von 10 bis 17 Uhr geöffnet; sonst auf Anfrage für Gruppen von etwa 10 Personen (012/39.02.55).

Tournai, Bischöfliches Seminar.
Von Mo. bis Fr. ist der Innenhof von 8 bis 19 (Sept.-Juni bis 20) U., am Sa. von 8 bis 16 Uhr geöffnet (069/22.31.67).

Tournai, Kathedrale Notre-Dame.
Täglich von 9 bis 12 und von 14 bis 18 (Nov.-März bis 16) Uhr geöffnet (069/22.20.45).

Verviers, Königl. Harmonieverein (Soc. Royale de l'Harmonie).
Auf Anfage (087/33.10.66). Freier Zutritt zum Park.

Verviers, Rathaus.
Gruppen von mindestens 10 Personen auf Anfrage (087/33.01.13).

Veurne, Rathaus.
Rundführungen um 11 und 15 Uhr.

Veurne, Kirche Sint-Walburga.
Mai-Sept.von 10 bis 12 und von 14 bis 18 Uhr geöffnet (058/31.21.54).

Ypern, Museum Merghelynck.
Auf Anfrage für Gruppen von 10 bis 25 Personen (057/20.07.24).

Ypern, frühere Tuchhallen.
Ab Ostern 1998 ist das Museum "In Flanders Fields" von April bis Sept. außer am Mo. von 10 bis 18 (sonst im Jahr bis 17) Uhr geöffnet (057/20.07.24).

Zoutleeuw, Kirche Sint-Leonardus.
Ostern-Sept. außer am Mo. von 14 bis 17 Uhr geöffnet, sonst im Jahr nur während der Gottesdienste.

Ghent, former vanden Meersche Mansion.
The staircase may be admired the first Wednesday of every month from 2 to 5 or by reservation from the Zusters der Kindsheid Jesu (09/225.00.21).

Ghent, Saint Nicholas' Church.
Open daily from 10 to 5. (09/225.36.41).

Huy, Citadel.
May be visited daily from Easter to October 15 weekdays from 9 to 4, weekends and holidays from 10 to 5. Open until 7 pm in July and August. (085/21.29.15).

Liège, Ansembourg Museum.
Open daily from 1 to 6. Closed Monday and holidays. (04/221.94.36).

Liège, Arms Museum and Curtius Museum.
Open daily except Tuesday from 10 to 1 and 2 to 5, Sunday from 10 to 1. (04/221.94.00).

Liège, former Palace of the Prince-Bishop.
Now the Law Courts. Only the first courtyard is open to the public, weekdays from 7 to 7 and weekends from 8 to 12. (04/232.51.11).

Liège, Saint James' Church.
Open from June 15 to September 15 from 10 to 12 and 2 to 6. Saturday from 2 to 4.15.

Liège, Tour des Joncs.
Public throughfare leading from the Cour des Minimes.

Lier, Saint Gummarus' Collegiate Church.
Open daily from 9 to 12 and 2 to 5. Closes at 4 from November to March.

Lier, Town Hall.
May be visited only with a town guide by appointment from (03/489.11.11).

Lier, Zimmer Tower.
May be visited daily from November 1 to April 30 from 9 to 12 and 2 to 4. From May 1 to October 31 from 9 to 12 and 1 to 7.

Leuven, City Hall.
Individual guided visits weekdays at 11 and 3, weekends at 3. Groups must reserve two weeks in advance from 016/21.15.40.

Leuven, Saint Michael's Church.
Cannot be visited due to restoration work.

Leuven, Saint Peter's Collegiate Church .
Open daily from 10 to 12 and 2 to 5, afternoons only on weekends.

Leuven-Heverlee, Abbey of the Park.
Guided tours on Sundays and holidays only at 4. Open to groups by appointment from 016/40.36.40.

Mechelen, Busleyden Museum.
Will be closed for several years for restoration work.

Mechelen, Palace of Margaret of Austria.
Now the Law Courts. The Renaissance courtyard is open daily from 8 to 5 (015/29.76.55).

Mechelen, Town Hall.
Neo-Gothic interior. Individual guided visits at 2 on Saturday, Sunday and holidays from April 1 to September 30 and daily from July 1 to August 31. Contact Info-Tourist on the main square. Groups may visit by reservation all year round from 8 to 6 (015/29.76.55).

Mons, "Good House of Bouzanton".
Public throughfare giving on Rue A. Legrand.

Mons, Jean Lescarts House, Canon Puissant Museum and Saint Margaret's Chapel.
Open daily except Monday from 12 to 6. (065/35.55.80).

Mons, Losseau Mansion.
The Art Nouveau rooms only by written permission from the Maison Losseau, rue de Nimy 37, 7000 Mons. (065/31.84.09).

Namur, de Groesbeeck-de Croix Museum.
Guided visits daily except Monday at 10, 11, 2, 3 and 4. (081/22.21.39).

Namur, Saint Aubain's Cathedral.
Open Monday to Saturday from 8 to 5, Sunday from 8 to 12 and 2 to 6.30. (081/22.03.20).

Nivelles, Collegiate Church of Saint Gertrude.
Nave open daily from 9 to 5. The forepart may be visited during guided visits by reservation. (067/21.93.58).

Poperinge, Weeuwhof.
Freely accessible.

Sint-Niklaas, "Kasteel Moeland".
Contact the Tourist Bureau at 03/777.26.81.

Sint-Truiden, Beguinage Church.
From April 1 to October 31 open Tuesday to Friday from 10 to 12.30 and 1.30 to 5, weekends from 1.30 to 5. Closed Monday. From November 1 to March 31 only by appointment from 011/68.85.79.

Sint-Truiden, "Imperial Room".
Visits by appointment only from the tourist Bureau at 011/68.68.72.

Spa, Baths.
The great entrance hall is open from 8.30 to 12.30 and 1.30 to 5. Closed Sunday. (087/77.25.60).

Tongeren, Moerenpoort.
Military History of Tongeren Museum. Open May to September 30 weekends from 10 to 5. Groups may reserve all year from 012/39.02.55. Minimum of 10 people.

Tongeren, Romanesque Cloisters.
Open to the public daily from 11 to 5. (012/23.29.61).

Tournai, Cathedral of Our Lady.
From April 1 to October 31 open daily from 9 to 12 and 2 to 6. From November 1 to March 31 closes at 4. (069/22.20.45).

Tournai, Seminary.
The inner courtyard may be visited Monday to Friday from 8 to 7 (until 8 pm from June to September) and from 8 to 4 on Saturday. Closed Sunday. (067/22.31.67).

Verviers, Royal Harmonic Society.
Visits by appointment from 087/33.10.66. Park is open to the public.

Verviers, Town Hall.
Groups of 10 minimum may visits by reservation from 087/33.01.13.

Verviers, Saint Walburga's Church.
Open from May 1 to September 30 from 10 to 12 and 2 to 6. (058/31.21.54).

Veurne, Town Hall.
Guided visits only from April 1 to September 30 in French from 2 to 4.30. (058/31.21.54).

Ypres, Cloth Hall.
Beginning at Easter 1998 the "In Flanders Fields" Museum will be open daily from April to September from 10 to 6. October through March from 10 to 5, closed Monday. 057/20.07.24.

Ypres, Merghelynck Museum.
Groups of between 10 and 25 participants may visit by appointment from 057/20.07.24.

Zoutleeuw, Saint Leonard's Church.
Open daily 2 to 5 except Monday from Easter to September 30. Closed except for services the rest of the year.

Oostende

Brugge

Antw

Sint-Niklaas

Gent

Schelde

Rupel

Veurne

Dendermonde

Mechelen

Ijzer

Aalst

Leie

BRUXELLES
BRUSSEL

Poperinge

Kortrijk

Oudenaarde

Ieper

Dender

Escaut

ROUBAIX

Ath

Nivelles

LILLE

Tournai

Mons

Charl

Sambre

FRANCE

Région de Bruxelles - Capitale
Brussel Hoofdstedelijk Gewest
950.597 inw./hab.

100.000 → 500.000 inw./hab.

25.000 → 100.000 inw./hab.

< 25.000 inw./hab.

4 cm = 30 km

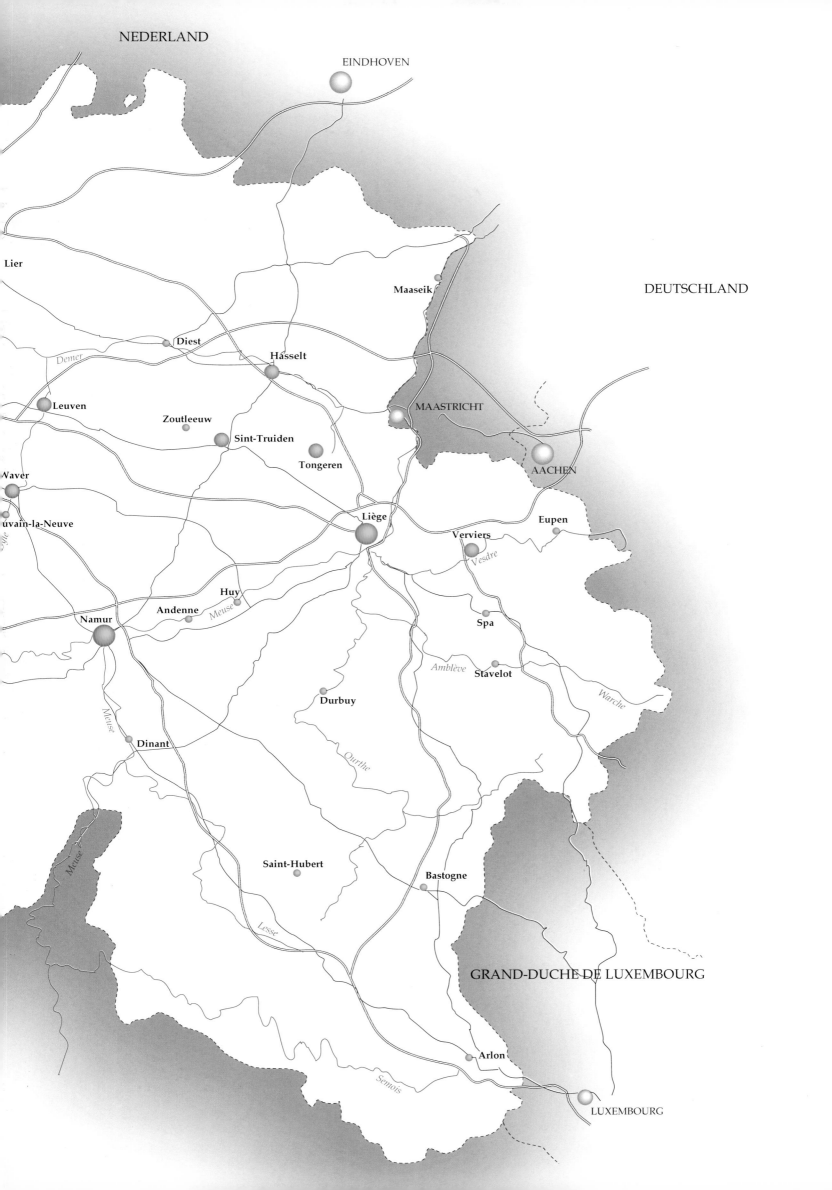

© B.v.b.a UITGEVERIJ MERCKX EDITIONS S.p.r.l.
Beeldhouwerslaan 145a, B-1180 Brussel
Avenue des Statuaires 145a, B-1180 Bruxelles

Tel. 02/374 41 56
Fax 32/2/375 80 37

Photos
© UITGEVERIJ MERCKX EDITIONS*

Editor
VINCENT MERCKX

Photographic assistants
DAMIEN HUBAUT
& PHILIPPE MOLITOR

Nederlandse bewerking (Brussel)
& Deutsche Übertragung
ALOYS BERTHA

English translation (Duclos, Québec)
SHEILA TESSIER-LAVIGNE

Photoengraving (Grimbergen)
TECHNISCAN

Printing (Kuurne)
EUROSET

D-1997-0398-13
ISBN 90-74847-13-7

* *Pages 19, 50, 104, 106 by Laurent Photo (Brussels)*